中国宏观经济丛书
ZHONGGUO HONGGUAN JINGJI CONGSHU

国家高端智库成果
GUOJIA GAODUAN ZHIKU CHENGGUO

消费引领 供给创新

——"十三五"经济持续稳定增长的动力

XIAOFEI YINLING GONGJI CHUANGXIN

SHISANWU JINGJI CHIXU WENDING ZENGZHANG DE DONGLI

陈东琪 马晓河◎主编

人民出版社

策　　划:张文勇

责任编辑:张文勇　申　吕　何　奎

封面设计:林芝玉

图书在版编目(CIP)数据

消费引领　供给创新:"十三五"经济持续稳定增长的动力/陈东琪,马晓河 主编.
　-北京:人民出版社,2016.3(2018.11 重印)
ISBN 978－7－01－015899－0

Ⅰ.①消…　Ⅱ.①陈…②马…　Ⅲ.①中国经济-经济增长-研究-2016~2020
　Ⅳ.①F124

中国版本图书馆 CIP 数据核字(2016)第 042635 号

消费引领　供给创新

XIAOFEI YINLING GONGJI CHUANGXIN

——"十三五"经济持续稳定增长的动力

陈东琪　马晓河　主编

人民出版社 出版发行

(100706　北京市东城区隆福寺街 99 号)

北京盛通印刷股份有限公司印刷　新华书店经销

2016 年 3 月第 1 版　2018 年 11 月北京第 2 次印刷
开本:710 毫米×1000 毫米 1/16　印张:15
字数:269 千字

ISBN 978－7－01－015899－0　定价:36.00 元

邮购地址 100706　北京市东城区隆福寺街 99 号
人民东方图书销售中心　电话 (010)65250042　65289539

序

宁吉喆

    2015年，面对错综复杂的国际形势和艰巨繁重的国内改革发展稳定任务，我们按照协调推进"四个全面"战略布局的要求，坚持稳中求进工作总基调，主动适应经济发展新常态，妥善应对重大风险挑战，经济运行总体平稳，稳中有进，实现了就业增加、居民收入与经济同步增长、生态环境有所改善的中高速增长，经济社会发展的主要预期目标如期实现，我国进入一个更高发展水平。

    2016年世界经济复苏的步伐仍然艰难曲折，我国发展的外部环境复杂多变，美联储政策调整、国际大宗商品价格低位振荡等带来的影响都是不稳定不确定因素，对我国会产生输入型通缩压力。国内的出口、投资、工业对经济增长的支撑力量有所减弱，新的增长动力还在成长过程中，需要我们培育发展新动力。从近两年的经济形势来看，居民消费已呈上升势头，旅游、文化、交通等领域消费上升趋势非常明显。目前，我国居民人均收入水平为七千多美元，沿海地区平均超过一万美元，消费随收入增长而升级，必须对之加以引领和适应。这就需要把投资的方向转到为消费升级服务上来，打造更好的消费环境。投资是中间需求，消费是最终需求，中间需求往往是生产资料，最终需求往往是生活资料，只有中间需求为最终需求创造条件，需求的连带效应才会发生，而不是简单地为投资而投资，因此，要以民生和消费为引领，加大公共产品和公共服务投资的力度。我国公共产品、公共服务从覆盖性、普及性和可及性上来说，与世界平均水平相比还有很大差距，投资潜力巨大。在这方面，国家已经做出了一系列的部署，国家发改委2014年和2015年先后提出了11个投资工程包，其中有许多都是跟消费密切相连的，同时还提出了6个消费工程包。

    党的十八届五中全会提出了五大发展理念，其中，创新是五大发展理念之首，是中央提出的重大战略思想。中央在2006年就提出了到2020年建成创新型国家的发展目标，"十三五"规划建议把这个目标放在重要的位置。创新不是一句空话，而要落在实处。大众创业、万众创新不仅仅是草根创新，还包括精英创新；不仅指小企业，大中企业也要创业创新。我们要在全社会创造一个有利于创业创新的环境，以市场为导向，以企业为主体，以个人的努力为支撑，包括创业者、创新者，也包括科学家，以提高质量效益为目标，把科技创新和经济发展更好地结合起来，结合到每一个岗位、每一个企业、每一个地区、每一个系统，以更有效地发挥科技创新引领发展的作用。要组织实施一些重大科技工程和技术改造工程，支持企业提高创新水平，扶持创新企业和新兴产业的成长，国家在这方面做了很多的部署，需要进一步结合实际研究落实。

　　针对当前企业效益不高、生产经营困难等问题，需要我们有效推进经济结构性改革，加快完善各方面的体制机制，破除不利于科学发展的体制机制障碍，为发展提供持续的动力。要加快行政体制改革，简政放权、放管结合、优化服务，把正确处理政府和市场的关系放在重要位置，进一步提升政府公共服务水平，进一步放宽企业市场准入门槛。要深化国有企业改革，深化财税金融体制改革，深化投资价格体制改革，加快城镇化、农业农村、科技、生态文明建设等方面改革以及开放型经济体制改革，不断增强经济活力、企业活力。在加快改革的同时，要进一步研究采取降税、降费、降息、降率、降价等措施，减轻企业负担，降低企业综合成本，促进企业正常运营。我们要结合中国实际，加大结构调整改革的力度，有保有压，有进有退，消化、转移、压缩过剩产能，积极支持新技术、新产品、新业态、新产业加快发展，形成新的经济增长动力。

　　未来五年是我国实现第一个百年奋斗目标的决胜阶段，尽管外部环境复杂多变，国内经济下行压力较大，但我们仍然有信心适应、把握和引领经济发展的新常态，在转变经济发展方式、优化经济结构、改善生态环境、提高发展质量和效益中实现两个"双中高"，即保持经济中高速增长、促进发展迈向中高端水平，不断增进人民福祉，取得全面建成小康社会的伟大胜利。

2016 年 1 月 6 日

前　言

　　"十三五"时期,是全面建成小康社会的决胜阶段,国际国内环境将发生新变化,经济发展阶段将发生新变化,人民群众期待也将发生新变化。在此背景下,我国发展传统产业、增加要素投入、扩大出口、引进外资等拉动经济增长原有的动力条件会逐渐弱化,依靠新一轮科技革命和产业变革培育新动力的条件正在加快积聚孕育。在经济增长仍面临较大下行压力的新旧动力转换期,正确认识和全面把握经济持续稳定增长及其动力的内涵和特点,充分利用好经济转型与结构优化的重要战略机遇期,不断创新完善体制机制与宏观调控方式,对实现我国经济向"中高速、中高端"成功迈进具有重要的现实意义。

　　未来五年,在协调推进"全面建成小康社会、全面深化改革、全面依法治国、全面从严治党"的战略布局中,我国既要重视有效供给,更要重视有效需求;既要重视稳定外需,更要重视扩大内需;既要重视发挥现有体制优势,更要重视进一步释放改革开放红利,以保持经济持续稳定增长为目标,以保障和提升经济增长效益和质量为原则,加快构建消费需求拉动、有效供给推动、科技创新驱动、改革开放带动为支撑的"四动协同"经济增长动力新格局。"四动协同"的核心是"消费引领、供给创新",一方面要强化需求侧中内需的拉动作用,特别要提高消费需求对于经济增长的贡献率,另一方面要强化供给侧的结构优化和转型升级,着力扩大有效供给对于经济增长的支撑作用。通过供给和需求双侧发力,四种动力协调配合、远近兼顾,共同推动经济持续稳定增长。

　　消费需求拉动和有效供给推动是保持经济持续稳定增长的关键动力。从需求侧看,"十二五"以来,我国消费引领投资的新需求周期已经开启,消费需求对经济增长的作用越来越大,预计到2020年消费率有望从2014年的51.2%提升到54%。"十三五"时期,要以扩大消费需求特别是居民消费需求为导向,围绕消费需求增加公共产品和服务供给,从主要依赖投资、出口拉动转向以消费打头拉动经济持续稳定增长。从供给侧看，近年来我国传统产业规模扩张引发的结构性矛盾日益突出，以新兴产业培育壮大为着力点，通过增量发展壮大带动存量调整优化，促进产业转型的潜力很大。预计2020年，健康产业、文化产业、节能环保与新能源产业、新一代信息技术产业、高端装备制造业和旅游业合计产值有望达到60—80万亿元，占同期GDP的比重为20%—25%。"十三五"期间，要加快培育新兴产业，加快升级改造传统产业，促进产业向中高端发展，不断扩大有效供给，推动经济持续稳定增长。

科技创新驱动和改革开放带动是保持经济持续稳定增长根本动力。科技创新驱动是从科技和人才等要素投入和资源配置方面提供的经济增长动力。国际经济表明，经历多年数量扩张型经济增长后，依靠科技进步改善经济发展效率，是推动经济持续稳定增长的必然选择。当前我国科研投入稳步增加，人力资本更加雄厚，科研制度保障进一步加强，以科技创新促进经济持续稳定增长面临重大机遇。"十三五"时期，要加快实施创新驱动战略，进一步强化企业的主体地位作用，提升企业科技创新效率，提高人力资本素质，全面推进自主创新、集成创新与引进、消化、吸收再创新，着力提高经济增长的质量效益和竞争力。改革开放带动是从体制机制和内外环境等方面提供的经济增长动力。当前我国的改革开放进入到深水区和关键期，全面深化改革的战略加快实施，围绕一系列重大问题的改革深入推进，将进一步释放新的改革红利。中央明确提出构建互利共赢、多元平衡、安全高效的开放型经济新体制，将显著提升新形势下我国全方位对外开放的层次水平。"十三五"时期，要瞄准重点领域和关键环节攻坚克难，破除泛化、碎片化和部门化改革，引进来与走出去并重，全面提升开放型经济水平。

为推进形成"四动协同"经济增长动力新格局，增强新动力对经济增长的引擎作用，我们建议国家集中力量，突出重点，加快部署"幸福中国"、"美丽中国"和"智慧中国"三大战略工程。通过建设"消费型社会"、"市民化社会"和"幸福老龄化社会"，在带动投资消费的同时，逐步减少贫困、消除社会不公平，提高居民生活质量，让更多人享受发展成果。通过大力推进节能减排，修复治理生态环境，推动绿色生产生活，让人民群众和子孙后代呼吸到清新的空气、用上洁净的水、吃上放心的食品，让青山常在、绿水常流，建设美丽家园，实现永续发展。通过信息化建设，促进新一代信息技术在经济社会各领域广泛应用，为企业集成创新和原始创新创造条件，培育产业新增长点和区域新增长极，推动中国进入世界人才强国、网络强国和制造业强国行列。同时，实施"基础设施互联互通"、"国家级新区建设示范"、"境外消费回流"、"城市地下空间综合开发"、"国际产能合作集聚区建设"五大行动计划。通过支持我国边境地区和跨省交界地区基础设施互联互通,直接扩大有效投资需求,促进边境、省境相关地区经贸发展。通过强化国家级新区设施建设,推动新区内现有国家级和省级经开区和高新区、海关特殊监管区的功能整合,促进产业集群化发展和集约化布局。通过建立中国企业质量信用体系,逐步扩大降低进口关税商品范围,支持跨境购销平台主体建设,引导境外消费回流。通过组织开展城市地下空间开发试点工作,支持新型城镇化和现代化城市发展。通过选择重点国别和重点行业建设国际产能合作集聚区,引导国内企业抱团出海、集群式"走出去"。

　　本书观点和内容源自国家发展改革委宏观经济研究院(简称宏观院)2015 年度重大课题《"十三五"经济持续稳定增长的动力研究》成果,宏观院常务副院长陈东琪研究员拟定总体思路并设计研究框架,由总报告和 14 个分报告构成。总报告在分析我国经济增长新旧动力转换期背景、界定经济持续增长动力的内涵和特征后,指出"十三五"时期我国要加快构建以消费需求、有效供给、科技创新和改革开放为支撑的"四动协同"经济增长新格局,并提出增强动力协同和转换接续的三大战略工程与五大行动计划。14 个分报告分别从内涵与目标、国际环境和开放动力、内需动力、产业新增长点、区域动力、城镇化动力、企业动力、改革动力、社会新动力、创新动力、市场基础、金融支撑条件、能源动力、交通运输支撑引领条件等不同领域分析了"十三五"时期经济持续稳定增长的动力、基础和条件。

　　本书是《中国宏观经济丛书》(2014—2015)之一。自 1999 年面世以来,《中国宏观经济丛书》至今已是第 14 年公开出版。近年来,选入丛书系列报告的主要为宏观院重大课题和历年获得宏观院优秀成果奖的课题成果,代表宏观院的拳头产品和学术品牌。本书的研究工作和出版由基本科研业务费专项资金资助,人民出版社对丛书的顺利出版给予了大力支持,在此表示衷心感谢。限于我们的研究水平和工作深度,书中难免有不当和错漏之处,诚恳期待社会各界提出批评意见和建议,以帮助我们不断提高课题研究水平和丛书质量。

国家发展改革委宏观经济研究院

《中国宏观经济丛书》编委会

2015 年 12 月 24 日

目　录

总报告：消费引领　供给创新 ……………………………………………… 1
　　　　——"十三五"经济持续稳定增长的动力
　一、我国经济增长进入新旧动力转换期…………………………………… 1
　二、经济持续稳定增长动力的内涵和特征………………………………… 3
　三、四动协同："十三五"时期经济持续稳定增长新动力……………… 5
　四、消费需求拉动：着力扩大居民消费需求……………………………… 7
　五、有效供给推动：发展壮大新兴产业…………………………………… 10
　六、科技创新驱动：强化企业主体地位…………………………………… 12
　七、改革开放带动：实现重点领域新突破………………………………… 15
　八、战略工程与行动计划…………………………………………………… 16
分报告一：经济持续稳定增长的内涵与目标………………………………… 23
分报告二：经济持续稳定增长的国际环境和开放动力……………………… 32
分报告三：经济持续稳定增长的内需动力…………………………………… 47
分报告四：经济持续稳定增长的产业新增长点……………………………… 66
分报告五：经济持续稳定增长的区域动力研究……………………………… 77
分报告六：经济持续稳定增长的城镇化动力………………………………… 93
分报告七：经济持续稳定增长的企业动力…………………………………… 104
分报告八：经济持续稳定增长的改革动力…………………………………… 113
分报告九：调整三大社会结构为经济持续稳定增长提供社会新动力 …… 127
分报告十：经济持续稳定增长的创新动力…………………………………… 144
分报告十一：经济持续稳定增长的市场基础………………………………… 156
分报告十二：经济持续稳定增长的金融支撑条件…………………………… 165

分报告十三:经济持续稳定增长的能源动力 ·············· 175

分报告十四:经济持续稳定增长的交通运输支撑引领条件 ·············· 199

附录1:关于潜在增长率的预测方法 ·············· 215

附录2:关于经济持续稳定增长的理论沿革 ·············· 218

附录3:经济和投资增长估计 ·············· 220

附录4:投入产出需求分解模型 ·············· 225

后　记·············· 232

总报告:消费引领 供给创新

——"十三五"经济持续稳定增长的动力

"十三五"时期,我国经济增长进入新旧动力转换期,要把握经济持续稳定增长的新内涵和新特征,在优化提升传统增长动力的同时,加快培育新兴增长动力,以消费需求拉动和有效供给推动为关键动力,以科技创新驱动和改革开放带动为根本动力,着力构建"四动协同"的经济增长动力新格局,推进实施一批战略工程和行动计划,保持我国经济持续稳定健康发展,如期实现全面建成小康社会的宏伟目标。

一、我国经济增长进入新旧动力转换期

"十三五"时期,我国面临的国际国内环境将发生新变化,经济发展阶段将发生新变化,人民群众期待也将发生新变化。在此背景下,保持我国经济持续稳定增长的旧动力难以为继,有利于新动力成长的条件正在孕育,新旧动力尚不能完全接续,经济仍面临较大下行压力,实现经济增长动力转换既具有必要性和可行性,也具有紧迫性。

(一)维持旧动力的条件正在弱化消失,实现增长动力转换非常必要

从国际看,世界经济或长期呈现低速增长态势,经济全球化传统动能减弱,发达经济体进口需求减少、资本回流增加,一些发展中国家在承接产业转移和劳动密集型产品出口方面与我竞争加剧,加之国际经贸规则迈向高标准广覆盖,我国通过扩大出口和引进外资拉动经济增长的机遇弱化。

从国内看,供给面发生深刻变化,制造业产能过剩问题突出,39 个行业中有 21 个行业产能利用率不足 75%;劳动力、土地、能源资源等稀缺程度加深,要素成本进入长期上升通道;不少地方环境承载能力已达到或接近极限,环境风险向社会风

险转化的速度明显加快。通过发展传统产业、增加要素投入和牺牲生态环境实现经济规模扩张的时代一去不复返。

（二）培育新动力的条件正在积聚孕育，实现增长动力转换非常可行

从国际看，新一轮科技革命和产业变革不断取得新突破，我国与发达经济体在新技术领域起点差距较小，新技术衍生的新业态、新组织、新内容以扁平方式加速传播，且不少新技术领域呈现国际协同创新趋势，这为我国引进先进技术和组织模式、分享全球科技产业革命红利创造了新机会。同时，"一带一路"沿线国家及非洲、拉美地区基础设施普遍落后，整体处于工业化初中期，需求旺盛、发展潜力很大，要素禀赋和经济结构与我国高度互补。这为我国"走出去"开展国际产能合作，扩大高铁、核电、装备等优势产品和电子商务等服务出口，更好地利用国际资源和国外市场提供了难得机遇。

从国内看，随着收入水平不断提高、新型城镇化稳步推进及市民化社会走向成熟，人民群众物质、文化和生态消费将持续升级，对公平正义的要求明显上升。这将大大提升公共设施投资、高端生活服务及现代生产性服务需求，推动改革开放深化和发展环境法治化规范化，为经济增长提供新的内需空间及改革动力。同时，随着劳动力受教育程度提高，我国人力资源结构加快迈向中高端，这为推进大众创业、万众创新，实施创新驱动发展提供了坚实基础。

（三）新旧动力尚未完全接续加大经济下行压力，加快实现增长动力转换非常迫切

当前，经济增长乏力，稳增长任务艰巨。消费品零售平稳增长，尤其是"互联网+"下的零售增长迅猛，但不足以抵消投资增速放缓的影响；高技术产业较快增长，但不足以抵消传统制造业增速下降甚至萎缩的影响；对新兴经济体出口较快增长，但不足以抵消对发达经济体出口下滑的影响。今年1—8月，社会消费品零售总额增速比去年同期下降1.6个百分点，固定资产投资增速下降5.6个百分点；规模以上工业增加值实际增长6.3%，增速同比下降2.2个百分点；对印度、东盟出口同比快速增长，但对香港、欧盟、日本出口明显下降，整体出口萎缩1.4%。现阶段，新动力正处于从分散到聚合、从缓慢到快速成长的孕育期，还不能完全接续替代旧动力，经济仍面临较大下行压力，这对加快实现增长动力转换、保持经济持续稳定增长提出更加紧迫的要求。

二、经济持续稳定增长动力的内涵和特征

当前我国正处于"三期叠加"与"四个全面"战略部署全面实施的重要时期,只有正确认识和全面把握所处阶段的新特点新动力,才能充分利用好经济转型与结构优化的重要战略机遇期,沉着应对各类新困难新挑战,不断创新完善体制机制与宏观调控方式,使经济在必要与适宜的增速下实现向"中高速、中高端"的成功迈进。

(一) 经济持续稳定增长的内涵和特征

经济持续稳定增长的内涵是,一国或地区通过要素优化配置、技术进步和体制改革保持经济潜在增长能力,通过调节需求与防控风险实现经济稳定增长,以协同促进增长有效性、运行稳定性、风险可控性、经济包容性和发展永续性,从而达到效率提升、社会公平、绿色发展、熨平波动和降低风险的目的。

国际经验表明,经济增长存在着高速、中高速和中低速等不同区间。我国当前正处于从高速增长区间向中高速增长区间转换的过程,阶段性变化特征对增长动力提出"四个要求":**一是总量要求**。随着改革开放的持续推进,我国已经成为世界第二大经济体,尽管增速出现放缓,但增量依然巨大。目前 GDP 每增长一个百分点所带来的增量及物质消耗比过去高增速阶段全年的总量还要大。因此,今后一段时间经济增长的动力要首先符合总量变化与中高增速这个基本特征。**二是结构要求**。随着经济结构不断调整优化,我国经济逐渐由数量规模型扩张转向质量效益型发展,消费对经济增长的贡献率超过 50%,服务业占 GDP 比重超过工业,低端重化工业正逐渐被高附加值行业所取代。因此,未来需要采取更加符合产业发展趋势与竞争优势,适应并促进结构调整与转型升级的增长动力。**三是要素配置要求**。"十三五"时期要素禀赋条件将发生显著变化,劳动力逐渐由过去的充足供给转向有限供给,资本形成率持续下降,资源、环境、土地的约束不断加强。因此,需要采取更有利于优化资源要素配置,提升要素投入效率,强化要素供给质量的增长动力。**四是政策机制要求**。面对未来经济形势中可能出现的新情况新问题与潜在风险,需要采取具有针对性、前瞻性、灵活性的政策措施,更加注重产业政策、财政政策等结构性政策的协同配合,加强定向调控、相机调控与精准调控。

(二) 经济持续稳定增长动力的内涵和特性

经济持续稳定增长的动力,是指由各类要素、资源、技术、制度的集聚和配置所

形成的经济增长支撑能力和运行机制,其基本特征是动力机制形成的动态性、差异性,以及动力机制转换的可接续性。这意味着,新动力在旧动力中不断成长壮大,并逐渐取代旧动力以支撑经济的持续稳定增长。总体看,经济持续稳定增长动力的特点主要包括:

一是动力机制具有典型的阶段性特征。随着经济发展进入不同时期,动力机制呈现不断转换、不断升级的趋势。在新的发展阶段,旧动力举步维艰,新动力呼之欲出,是动力机制中的首要关系,也是动力转换的主要特征。我国过去三十年的动力机制经历了由简单规模扩张的粗放型向更加依赖质量与效益的集约型转变,从单纯依靠劳动力资本要素积累向依靠要素质量全面提升、重点领域改革创新和产业布局结构调整转变的阶段。

二是不同制度与技术条件下产生不同的动力机制。制度的完善与技术的进步可以在物质生产要素不变的条件下提高生产率,促进经济增长。改革开放以来,随着我国产权制度、市场制度的不断完善,我国的动力机制从计划经济体制向市场经济体制转变,从主要靠公有制经济驱动向多种所有制经济合力驱动转变,从依靠传统重工业发展向依靠现代工业体系与现代服务业转变,从以投资需求拉动为主向以消费需求拉动为主转变。

三是不同阶段的动力机制具有可接续性、渐进性以及时滞性。旧动力不会戛然而止,新动力也不会一蹴而就。但旧动力可能快速消失,而新动力成长缓慢。如果动力转换的过程中没有处理好所有制、地区、需求等诸多结构性因素,就有可能无法顺利实现增长动力的接续与更替,无法完成经济增长中动力的持续调整。因此,只有加快动力接续,缩短接续时滞,才能避免经济出现大起大落,保证经济的长期可持续发展(见表0-1)。

表0-1　"十三五"时期经济增长动力机制的主要特征

		"十三五"初期	"十三五"末期
动力机制	供给	新兴产业、服务业不断发展壮大,但比重依然较低。	传统产业比重明显减少,新兴产业集聚并初步形成动力源。
	需求	投资与消费并驾齐驱,外部需求对经济增长的贡献持续减少。	内外需并重,国内中产阶层发展壮大,市民化社会形成新的消费需求。
	创新	R&D投入持续扩大,基础性研究得到强化,科研成果转化率提高。	人力资本水平大幅提升,要素利用能力显著增强,制度、技术与管理水平明显提高。
	改革	市场机制充分发挥,决定性作用得到增强。	改革开放红利得到明显释放,对经济持续稳定增长形成有效支撑。

（三）经济持续稳定增长的情景分析

按照新旧动力机制形成与接续快慢不同,共设定三种情景:情景 A,即基准情景,假定新动力机制的形成较为顺利,到 2020 年可基本实现全面建成小康社会的目标。情景 B,即乐观情景,假定新动力形成与动力接续步伐更快、效果更好。情景 C,即悲观情景,假定新动力机制的形成缓慢不及时,影响了全面建成小康社会目标的实现(见表 0-2)。

表 0-2　2016—2020 年我国主要经济指标预测

	情景 A（基准）	情景 B（乐观）	情景 C（悲观）
2020 年 GDP 总量（万亿元,2010 年价）	81.78	83.86	79.65
2020 年人均 GDP（元,2010 年价）	58047.5	59505.2	56511.1
GDP 增速（年均,%）	6.53	7.10	5.96

数据计算说明:情景 A 以实现 2020 年全面建成小康社会目标反推未来五年增速(假定 2015 年能够实现全年经济增长 7%的目标);情景 B 以未来五年经济潜在增长率水平 7.1%作为年均增速;情景 C 以情景 A 增速减去情景 A、B 增速差(0.57 个百分点)作为未来五年经济增速,从而形成以情景 A 增速为中值,情景 B、C 增速为上下限的对称增长区间。

三、四动协同:"十三五"时期经济持续稳定增长新动力

"十三五"时期,我国经济增长的传统动力不断弱化消失,要实现全面建成小康社会的宏伟目标,必须加快培育新的增长动力源,促进形成新的增长动力机制,保持经济持续稳定增长。

（一）"四动协同"经济增长新动力的提出

"十三五"时期,为防范经济增长过快下滑,首先要优化提升传统增长动力的结构和效益,进一步挖掘传统增长动力的潜能和空间,为加快培育壮大新兴增长动力赢得更多的时间和主动。其次,加快培育新兴经济增长动力,要将成长性好、带动性强的经济增长点集聚起来,构建多元融合、协同互动的经济增长动力格局。再次,要保持新旧动力的有效转换和顺畅接替,理顺新旧动力的传导机制,提升新旧动力的转换效率,避免产生经济增长的"断裂带"。

"十三五"时期应贯彻落实"四个全面"战略部署,主动适应经济发展新常态,

以保持经济持续稳定增长为目标,以保障和提升经济增长效益和质量为原则,既要重视有效供给,更要重视有效需求;既要重视稳定外需,更要重视扩大内需;既要重视发挥现有体制优势,更要重视进一步释放改革开放红利,加快构建**消费需求拉动**、**有效供给推动**、**科技创新驱动**、**改革开放带动**为支撑的"四动协同"经济增长动力新格局。

（二）"四动协同"经济增长新动力的内在机制

"四动协同"经济增长动力的核心是"供给创新、消费导向",即强化供给侧的结构优化和转型升级,着力扩大有效供给对于经济增长的支撑作用;强化需求侧中内需的拉动作用,稳步提高消费需求对于经济增长的贡献率。"四动协同"经济增长新动力中,消费需求拉动和有效供给推动是关键动力,对于保持经济持续稳定增长具有直接影响和重要意义;科技创新驱动和改革开放带动是根本动力,对于保持经济持续稳定增长具有长远影响和全局意义。四种动力之间相互关联、相互影响,共同构成供需结合、远近兼顾的动力体系推动经济保持持续稳定增长（见图0-1）。

消费需求拉动是从需求侧提供的经济增长动力,逐步提高消费特别是居民消费对于经济增长的贡献率,是"十三五"及今后相当长时期拉动经济增长的重要导向。随着投资空间的不断缩小,投资对于经济增长的拉动作用将趋于下降,消费将成为经济增长的重要源泉,"十三五"扩大消费需求的空间将会越来越大。一是随着经济发展水平的提高,城乡居民收入不断增加,必然带动消费需求逐步扩大。二是我国新型城镇化加快农业转移人口市民化进程,将会产生巨量的衣食住行和基本公共服务需求,进一步扩大消费需求的规模。三是随着我国向高等收入阶段的迈进,中产阶层不断形成壮大,将推动消费需求的稳步扩大。

有效供给推动是从供给侧提供的经济增长动力,以新兴产业培育壮大为着力点,通过增量发展壮大带动存量调整优化,促进产业向中高端发展,不断扩大有效供给,推动经济持续稳定增长。"十三五"期间,传统产业难以支撑经济持续稳定增长,加快培育新兴产业、促进产业转型的潜力很大。一是全球范围知识、技术和信息经济日新月异,技术扩散和转移加快,为产业转型升级提供了良好的外部环境。二是新产品、新业态、新模式层出不穷,先进技术、工艺和方式加快推广应用,不断提高产业转型升级的层次水平。三是战略性新兴产业不断壮大,绿色制造、智能制造方兴未艾,进一步加快产业转型升级的步伐。

科技创新驱动是从科技和人才等要素投入和资源配置方面提供的经济增长动

力,进一步强化企业的主体地位作用,加快实施创新驱动战略,全面推进自主创新、集成创新与引进、消化、吸收再创新,着力提高经济增长的质量效益和竞争力。"十三五"时期,推进科技创新驱动战略、促进经济持续稳定增长面临重大的机遇。一是科技研发投入稳步增加,科研设施和手段不断完善,为科技创新提供更加有力的资金保障。二是人力资本更加雄厚,高层次科技人才数量和素质快速提高,科技创新的人才支撑不断加强。三是有利于科技创新的体制机制不断健全完善,创新的效率和效益逐步提高,科技创新的制度保障进一步加强。

改革开放带动是从体制机制和内外环境等方面提供的经济增长动力,要瞄准重点领域和关键环节攻坚克难,破除泛化、碎片化和部门化改革,引进来与走出去并重,全面提升开放型经济水平,为保持经济持续稳定增长提供源源不断的持久动力。当前我国的改革开放进入到深水区和关键期,"十三五"时期将会面临新的机遇和要求。一是全面深化改革的战略加快实施,围绕一系列重大问题的改革深入推进,改革的新红利将得到进一步释放。二是中央明确提出构建互利共赢、多元平衡、安全高效的开放型经济新体制,将显著提升新形势下我国全方位对外开放的层次水平。三是改革开放的信心和决心进一步增强,时间表和路线图更加明晰,将有利于改革开放向纵深推进,不断为经济持续稳定增长提供鲜活动力。

四、消费需求拉动:着力扩大居民消费需求

目前我国已经进入了中上等收入国家行列,按照国际经验,中上等收入国家消费率将处于上升阶段,消费需求对经济增长的作用越来越大。"十二五"以来我国消费需求对经济增长的作用不断提高,已呈现出明显阶段性趋势特征(见图0-2)。"十三五"期间消费对经济增长的贡献将持续上升。预计到2020年消费率有望提升到54%。"十三五"时期,要以扩大消费需求特别是居民消费需求为导向,围绕消费需求增加公共产品和服务供给,从主要依赖投资、出口拉动转向以消费打头拉动经济持续稳定增长。

(一) 增强消费动力的重点方向

"十二五"以来我国居民消费呈现出传统生存型消费增长趋缓而享受型和发展型消费快速增长的态势。未来我国消费增长的动力将主要来源于新兴消费尤其是享受型和发展型消费。

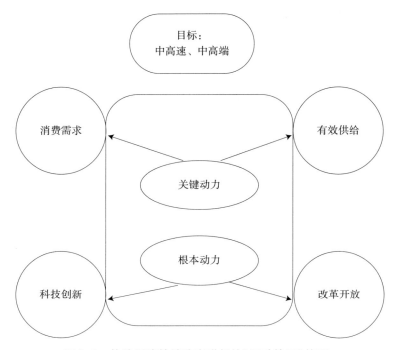

图 0-1　构建经济持续稳定增长的"四动协同"格局

专栏 0-1　我国当前居民消费需求的两个特征

　　一是文化娱乐类新兴消费持续快速增长,尤其是以健康、娱乐和旅游度假等消费在居民消费中的比重上升较快,并进一步带动交通通信和医疗保健类消费比重提升。2013 年我国居民消费中交通通信和医疗保健类消费占比分别达到 12.3%、6.9%,2014 年又进一步上升到 12.9%、7.2%。二是具有生存型特点的食品烟酒等传统消费增长一直处于下降通道中。2013 年食品烟酒类消费占居民消费支持的比重下降到 31.2%,2014 年进一步降低到 31.0%。

　　传统消费。近年来我国不同收入水平群体以食品烟酒为代表的生存型传统消费占比均呈现出持续下降趋势,但这并不意味着传统消费没有发展空间。客观来看,中低收入阶层和农村居民,包括高收入群体的传统消费依然有待于进一步"挖掘潜力"。对低收入群体,重点要保障其基本生活需求,释放其吃饱、穿暖等生存型消费潜力;对中等收入群体,鉴于其生存型传统消费基本饱和,要着力挖掘其居住、交通等消费潜力;对高收入群体,鉴于其传统消费的边际消费倾向很低且存在大量境外消费,要着力引导其国外消费"回流"。

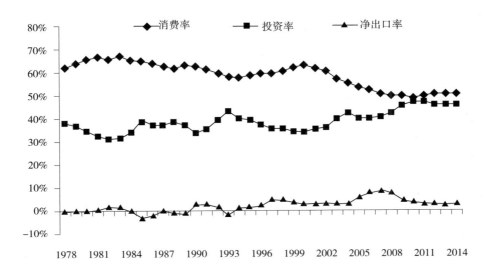

图 0-2 1978 年以来三大需求结构的变动态势

资料来源：CEIC 数据库。

新兴消费。新兴消费大多属于享受型和发展型消费。要以互联网为依托，顺应信息消费便捷、时效快的特点，大力促进信息消费快速增长。围绕居民享受、休闲的需要，支持发展旅游休闲度假型消费。围绕居民健康、娱乐的需要，大力发展大众文化体育健身类消费和健康养老消费。以促进多样化、个性化消费发展为重点，大力培育发展通用航空、赛车、游艇和滑翔伞等中高档消费。

加大有利于扩大消费需求的公共投资。其不仅能直接扩大有效投资需求，而且有助于释放消费潜力。要努力加大文化体育场馆和社区公共体育设施的投资力度，以释放居民文化体育和健康消费潜力。以完善农村消费环境和消费条件为中心，加大水电路气邮通信等基础设施投资力度。以夯实信息消费基础条件为出发点，加大互联网基础设施投资。以提高居民旅游度假休闲消费的便利程度为目的，加大旅游基础设施投资。

（二）提升消费动力的主要任务

"十三五"时期，要着力提高居民收入、完善社会保障体系和改善消费环境，促使居民能消费、敢消费和愿消费。

切实提高居民收入水平。进一步降低个税负担，提高居民收入在初次分配中的比重。促进创新创业发展，扩大社会就业，提高居民收入水平。扩大直接投资渠道,进一步落实物权法相关规定,促进居民财产性收入稳步提高。

完善社会保障体系。加快推进企业、事业单位和机关单位养老制度的并轨,实施统一的养老保障制度。以非国有单位职工、自由择业者、农民工为重点继续扩大社会保障覆盖面。健全被征地农民基本生活保障制度,建立新型农村社会养老保险与企业职工基本养老保险之间的转换通道。建立城乡居民基本养老保险制度,实现基本养老保障城乡一体化。整合城镇居民基本医疗保险和新型农村合作医疗制度,实行统一的城乡居民基本医疗保险制度。

加快改善消费环境。制定完善消费品质量和技术标准体系,提高消费品的质量和安全水平,强化政府对消费品的质量和安全监管,促使居民放心消费。严厉打击假冒伪劣,加大处罚力度,切实保障消费者的合法权益。积极发展消费金融,扩大消费需求,大力支持农村互联网建设和电子商务发展,改善农村消费环境。

五、有效供给推动:发展壮大新兴产业

近年来,我国传统产业规模扩张引发的结构性矛盾日渐突出,对经济增长的推动作用趋于减弱,产业发展将进入新旧模式转换的重要时期(见表0-3)。未来,保障经济持续稳定增长,需要不断扩大有效供给,这既要加快培育产业新增长点,也要努力促进传统产业升级改造。

表0-3　不同产业对我国制造业收入增长的贡献率及变化　　（单位:%）

产业类型	时期		变化 （a-b）
	2010—2014	2005—2010	
制造业	100.0	100.0	0.0
能源原材料产业	38.4	41.1	-2.6
装备制造业（电子制造业除外）	24.0	27.8	-3.8
其他制造业	37.6	31.2	6.4
其中:计算机、通信和其他电子设备制造业	7.4	6.3	1.1
医药制造业	3.0	1.6	1.4

数据来源:国家统计局。

注:收入是指企业主营业务收入,按照当年价格计算。

（一）顺应市场趋势积极培育产业新增长点

综合判断,未来健康产业、文化产业、节能环保与新能源产业、新一代信息技术产业、高端装备制造业和旅游业六大领域有望成为推动经济持续稳定增长的新兴动力来源。到 2020 年上述产业合计产值有望达到 60—80 万亿元,折合增加值约为 20 万亿元,约占同期 GDP 的比重 20—25%(见表 0-4)。

健康产业。预计 2014 年到 2020 年产值规模将由 6—7 万亿元增长到 14—16 万亿元。未来,重点围绕生物医药、医疗器械和健康服务业等领域,加快完善药品监管体制、健全生物产业管理与服务体系、推进养老、健康服务产业资本多元化。

文化产业。预计到 2020 年产业总收入达到 11—16 万亿元。未来,重点围绕适应互联网时代的数字出版、数字音乐、文化创意和设计服务等领域,通过深化文化体制改革,加快文化产业化步伐,提高文化原创能力。

节能环保与新能源产业。预计 2014 年至 2020 年产业产值规模从 5.7 万亿元增长到 11.6—14 万亿元。未来,重点围绕节能环保装备与服务、新能源装备与生产、新能源汽车等领域,强化能源资源利用、环保等功能性监管,放宽产业准入限制,构建产业培育发展的良性市场机制。

新一代信息技术。预计 2014 年到 2020 年产业收入规模由 3.8 万亿元提高到 10—14 万亿元。未来,重点围绕物联网、云计算、移动互联网、大数据等领域,加快完善信息安全立法、信息情报和数据产权归属、跨界融合发展等行业监管体系。

高端装备制造。预计 2014 年到 2020 年产值规模由 2.6 万亿元提高到 8—10 万亿元。未来,重点围绕航空航天、轨道交通装备、海洋工程装备、智能制造等领域,推动关键技术和配套能力实现突破发展。

旅游产业。预计 2014 年到 2020 年境内旅游总收入由 3.25 万亿元提高到 5—6 万亿元。未来,围绕改善旅游消费环境,推动落实带薪休假制度,强化旅游市场法规建设和市场监管。此外,积极培育新材料、互联网金融、教育培训、物流业、绿色农业等其他新兴产业。

表 0-4　"十三五"产业发展新增长点预测　　　　　(单位:万亿元)

领域	指标	2014 年	2020 年预测	年均增速
健康	主营业务收入	7	14—16	>20%
文化	增加值	2.1(2013 年)	5.5	15%
节能环保	销售产值	4.5	>10	>20%

领域	指标	2014 年	2020 年预测	年均增速
新能源	销售产值	1.2	3.6	30%
新一代信息技术	主营业务收入	3.8	10—14	30%
高端装备	主营业务收入	2.6	8—10	20%
旅游	总收入	3.25	>5.5	12%—15%

数据来源：2015 年国家发改委宏观经济研究院重点课题《"十三五"培育产业新增长点对策研究》。

（二）利用先进技术工艺改造提升传统产业

适应要素和需求结构新变化,利用先进技术工艺改造提升传统产业,将有助于发掘传统产业发展的潜力,从而焕发产业持续发展的新活力。

一是促进能源原材料产业绿色化发展。发挥市场倒逼机制,从节能、环保、安全等功能性指标入手提高产业准入标准,淘汰能源原材料产业落后产能,加强节能环保技术、工艺、装备的推广应用;依托传统能源原材料产业基础,推进产业链延伸升级,扩大绿色加工、精加工和高加工产品产能,鼓励发展新型金属、非金属及高端复合材料等关联产业。

二是促进装备制造业智能化发展。加快发展智能制造装备,组织研发具有深度感知、智慧决策、自动执行功能的高档数控机床、工业机器人、增材制造装备等智能制造装备以及智能化生产线,突破智能核心装置;加快推进制造过程智能化,在重点领域试点建设智能工厂/数字化车间,加快人机智能技术和装备在生产过程中的应用。

三是促进消费品产业高端化发展。适应国内消费结构升级趋势,加快修订产品质量标准体系,加强市场监管和引导,促进中高端消费品产能比重不断提升,培育壮大网络消费、信息消费等新兴消费产业;支持企业强化设计和新产品研发能力,培育自主品牌和打造营销网络,着力向设计、研发、品牌、服务等价值链中高端延伸。

六、科技创新驱动:强化企业主体地位

国际经验表明,在经历多年的数量扩张型经济增长之后,依靠科技进步改善经济发展效率将成为必然选择,也将是驱动经济由低迷走向复苏的必由之路(见表

0-5)。当前,我国提升科技创新能力存在很大的潜力,而保持经济持续稳定增长对加快推进科技创新提出了紧迫要求。

表 0-5　全要素生产率和科技创新水平的国际比较

时间	指标	中国	美国	德国	日本	韩国	备注
2008—2012	全要素生产率对经济增长的贡献%	21.3	36.4	65.0	84.2	68.4	美、德、日、韩数据为2009—2013 年
2001—2007		42.8	48.1	69.2	62.5	68.0	
1993—2000		40.8	48.0	57.1	85.7	70.2	美、德、日、韩数据为1995—2011 年
1979—2012		32.2	45.8	61.5	75.0	66.7	美、德、日、韩数据为1995—2013 年
2014	R&D 经费支出占GDP%	2.09	2.79	2.98	3.35	4.36	美、德、日、韩为 2012 年数据
2013	政府 R&D 支出占比%	21.1	27.8	29.8	17.3	22.8	R&D 支出经费占全部 R&D 经费比重
	企业 R&D 支出占比%	74.6	60.9	65.2	75.5	75.7	
2013	政府 R&D 活动占比%	16.2	11.2	15.1	9.2	10.9	R&D 活动经费占全部 R&D 经费比重
	企业 R&D 活动占比%	76.6	70.6	66.9	76.1	78.5	
	高校 R&D 活动占比%	7.2	14.2	18.0	13.5	9.2	
2012	基础研究支出占公共研究支出的比重%	16.60			31.89	35.11	日、韩为 2011 年数据
2012	单位 GDP 创造三方专利(件/10 亿美元)	0.07	0.78	1.38	2.91	1.27	GDP 按照购买力平价(PPPs)计算
2012	每千名职员中的研究人员数(人)	1.83	8.81	8.37	10.07	12.79	美国为 2011 数据

数据来源:中国全要素生产率对经济增长的贡献数据来源于吴国培、王伟斌、张习宁:我国全要素生产率对经济增长的贡献,中国人民银行工作论文,2014 年 10 月 24 日;其他数据来源于 OECD 数据库。

(一) 加大政府研发投入,优化研发资源配置

我国政府研发投入比重偏低,基础性研究较为薄弱,对整体技术创新能力形成很大制约。2013 年,我国政府研发支出占全部研发经费的比重为 21.1%,明显低于美国、德国和韩国水平;我国高校 R&D 活动占比仅为 7.2%,分别比美、德、日、韩低 7、10.8、6.3 和 2 个百分点。2012 年,我国基础研究支出占公共研究支出的比重为 16.6%,仅约相当于日本和韩国的一半。

为此,**要加大政府研发投入**。进一步提高政府财政预算中的研发经费支出比

重;围绕若干重点科技领域,整合集中政府科技资金,建立科技研发引导和支持基金;改善财税支持政策,支持企业在收入中提取各类创新基金并允许税前抵扣,加大政府采购对自主创新技术和产品支持力度。**要优化科技资源配置**。提高对高校等科研院所基础性、战略性技术研究的研发投入比重;围绕关键共性重大技术研究和产业化应用示范,加快建设一批制造业创新中心(工业技术研究基地)、重点领域制造业工程数据中心和重大科学研究与实验设施,强化应用技术开发的基础平台支撑。

(二) 提升企业科技创新效率,加速科技成果转化

我国企业技术创新效率和质量亟待提高。2012 年,我国每 10 亿美元 GDP 所产生的三方专利仅为 0.07 件,仅分别相当于美国的约 1/10,相当于德国和韩国的约 1/20,相当于日本的约 1/40。同时,科技成果转化率也相对较低。目前,我国科研技术成果转化率仅为 10%左右,而发达国家一般在 40%左右。

为此,**要进一步提升企业创新效率**。改革技术创新成果评价机制,加强知识产权保护力度,最大程度地消除科技领域的行政性垄断,创造公平的竞争环境,激励企业提升技术创新成果质量和效率。围绕产业链部署创新链,围绕创新链配置资源链,提高关键环节和重点领域的创新能力。**要加速科技成果转化**。理顺产学研协同创新机制,鼓励建立产学研联合创新机构、产业技术联盟等创新组织;建设一批促进制造业协同创新的公共服务平台,提升科技研发和产业化服务水平,促进科技成果转化和推广应用。同时,优化创新创业的金融、财税等政策环境,支持创新创业型企业加快发展。

(三) 提高人力资本素质,释放新的"人口红利"

高素质人力资本既包括高端科研人才,也包括大量技术成果推广应用人才和高素质职业工人。当前,我国科技研发人员在就业人员中的比重偏小,2012 年,我国每千名职员中的研究人员仅有 1.83 人,仅约相当于美国、德国的 1/4、日本的 1/6 和韩国的 1/7。同时,劳动力技能错配现象也十分明显。过去十年间,我国高等教育毕业生人数增加了 6 倍多,但同期职业技术学校年毕业生人数却仅增长了 1.3 倍。

为此,**要积极打造创新型人才队伍**。适应现代产业新体系新要求,支持有条件的高等院校有重点、有选择地开设新学科、新专业,加大培养重点领域的高端科技人才;围绕重点产业和科技创新需求,鼓励高校和企业建立联合培养机制,结合

"千人计划"等实施,加大培养和引进复合型、领军型优秀国际人才。**要加快构建现代职业教育体系**。面向产业升级需求,实行工学结合、校企合作、顶岗实习的人才培养模式,加快建立学历教育与职业培训并举、职前教育与在职培训衔接、中职与高职教育贯通、职业教育与其他各类教育融合发展,面向人人的现代职业教育体系;加强非学历教育的职业技能培训,促进劳动力的再教育。

专栏0-2　人力资本理论的最新进展及启示

20世纪80年代后期特别是进入90年代以后,西方人力资本理论研究呈现两个方面的发展趋势:一是经济学视角的宏观研究;二是管理学视角的微观研究。进入新世纪特别是近年来,我国人力资本理论研究和实证研究不断深入。人力资本理论研究及其最新进展主要包括:发挥人力资源能力建设在经济社会发展中的"引领"作用,确立"能力本位"的指导思想;人力资源能力建设的核心是要确立人力资本投资的理念。特别是要重视初中等层次人力资本投资在经济社会发展中的特殊作用;人才培养要强化人才主体的个体投资意识,强调投资回报问题;要重视人力资本的价值计量,以价值计量为基础,优化人们的收入分配;人才培养既要重通用能力,更要重专业化能力;各类人才的能力要求是不一样的,人才培养的内容和重点要有所区别等。

七、改革开放带动:实现重点领域新突破

改革开放以来,我国成功地实现了从低收入国家向中上等收入国家的跨越,成为世界第二大经济体。"十三五"以及今后更长一段时期,要推动经济持续稳定增长,实现中华民族伟大复兴,原有改革开放的作用日渐式微,必须进一步深化改革开放,找准深化改革和扩大开放的重点和突破口,挖掘制度红利,使改革开放再次成为经济增长的根本动力。

(一) 着力解决改革开放中跨领域、跨部门、跨区域的重大问题

这些年来,虽然改革开放不断向前推进,但由于存在一些跨领域、跨部门、跨区域的重大问题,导致改革开放难以上升到宏观层面,难以向纵深发展。

一是长期以来,受计划经济影响,我国一些跨领域的改革难题迟迟得不到解决。例如,虽然我国科技体制改革取得了很大成绩,但科技与经济"两张皮"问题始终未得到有效解决,科技资源短缺与闲置浪费并存,资源利用和投入产出效率不高。

二是由于政府职能转变还不到位,部门之间的协调性不够,制约了新增长点的培育和发展。例如,目前健康产业分别由多个部门管理,缺乏统一的协调机制,一些问题长期得不到解决,影响企业创新和生产的积极性。

三是在现行的财税体制和政绩考核制度激励下,一些地方政府为了本地的发展,设置显性的或隐性的要素流动壁垒。这阻碍了全国统一市场的建设,加剧了各地的低水平、同质化竞争,造成产业同构和产能过剩,制约了经济结构的调整。

（二）选准"十三五"改革开放的重点领域

打通制约居民消费的制度瓶颈。加快收入分配制度和社会保障制度改革,完善消费者权益保护机制,提高居民消费能力,改善消费预期,稳步扩大城乡居民消费能力。

打通制约产业转型升级的制度瓶颈。实施市场准入负面清单制度,分类推进国企改革,进一步放宽非公经济进入领域,对应该放给企业的权力要松开手、放到位。

打通制约科技创新升级的制度瓶颈。全面推进科技管理体制改革,大力推进鼓励创新的激励机制改革,通过市场机制激发全社会各类主体创新创业动力。

加快构建开放型经济新体制。切实放宽外资市场准入,鼓励企业"走出去"参与境外基础设施合作和产能合作,推动外贸转型升级,扩大内陆沿边开放,培育国际合作竞争新优势。

加快实施"一带一路"战略。与"一带一路"沿线国家相互扩大市场开放,深化海关、检验检疫、标准、认证、过境运输等全方位合作。推进中国与有关国家自由贸易协定谈判和建设进程,大力拓展国际经济合作新空间。

八、战略工程与行动计划

"十三五"时期,围绕消费需求、有效供给、科技创新和改革开放四大动力,进一步增强动力协同和转换接续,发挥对经济增长的引擎作用,为此需要集中力量,突出重点,及时部署一批重大工程与行动计划,为构筑"四动协同"经济增长新格局提供战略支撑。

（一）"幸福中国"战略工程

实施"幸福中国"战略工程,是增强消费需求动力的重大举措。通过建设"消费型社会"、"市民化社会"和"幸福老龄化社会",在带动投资消费的同时,逐步减少贫困、消除社会不公平,提高居民生活质量,让更多人享受发展成果。

　　加快建设"消费型社会"。研究出台"两向"、"两调"和"两增"消费工程。"两向"是指中央财政向贫困地区和特殊区域基层倾斜,向中低收入家庭和居民倾斜,切实改善重点地区和人群的生活质量。"两调"是指要加快上调贫困线标准,上调个人所得税起征点,将目前的贫困标准 2300 元提高到 3000 元①,将个人所得税起征点的 3500 元提高到 5000 元,推动形成橄榄型分配格局。"两增"是指增加城乡居民养老保险基础养老金最低标准和居民基本医疗保险政府补助标准,将基础养老金最低补助标准从 70 元/人月提高到 200 元/人月,将基本医疗保险政府补助标准从 380 元提高到 500 元,释放中低收入群体的消费潜力。

专栏 0-3　世行上调贫困线标准至 1.90 美元

　　据英国《金融时报》报道,世界银行(World Bank)将对其全球贫困线标准做出 25 年来最大幅度的调整——贫困线标准将从每日生活费 1.25 美元上调一半,至每日生活费约 1.90 美元。此举很可能会导致全球统计意义上的贫困人口增加数千万人。增加的贫困人口主要来自东亚。如果贫困线标准从每日生活费 1.25 美元调整到每日 1.92 美元,东亚生活在贫困线以下的人口将从 1.57 亿增加近一倍,达到 2.93 亿。

　　资料来源:《中国日报网》2015 年 9 月 24 日

　　大力推进"市民化社会"。全面放开中小城市落户限制,适度放开大城市落户条件,逐步降低特大城市入户标准,创造有利条件支持农业转移人口落户城镇。研究推出促进农业转移人口的消费工程,以财政补助、价格补贴、税收减免等扶持方式,扩大农业转移人口的日常生活消费和基本耐用消费品消费,积极发展促进农民工消费的消费金融。研究出台城乡基础设施和公共服务重大工程包,加大对县级市(县城)等县域中心交通路网、基础教育、公共卫生、生态建设和环境保护等方面的投入,加大对农村地区通村公路、电网和水利设施升级改造的投入,促进公共资源在城乡、区域间的均衡配置,逐步消除城乡二元结构,推动城乡一体化发展。

　　积极应对"老龄化社会"。继续充实健康养老服务重大工程包,支持社会资本以公民共建、公建民营、民办公助等方式,建设运营养老院所、护理院、老年公寓和

---

　　①　按 2015 年 9 月 29 日人民币汇率中间价,以世行 2008 年制定的每日生活费 1.25 美元为贫困线标准,全年为 2904 元人民币,考虑到今后汇率变化和世行今年已经上调贫困线标准,建议我国贫困标准上调至 3000 元人民币。

老年社区,支持社会资本举办规范的中医养生保健机构、中医医院、疗养院、中医诊所和中医特色康复服务机构,支持社会资本投资以休闲、健康、养生为特色的旅游城镇、度假区、文化街、主题酒店和田园生态基地,引导社会资本投向房车营地、汽车租赁等旅游服务项目,增加适合中老年群体的公共服务和产品的有效供给,为城乡居民提供多元化多层次的养老和健康服务,营造安养、乐活和善终的幸福老龄生活环境。

(二)"美丽中国"战略工程

实施"美丽中国"战略工程,投资城镇、能源、生态,改善居民生存环境,是增强消费需求动力的必然要求。通过大力推进节能减排,修复治理生态环境,推动绿色生产生活,让人民群众和子孙后代呼吸到清新的空气、用上洁净的水、吃上放心的食品,让青山常在、绿水常流,建设美丽家园,实现永续发展。

推进节能减排。推动实施促进高效、清洁、低碳产能的能源政策,研究出台节能减排重大工程包,加大安全高效绿色矿山投资改造力度,加快非常规油气和深海深层油气开发和油品质量升级,加快天然气管网和储气设施建设,加快建设智能电力新系统,大力发展核电装备制造业,促进能源发展从产能扩张向产能升级转变。

加强环境治理。继续充实生态环保重大工程包,加强重点行业、重点区域和重点流域的大气污染治理、水污染防治、重金属污染和土壤污染综合治理,下大力气对河流、湖泊、湿地和地下水进行保护和生态修复,加大对重点生态功能区养护财政投入力度,推进实施流域上下游横向补偿,营造宜居宜业的生态环境。

开展绿色生产。研究出台绿色生产重大工程包,推进以节能、节水、节地、节材和环保为特征的绿色建筑行动,推进纯电动汽车应用和以地铁、轨道交通为骨干网络的城市公共交通基础设施建设,推进以工业企业能源智能化管控为目的的工业能源现代化工程,提升资源环境对经济持续增长的支撑能力。

(三)"智慧中国"战略工程

实施"智慧中国"战略工程,提高人才质量和信息化水平,是增强消费需求动力的内在要求。通过信息化建设,促进新一代信息技术在经济社会各领域广泛应用,推动企业从引进、消化吸收再创新和集成创新向原始创新转变,培育产业新增长点和区域新增长极,推动中国进入世界人才强国、网络强国和制造业强国行列。

建设信息社会。进一步落实《宽带中国 2015 年专项行动计划》,加快光纤到户,完善 4G 网络覆盖,普及用户规模,提升网速水平,优化网络性能,加强技术研发,强化风险管控。落实"互联网+"的 11 个行动计划,促进互联网与经济社会各领域的融合发展进一步深化,促进互联网在支撑大众创业、万众创新的作用进一步增强,形成网络经济与实体经济协同互动的发展格局。

推动智能制造和智能服务。顺应网络经济发展趋势和潮流,加快推进实施"中国制造 2025"和国家知识产权战略行动计划,研究出台智能制造和智能服务重大工程包,推动"中国制造 2025"十大重点领域取得突破性进展,加快服务功能区和公共服务平台建设,鼓励东部地区企业建立生产服务基地,支持中西部地区加快产业转移承接地服务配套设施和能力建设,实现制造业和服务业协同发展。

打造智慧城市。进一步落实《关于促进智慧城市健康发展的指导意见》,研究出台智慧城市重大工程包,大力推动政府部门将企业信用、产品质量、食品药品安全、综合交通、公用设施、环境质量等信息资源向社会开放,运用互联网、物联网等现代信息和通信技术手段,建设覆盖城乡居民、农民工及其随迁家属的信息服务体系,实现城市智慧式管理和运行。

(四)"基础设施互联互通"行动计划

基础设施互联互通有助于扩大有效投资需求并带动外需增长。在我国边境地区和跨省交界地区,公路、铁路、水运、管道、通信、电力等基础设施互联互通建设相对滞后,不仅制约相关地区经济发展,而且制约内贸和外贸发展。鼓励、支持跨境、跨省基础设施互联互通,有利于直接扩大有效投资需求,更对促进边境、省境相关地区经贸发展具有重要作用。

支持跨边境基础设施互联互通建设。重点推进跨境缺失公路铁路路段、瓶颈路段和口岸基础设施建设;加快建设跨境输油、输气管道和跨境电力工程与输电通道;积极推进港口和水运通道建设;稳步推进跨境光缆、洲际海底光缆和空中(卫星)信息通道建设。积极争取与周边国家成立跨境基础设施互联互通联合工作组,协调基础设施建设规划、技术和政策,研究提出设施互联互通工程项目,建立项目库,制定初步的融资规划和方案。创新投融资模式,支持国家开发银行、中国进出口银行和周边国家相关银行开展银团贷款、联合融资,发挥各类国际开发性金融机构的合力,为基础设施互联互通工程项目提供建设资金、风险担保和信用支持等全方位融资服务。积极推广政府和社会资本合作(PPP)模式,支持国内基础设施类企业、大型工程承包商、金融机构和商业性股权投资基金组成联合体,共同参与相关基础设施项目建设和运营。

加快跨省境基础设施互联互通建设。重点支持跨省断头公路建设、打通"最后一公里",加快推动跨省交通、水利、电力等基础设施改造升级。建立跨省基础设施规划衔接协调机制,合理确定跨省基础设施建设规模和建设标准,统筹跨省基础设施建设进程。鼓励相邻省份联合设立跨省基础设施投资建设主体,推动区域基础设施协调、协同发展。建立国家交通、水利、能源等跨省境基础设施项目库,加大国家投资支持力度,国家预算内投资和其他专项建设资金要向入库跨省境基础设施项目倾斜。

（五）"国家级新区建设示范"行动计划

目前,国务院已经批复 15 个国家级新区,大多依托省会城市、副省级城市设立,面积、人口和产业基础各不相同。国家级新区的设立不仅对所在城市和周边地区发挥重要的示范和辐射作用,而且将进一步集聚产业和人口,加快资金、技术和土地等要素的集中开发利用,推动行政区、开发区等不同功能区的整合,促进新区集约化布局和绿色循环低碳发展,对于拉动经济增长具有重要意义。

加强新区基础设施建设和服务功能完善。强化新区交通、能源、供水、供气、供热、信息网络等设施建设,积极推进地下综合管廊和海绵城市建设试点。促进新区内各类基础设施互联互通,加快推进新区对外联系的跨区域重大基础设施建设。加大学校、医院、幼儿园、文化馆、美术馆、博物馆、养老设施等公共服务设施建设扶持,适当提高建设标准,为新区社会发展和民生领域提供有力支撑。积极引导社会资本参与新区建设,支持符合条件的企业通过发行企业债券、中期票据、保险信托计划等多种融资方式筹集建设资金。鼓励开发性金融机构通过提供投融资综合服务等方式支持新区发展,引导央企、省属国企和民营企业等各类投资主体参与新区开发建设。

推动新区产业优化升级和竞争力提升。加强产业布局的合理引导和科学管控,支持国家级和省级重大产业项目优先向新区集中,加快产城融合发展示范建设。推动新区内现有国家级和省级经开区和高新区、海关特殊监管区的功能整合,建设一批特色突出的专业园区和产业集聚区,促进产业集群化发展和集约化布局。加快传统优势产业升级改造,积极应用先进适用技术改造提升传统产业产品,大力发展战略性新兴产业、高新技术产业和高端服务业,完善产业链条和协作配套体系,以新产业和新业态为导向构建现代产业体系,加快培育新的经济增长点。

（六）"境外消费回流"行动计划

境外消费回流对扩大内需具有重要作用。2014 年我国出境人数超过 1 亿人,境外消费总额超过 1 万亿元人民币,约占当年全社会商品零售总额的 4%。境外消费迅速增加,是由税收、价格、品牌、质量和服务等多方面原因造成的。虽然境外购物和消费是居民个人选择,但很大程度上是因国内相关产品质量和服务较差引起的,引导消费回流具有较大空间。促进境外消费回流,可以直接拉动国内消费需求增长,从而推动经济增长。

加快推进中国产品品牌和服务提升工程。着力培育本土高端品牌,建立中国企业质量信用体系,推动消费品质量和服务的提高,加强对自主品牌的形象宣传。电商企业和实体店融合发展,实现线上线下互动,提高购物体验对消费者的吸引力。着力规范市场秩序,严打假冒伪劣,促进优胜劣汰。

努力加大降税力度。对国内消费者需求大的部分国外消费品,进一步降低进口关税,逐步扩大降税商品范围。结合税制改革,完善服饰、化妆品等大众消费品的消费税政策,统筹调整征税范围、税率和征收环节。增设和恢复口岸进境免税店,合理扩大免税品种,增加一定数量的免税购物额,方便国内消费者在境内购买国外产品。

支持跨境购销平台主体建设。以跨境电商企业为主体,以消费者需求为导向,汇聚买方、检测等资源,赴海外进行名品规模化采购,提高买方话语权,促使消费回流国内。支持跨境电商等龙头企业建设海外集货仓,在上海、福建、天津、广东等地自贸试验区和跨境电商试点城市建设国内集货仓,畅通购销渠道,降低物流成本。支持跨境电商建设直供、保税、跨境三位一体的实体店。

(七)"城市地下空间综合开发"行动计划

"十三五"时期,我国城市将开发建设的方向更多地由地上空间转向地下空间的综合开发建设。结合城市地下轨道交通同步建设城市地下综合管廊、地下停车场、城市立体商业综合体、地下灾备中心等设施,不仅能够优化城市空间功能,集约利用地下空间资源,而且通过各级政府投资撬动巨大的社会投资需求。据测算,仅城市地下综合管廊一项,全国城市年均可新增投资近万亿元,而城市地下空间综合开发不在开发强度和规模上远大于地下综合管廊,预计未来每年投资需求可达数万亿元,其投资拉动效应不可估量必将成为推动我国经济持续增长的重要动力之一。

组织开展城市地下空间开发试点工作。适应新型城镇化和现代化城市建设的要求,把规划建设城市地下空间作为履行政府职能、完善城市基础设施的重要内容,科学总结国内国际先进经验和有效做法,按照"统筹规划、综合开发、分层建设、分类施策"的要求,组织开展试点工程,切实有效提高地下空间开发建设比例。

抓住地铁建设高潮时机同步规划开发建设地下空间。据不完全统计,目前全国正在施工建设的地铁线路超过 70 条,仅开工建设地铁的城市就达 28 个。城市轨道交通中地铁投资最高,一条线路需要成百上千亿元投资,资金问题是地铁建设最大的"拦路虎"。如何解决资金短缺问题,需要将地铁经过的地下空间进行配套规划建设,探索土地融资、物业开发新模式。

推动城市政府编制统一的城市地下空间规划。结合城市总体规划及各行业自身发展的具体需要,统筹市政、交通、商业、仓储、人防等各种功能,制定统一的城市地下空间综合开发利用规划,明确城市轨道交通、大型商业综合体、地下管廊等进行地下综合开发的技术规范和建设要求,同时确保地下空间的规划成为城市总体规划的一部分,并在执行中真正做到与城市总体规划衔接。

创新投融资方式。研究实施与地下空间资源开发、建设、使用方面的优惠政策和鼓励机制,根据不同功能进行分类指导,在保障公益性功能的前提下,将具备商业性的城市地下空间开发利用推向市场,鼓励不同地下空间功能相结合的综合开发和集成开发,激发社会资金参与投资的积极性,以期获得最大综合效益。

(八)"国际产能合作集聚区建设"行动计划

推进国际产能合作集聚区建设,不仅有利于带动国内设备和中间产品出口,或者绕开国外贸易壁垒实现间接出口,从而促进经济增长,而且可以转移部分国内优势产能,推动国内经济结构调整和产业转型升级,形成新的经济增长点。计划到2020 年,以我国企业为主体,以"一带一路"沿线国家为主要拓展方向,形成若干个国际产能合作集聚区。

突出重点、有序推进。近期以亚洲周边国家和非洲国家作为重点国别,以钢铁、有色、建材、铁路、电力、化工、轻纺、汽车、通信、工程机械、航空航天、船舶和海洋工程等作为重点行业,分类实施,有序推进。

拓展对外合作方式。在继续发挥传统工程承包优势的同时,充分发挥我资金、技术优势,积极开展"工程承包+融资"、"工程承包+融资+运营"等合作,有条件的项目鼓励采用 BOT、PPP 等方式,开展装备制造合作。

创新商业运作模式。积极参与境外产业集聚区、经贸合作区、工业园区、经济特区等合作园区建设,营造基础设施相对完善、法律政策配套的具有集聚和辐射效应的良好区域投资环境,引导国内企业抱团出海、集群式"走出去"。

分报告一：经济持续稳定增长的内涵与目标

持续稳定增长既是全球宏观经济学家关注的重大理论问题,也是各国政府经济发展追求的重要目标。当前,我国经济已经进入下行通道,且受到国内外短期需求因素变化影响,呈现出趋势性下滑和周期性波动交互影响的特征,如何保持经济持续稳定增长已经成为我国制定宏观调控政策和经济发展战略必须考虑的重要议题。从理论上厘清经济持续稳定增长的基本内涵、实现路径以及主要目标,对于未来一个时期我国经济长期健康发展具有重要意义。

一、经济持续稳定增长的内涵与外延

经济持续稳定增长概念包括了持续和稳定两个层次,应该从经济增长和波动理论对长期增长与短期波动的认识出发,明确其内涵和外延,并在现代经济理论框架下进行界定。

（一）经济持续稳定增长的内涵

现代经济增长理论表明,经济增长源自劳动、资本、自然资源等生产要素投入,以及制度改革、技术创新、要素优配等带来的生产效率提高。因此,在劳动、资本、自然资源等生产要素既定条件下,为保持经济持续增长,需要通过要素优配、技术进步和体制改革,提高经济产出效率,培育新的增长动力,促进经济增速围绕潜在增长率,在合理区间内上下波动;同时,还要考虑资源环境承载力对经济增长的要求,维持必要和适宜的速度。另一方面,为保持经济稳定增长,使经济在合理区间运行,需要通过调节消费、投资、进出口等需求变量,促进社会总需求与总供给均衡,使产出缺口变化幅度控制在一定范围,同时将经济风险控制在合理范围,避免系统性风险集中爆发,防止经济大幅、频繁波动。

当然,经济持续增长与稳定增长,二者既有区别也有联系,存在辩证统一的关系。就区别而言,经济持续增长更多关注长期的供给面因素,而经济稳定增长则更多涉及短期的需求面因素。就联系而言,过大幅度、过高频率的经济波动会造成资源浪费、产出损失,从而弱化增长动力,不利于经济持续增长;而缺乏持续性的经济增长就可能动力不足,在短期内也难以实现经济稳定增长。

综上所述,经济持续稳定增长的内涵是:一国或地区通过要素优配、技术进步和体制改革保持经济潜在增长能力,通过宏观政策调节投资、消费与净出口三大需求及有效防控风险实现经济稳定增长,以协同促进增长有效性、运行稳定性和发展永续性,促使经济增长保持必要适宜速度、经济增速接近潜在增长率,增速波动处于合理区间、经济风险控制在一定范围,从而实现提升效率、绿色发展、熨平波动和降低风险四大目标。

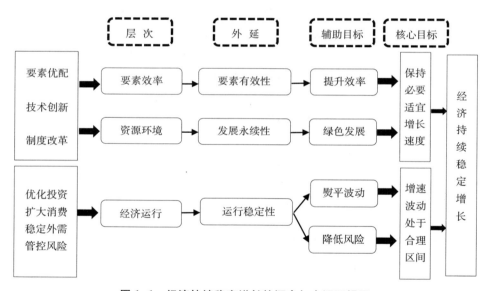

图1-1　经济持续稳定增长的概念与内涵逻辑图

(二) 经济持续稳定增长的外延

与经济持续稳定增长内涵相匹配,其外延可以归纳为增长有效性、运行稳定性和发展永续性。

增长有效性。指经济发展潜力的发挥程度,反映了经济发展过程中投入与产出关系,包括现有各种要素是否得到有效利用以及其是否在经济发展中形成了新的生产能力两个方面,这意味着要在条件允许的情况下实现合意增长。单位投入获得的产出越多,表明全社会经济产出效率越高,经济可持续增长能力越强。增长有效性是经济持续稳定增长的基本要求。

运行稳定性。指国民经济运行的平稳状态,主要表现为经济增长速度围绕潜在增长率小幅波动,经济增速波动和价格波动相对稳定,就业、居民生活等不会受到明显冲击。具备识别、预判和化解经济风险的能力,经济安全性越大、风险性越小,从而经济增长的可持续性和稳定性越高。经济稳定运行是经济持续稳定增长的重要基础,也是经济持续稳定增长的重要条件。

发展永续性。指经济持续稳定增长对资源环境承载能力的要求,只有在自然资源被有效利用和生态环境得到有效保护的前提下,经济增长才是永续的。付出巨大资源和环境代价的经济增长是低质量增长,既会导致当代人生活质量下降,也不利于后代人福利水平提高。评价经济增长的可持续性和稳定性,不能忽视资源耗费与环境代价。永续发展是经济持续稳定增长的根本保障。

二、增强经济持续稳定增长的动力与机制

结合经典经济增长和经济发展理论,需要从要素优配、技术创新、制度改革三个方面推动经济持续增长,同时也需要通过宏观经济政策实现总供需均衡,从而推动经济稳定增长。

(一) 经济持续增长的动力

经济持续增长的动力是提高全要素生产率,而提升全要素生产率的途径则主要来自要素优配、技术创新与制度改革。

要素优配。资本和劳动等生产要素从低效率部门转移到高效率部门,以及从生产过剩部门转移到供给不足部门,有利于推动产业结构优化升级,促进生产力布局合理化,并有效平衡供需结构,推进经济总体效率不断提高。与此同时,经济结构变动促进生产要素进一步向高效率部门、区域和市场主体集中,有利于要素投入结构合理化,反过来引导要素供给质量进一步提高,从而提高了经济要素投入的有效性、经济发展的永续性等。

技术创新。创新通过生产技术进步和组织方式优化,为经济活动引入新的技术要素和商业模式,为产业转型升级、经济发展模式转换提供不竭动力。技术和商业模式创新有助于提高经济运行效率、推进经济结构优化升级、节约资源与保护生

态环境等,从而提升要素投入的有效性和经济发展的永续性。

制度改革。制度改革通过引进新的激励机制、降低了全社会交易费用,为经济持续增长创造有利条件,为经济增长释放改革红利,有助于激发全社会的技术创新活力,发挥市场主体的能动性,促进要素使用效率提高,进而提高经济增长的有效性;有利于形成节约资源、保护环境的制度环境,促进全社会节约资源和保护环境,提升经济增长的永续性。

(二) 经济稳定增长的机制

经济稳定增长的机制是通过宏观经济政策,调节投资、消费与出口"三驾马车"之间的平衡关系,增加短期有效需求,并有效防控经济风险,使经济在合理区间波动。

优化投资需求。通过采取税收减免、财政支持等优惠政策,或调整利率水平、信贷总量与结构等,控制高投入、高消耗、高污染、低效率投资,增加技术创新投资,提高投资的即期效率和跨期效率,并根据经济社会发展战略调节投资规模、优化投资结构,避免过度投资或投资不足造成的经济增长大上大下、快上快下,保障经济平稳运行。

扩大消费需求。通过调整收入分配结构、提高社会保障水平、完善财政补贴、消费信贷等宏观政策等途径,提高居民消费能力、改善消费预期、降低消费成本、优化消费环境,努力扩大居民消费需求,着力解决短期消费需求不足问题;同时,加快消费结构升级,实现更高水平的消费需求扩张,减缓投资或出口需求给经济稳定增长带来的波动,形成保障经济稳定增长的内生机制。

稳定外部需求。通过更为灵活的汇率政策、更为完善的信用保险政策、更为合理的税收调节政策、更为优惠的信贷政策等,鼓励企业扩大出口规模、优化出口产品结构及加快"走出去",促进外贸发展方式转变,稳定外部需求,解决短期内外部有效需求不足等问题,促进经济在合理区间平稳运行。

防控经济风险。通过宏观经济政策,降低金融市场杠杆,减缓各级政府债务压力,优化政府、企业和家庭的资产负债表,减少整个社会金融债务杠杆率,防止各类、各层次风险交织演化为系统性风险,防止经济大幅波动,促进经济在正常轨道中合理运行。

三、经济持续稳定增长的核心目标与辅助目标

经济持续稳定增长的目标和指标很多,但其核心目标是确定潜在增长率及经

济增长围绕其波动的合理区间,辅助目标则是对应持续稳定增长概念的外延"增长有效性、运行稳定性和发展永续性"的中间指标。

(一) 核心目标

核心目标是维持经济持续稳定增长的锚目标,应该作为促进经济持续稳定增长的首要目标。

经济增长保持必要适宜速度,经济增速接近潜在增长率。通过要素优配、技术创新和体制改革,实现增长有效性和发展永续性的协调统一,保持经济增长的持久动力,减少产出缺口,使经济运行速度尽量接近潜在经济增长率,并保证经济增长能够兼顾资源环境承载要求,以保障经济长期持续增长。

增速波动处于合理区间,经济风险控制在一定范围。通过调整宏观经济政策,动态调节消费、投资、净出口,实现总需求与总供给平衡,将产出缺口控制在一定范围内,有效防控经济风险集中爆发,避免经济增长围绕潜在增长速度频繁、大幅波动,减少经济波动带来的要素浪费和效率损失,以保障经济短期稳定增长。

(二) 辅助目标

辅助目标是为了实现核心目标而设的中间目标或监测目标,应该作为促进经济持续稳定增长核心目标的补充。

提升效率。围绕提高经济增长的有效性,不断提升要素配置效率,提高技术进步对经济增长的贡献率,充分发挥经济潜在增长能力,以保证经济保持必要适宜增长速度。评价这一目标应采用要素产出效率、技术进步、结构优化等方面的指标。

绿色发展。围绕提升经济发展的永续性,努力降低资源消耗和环境破坏,提高人与自然的和谐程度,提升资源环境对经济持续增长的支撑能力。评价这一目标应采用万元 GDP 能耗、万元 GDP 二氧化碳排放和主要污染物排放持续下降等指标。

熨平波动。围绕增加经济运行的稳定性,缩小经济周期波动的幅度,降低经济周期性波动的频率,保证宏观经济波动幅度处于合理区间。评价这一目标应采用经济周期波动峰谷振幅,经济周期长度等指标。

降低风险。围绕增强经济风险的可控性,努力降低金融和债务风险,阻止系统性风险集中爆发,防止经济大起大落和"硬着陆"。评价这一目标应采用政府债务率、全社会杠杆率等指标。

四、"十三五"经济持续稳定增长目标分析

（一）增长目标

实现经济持续稳定增长,需要使得实际经济增长速度保持在潜在增长速度附近,太高则出现经济过热,太低则造成资源浪费。"十三五"时期经济潜在增速主要取决于以下投入变量。

一是劳动年龄人口数量。劳动力是最基本的投入要素,劳动年龄人口数量及其增速是影响经济潜在增长率的重要因素。"十三五"时期劳动力年龄人口的预测数据是在发改委就业司预测数据的基础上进行调整得到①。如表1-1所示,我国劳动年龄人口于2014年达到峰值,之后开始下降,预计"十三五"时期也将继续呈现持续下降趋势。劳动年龄人口出现负增长,其对经济增长将形成拖累。

表1-1　"十三五"时期我国劳动年龄人口数

年份	2016 年	2017 年	2018 年	2019 年	2020 年
劳动年龄人口数（万人）	99842.8	99645.9	98875.8	98015.8	97518.1

二是劳动年龄人口就业率。劳动年龄人口就业率直接影响劳动力向就业人口的转换。近年来,受劳动力受教育时间不断延长等因素的影响,劳动就业时间不断推迟,劳动年龄人口就业率呈不断下降趋势。我们假设未来十年就业率保持2005—2014年的下降趋势。通过滤波获得劳动年龄人口就业率变化趋势,外推后获得"十三五"时期每年度的就业率,如表1-2所示。

表1-2　"十三五"时期我国劳动参与率

年份	2016 年	2017 年	2018 年	2019 年	2020 年
劳动参与率	76.6%	76.4%	76.2%	76.0%	75.9%

三是就业结构。由于我们采用的是分产业生产函数,需要知道"十三五"时期

---

① 由于就业司提供的预测基期为2013年,我们根据2014年的实际数据进行修正。以下的修正原理相同。

劳动力在不同产业部门的分布情况,因而需要预测就业结构的变化。我们在国务院发展中心和宏观院课题组预测基础上进行了一定修正,如表1-3所示。"十三五"时期,第三产业就业比重不断上升,至2020年超过50%,一、二产业就业比重不断下降,至2020年,第一产业就业占比为20.1%,第二产业占比为27.7%。

表1-3 中国三次产业结构变化趋势

年份	就业结构		
	第一产业	第二产业	第三产业
2015 年	27.5%	29.7%	42.8%
2020 年	20.1%	27.7%	52.2%

四是资本形成速度。资本形成速度取决于投资增速和折旧率,而投资增速则取决于储蓄率,储蓄率则与人口结构密切相关。我们分析了我国人口抚养比和储蓄率之间的关系,结果发现人口抚养比每上升一个百分点,储蓄率将下降0.8个百分点。据此预测,"十三五"时期,由于人口格局的变动将会带动储蓄率下降2个百分点左右。同时,资本外流等因素会进一步降低我国的资本存量的增加速度。"十三五"时期,随着基础设施进一步完善,投资中折旧率相对较低的建筑安装工程部分所占的比重将进一步降低,而折旧率相对较高的设备工具器具购置的比重将会上升,因此预计"十三五"时期的折旧率将会进一步提高,年均为15%左右。综合考虑投资增速下降和折旧率提高的影响,预计"十三五"时期平均资本存量增速为6%左右。

五是全要素生产率。全要素生产率的变化是诸多因素中最难以确定也是影响经济增长最为重要的因素。"十三五"时期,我国TFP的增长速度取决于一系列影响因素。第一是科技水平的提高。我国目前的科技水平与国外相比相对落后,"十三五"时期,我国加快实施创新驱动发展战略,提升技术进步对经济增长的空间很大。第二是资源配置效率的改善。过去二十多年中,要素(主要是劳动力)从低生产率部门(农业)向高生产率部门(非农业)转移所产生的要素再配置效应对TFP的增长起着十分重要的作用,据测算,2000—2014年全要素生产率的38%左右来源于劳动力再配置。"十三五"时期,劳动力从农业部门向非农业部门的转移速度将放缓,这将降低TFP的增长速度。第三是人力资本的积累。经验研究表明,当经济发展进入较高阶段后,单纯的要素数量扩张无法保持经济快速增长,而人力资本对经济增长的贡献会相应提高。"十三五"时期,我国劳动力数量将呈下降趋势,人力资本的增加就显得尤为重要。综合考虑,我们预计"十三五"时期全要素生产率平均增速为5%左右,较"十二五"时期6%以上的平均水平有所降低。

六是改革红利的释放。"十三五"时期,通过全面深化改革,消除体制性障碍,可望显著提高潜在增长率,再度释放改革红利。但是当前经济增长的基本条件出现了改变,即使相应的改革都能够到位,取得最好的成果,但改革红利也可能无法像上一轮改革那样充分显现。且本轮改革的难度更超过以往,我们假定本轮改革红利只有上一轮不足一半,将提高我国潜在增长率0.3—0.4个百分点。

将上述变量代入分部门生产函数,然后对各部门潜在增速进行加权平均(参见附录),最后得到"十三五"时期我国经济潜在增长率的预测数据,如表1-4所示。总体来看,"十三五"时期经济潜在增长速度将趋于下降,但仍可保持在较高增长水平,年平均增长速度为7.1%左右。

表1-4　潜在增长率预测

年份	2016	2017	2018	2019	2020
潜在增速	7.3%	7.3%	7.1%	6.9%	6.7%

(二) 防控风险目标

从风险来源、风险影响、风险变化趋势看,"十三五"时期控风险的重点在于严控债务风险和金融风险,使其保持在合理水平或控制在合理区间。

1. 严控债务风险,使地方政府债务增速不超过名义经济增速

"十三五"时期,经济减速将降低财政收入,同时经济结构调整、社保支出、民生支出、环境治理将会加大财政支出压力,总体看政府债务风险呈现出上升趋势。从财政收支来看,随着地方政府债务融资规范化,"十三五"时期地方政府债务高速增长势头有望得到扭转,若债务增速与名义 GDP 增速相同,即使考虑到或有债务的影响,"十三五"时期,政府债务风险发生的概率将保持在10%以下,处于低风险区间。因此,我们应该将"十三五"时期的地方政府债务增速目标设定为不超过名义经济增速。

2. 严控金融风险,力争将全社会杠杆率和银行坏账水平控制在现有水平

"十三五"时期,应重点关注和化解金融领域存在的三大风险点。一是先稳定杠杆再缓慢去杠杆。去杠杆化尤其是降低国有企业杠杆和地方政府债务率存在必要性和迫切性,"十三五"时期,力争保持全社会杠杆水平维持在300%的水平。二是严控银行体系信贷风险,将银行坏账率控制在2%以内。"十三五"时期,银行信贷风险主要集中在地方平台贷款和过剩产能行业贷款,应避免银行体系不良贷款率下显著高于当前水平。三是守住不发生系统性金融风险底线。"十三五"时期,金融市场与金融监管的博弈仍将继续,应严防地方政府创新型融资渠道的监管调整形成的违约潮。

分报告二:经济持续稳定增长的国际环境和开放动力

一、经济持续稳定增长的国际环境

"十三五"时期,世界多极化、经济全球化继续深入发展,世界政治经济安全格局面临重组重构,增长模式、产业结构、能源版图、治理格局、货币体系、地缘博弈深刻调整,我国经济持续稳定增长的外部环境出现重大变化。

(一) 世界经济复苏增长态势难有明显改观,主要经济体走势将继续分化

当前及未来一段时期,世界经济仍将处于国际金融危机后的深度调整期和转型发展期,危机的深层次影响继续显现,全球经济增长动力不足,主要经济体走势明显分化,新兴经济体调整转型压力持续加大。综合考虑,相对于"十二五"时期,"十三五"时期全球经济增长速度和复苏态势难有明显改观,低增长和有效需求不足或将成为新常态,国际经济格局调整变化复杂多变。

1. 全球经济低速增长态势难有改观

国际金融危机给全球经济造成严重冲击,全球经济增长速度显著低于危机爆发前,至今仍未走出危机阴霾。据国际货币基金组织统计,2009—2014 年,全球 GDP 年均增长 3.3%,远低于 2003—2008 年 4.8%的增幅。就目前情况和发展趋势看,世界经济增长动力仍显不足。

一方面,国际金融危机没有改变经济全球化继续发展和科技不断进步的大趋势,推动世界经济增长的长期动力依然存在。"十三五"开局距离国际金融危机爆发将过去 8 年时间,各种系统性风险在这个阶段基本得到充分释放,再爆发大的动荡或危机的可能性不大。发达国家提出"再工业化"和经济再平衡,回归重视发展

实体经济,而新兴经济体着力扩大内需,推动几十亿人口的工业化现代化进程,这些有利于世界经济继续保持复苏。

但另一方面,无论是发达国家解决"高失业、高赤字、高债务"问题,还是新兴市场和发展中国家解决自身结构性问题,都难以一蹴而就。因此,"十三五"时期,世界经济增长动力仍难以达到危机前的水平,也难以较"十二五"时期出现明显改观,继续维持3%左右低增长的可能性比较大。

2. 主要经济体走势进一步分化

美国经济仍处于国际金融危机后的"疗伤"阶段,去杠杆没有完成,无非是把企业的债务转变为政府的债务,而政府债务最终去杠杆的结果就是税率上升,这将抑制居民消费和企业投资增加。因此,未来一个时期美国经济虽有可能仍是发达国家中表现最好的,但经济增长速度难以很快,加上重振制造业的影响,对全球经济复苏的拉动作用也不会很强。

当前,欧元区、日本经济出现好转,但更多是政策刺激的结果,而非经济增长动力得到了恢复。欧元区在维持超低基准利率的基础上,于今年3月启动了购债计划,每月购买600亿欧元债券。日本则继续维持宽松货币政策,并在4月份货币政策会议上决定,以每年80万亿日元的幅度增加基础货币供给。近期美国经济形势好转,更多是货币政策与加强科技创新、发展实体经济等结构性政策有机结合的结果,而非量化宽松货币政策"一家之功";欧元区和日本面临人口老龄化、福利虚高、体制僵化等问题,推进结构改革困难重重,中长期增长形势并不乐观。

国际金融危机后,新兴市场和发展中国家率先实现经济回升,一度成为全球经济运行的亮点,但随着发达国家特别是美国实施量化宽松货币政策,大量国际游资进入这些国家,造就了包括股市、房市等在内的虚假繁荣,也导致这些国家错失了推进结构性改革的时机。目前,新兴市场和发展中国家,有的主要仰仗资源型产业,有的过度依赖国际资本流入,有的工业化和城镇化进程不协调;同时,在市场、技术、要素、产业上依附于发达国家的局面也没有改变,内生性增长动力普遍不足。新兴市场和发展中国家经济发展空间很大,但就目前情况看,如何释放增长潜力仍未"破题",加上外部环境变化的干扰,未来经济如何增长尚存较大不确定性。

（二）全球科技产业发展孕育新变革,国际产业布局和竞争关系更趋复杂

"十三五"期间,信息技术和新能源技术、生物技术等新兴技术将继续取得新突破并深入融合发展,成为全球经济增长的主要新动力。新兴产业和新型生产组织方式不断出现,制造业竞争力影响机制日趋多样化和复杂化,全球制造业竞争格局日趋激烈。

1. 新行业新业态不断涌现推动全球产业转型升级

移动互联网产业、可再生能源产业、物联网产业和3D打印产业等新兴产业方兴未艾,在未来十年内逐渐取代个人电脑、汽车等传统产业,成为拉动全球经济增长的主导产业。同时,新一代信息技术在金融、商贸、医疗、教育等传统产业应用日趋广泛,互联网金融、电子商务、移动理财、移动医疗、移动教育、移动社交网络等新兴业态将迅速发展,逐步取代传统经营业态。全球移动通讯协会预计2020年全球移动互联网设备产量有望超过120亿台,较2011年翻一番。彭博社最新预测称,2020年可再生能源新增投资额将高达3950亿美元,较2010年翻了一番以上,其中绝大部分来自风能和太阳能。美国著名咨询机构麦肯锡预测,2025年,移动互联网等十二大新兴技术所产生的潜在经济效益最高可高达40.4万亿美元,2020年移动医疗、移动教育等新业态的产值将分别达到490亿和700亿美元,分别是2012年的40倍和15倍以上。

表2-1　麦肯锡对2025年十二大新兴技术对全球经济的影响预测

	直接影响范围	潜在经济效益(万亿美元)
移动互联网技术	10亿互联网相关工作者	3.7—10.8
人工智能技术	2.3亿知识工作者	5.2—6.7
物联网技术	1万亿台机器	2.7—6.2
云技术	20亿工作者	1.7—6.2
智能机器人技术	3.2亿工人	1.7—4.5
智能汽车技术	10亿辆汽车	0.2—1.9
基因技术	2600万癌症等重症患者	0.7—1.6
能源存储技术	10亿辆车辆	0.1—0.6
3D打印技术	3.2亿工人	0.2—0.6
新材料	全球全部碳纤维和硅材料	0.2—0.5
油气开采技术	520亿桶油/年	0.1—0.5
可再生能源技术	21000太瓦时电力	0.2—0.3

资料来源:麦肯锡研究报告。

2. 新技术发展带动生产组织方式变革

随着3D打印技术、计算机建模技术、人工智能技术等新技术的不断突破,3D

打印机、智能机器人等机器设备从事具体生产工作的优势将越来越明显，劳动者依托新兴技术发挥创造力进行研发设计的能力将大大增强。在大多数生产环节复杂程度不高、最终需求个性化较强的产业中，由微型研发企业、个人以及中小型智能化制造车间所构成的去中心化、分散化的新型生产组织方式将会成为主流，逐渐取代分工明确、规范严格的标准化大工厂生产组织方式。

3. 全球制造业竞争格局日趋复杂

美国、德国、日本等传统制造业强国将继续积极利用新技术革命契机，加快推进实施"再工业化"战略、"工业4.0"计划、"日本产业重振计划"等一系列制造业发展战略，力图维持在高端制造业的优势地位。印度、俄罗斯、土耳其等发展中大国将继续大力发展传统产业和推进工业化进程，同时积极发挥中高素质人才成本较低、部分新兴产业领域技术积累较强的后发优势，力图抢占部分新兴产业制高点。东南亚、南亚、非洲等地区发展中国家利用劳动力、土地等生产要素低成本优势大力吸引外资，有望成为国际传统产业，特别是中低端加工组装环节的重要承接地。在新兴产业、新兴生产方式逐渐取代传统产业和传统生产方式的过程中，高素质人才、技术水平、市场规模、消费偏好在提升制造业竞争力中的作用将不断提升，普通劳动力、土地等传统生产要素的作用可能有所弱化，导致各国竞争优劣势迅速变化甚至逆转，全球制造业竞争格局将远较金融危机前复杂激烈。

（三）区域经济一体化加速发展，经济全球化的动力和模式出现重大变化

由于科技的持续进步和资本对利润的不断追求，未来一段时期，经济全球化深入发展的大趋势不会改变。同时，区域经济一体化将蓬勃发展，各种形式自由贸易协定和区域合作模式将不断涌现。经济全球化和区域经济一体化相互交织、相互促进，前者为后者提供基础条件，后者为前者注入新的动力，经济全球化的动力和模式出现重大变化，给全球经济发展带来深远影响。

1. 高标准超大型自贸区逐步成型

美国主导推动TPP和TTIP谈判，试图通过建立地跨两洋的超大型自贸区，来重塑全球经济治理规则、掌控经济全球化的主导权和获取更多的发展利益。TPP和TTIP强调全面扩大市场准入，降低边境后壁垒，扩大服务业开放，提高投资自由化水平，将劳工标准、环境保护、竞争中立等新议题纳入谈判。整体看，无论是相对于多边贸易体制，还是相对于已有的各类自贸协定，TPP和TTIP的标准更高、覆盖范围更广。

TPP 的成员国 GDP 和贸易占全球 40% 左右,TTIP 即美欧的 GDP、贸易占全球 50%、30% 左右,两个自贸协定一旦签署,其涉及的劳工、环保、知识产权等条款将成为一定意义上的国际新"标杆",牵引多边贸易体制和国际经贸规则标准提高。这将对世贸组织推动全球贸易投资自由化便利化的主渠道地位构成挑战,抬高 TPP 和 TTIP 区外国家参与经济全球化的门槛。

2. 新型区域合作模式不断涌现

国际金融危机后,世界科技和产业发展出现了新动向,全球产业分工趋向扁平化,产业链和价值链不断延长,跨国公司对在更广范围、更深层次上跨境配置资源的需求越来越大,对投资便利化、贸易便利化、服务便利化的要求越来越强。在一定程度上,TPP 和 TTIP 的高标准顺应了国际产业分工发展趋势,是经济全球化发展到一定阶段的产物。但另一方面,TPP 和 TTIP 是发达国家出于自身利益主导的自贸协定,并不完全符合广大新兴经济体的诉求,特别是随着增长放缓,新兴经济体更加需要外部资金的支持,更加需要推动国内结构性改革,这些都是 TPP 和 TTIP 难以实现的。

我国提出和推动实施的"一带一路"国际倡议,是一种创新型的区域合作模式,更加符合新兴经济体的发展诉求、合作诉求。在"一带一路"框架下,各方不是把产品关税降低作为主要内容,而是以基础设施互联互通为先导,以政府间的政策沟通协调为保障,按照互利共赢的原则,全面推动经贸、投资、金融、能源、人文等领域合作,从而实现共同发展。各方可以加强在基础设施互联互通领域的合作,这本身就是增加有效需求、优化内外需结构、扩大就业的重要结构性改革措施。同时,各方还可以采取国际产能合作等多种形式,扩大对彼此的直接投资,通过利用外资和对外投资优化自身的产业结构,实现优势互补和协同发展;也可以在各自的优势领域开展研发合作,促进新产业、新技术、新业态发展,增强创新对经济发展的驱动力,在优化要素投入结构的同时增强经济增长的内生动力。因此,"一带一路"给广大新兴经济体携手推进结构性改革、挖掘经济增长潜力带来了新契机,相信将会越走越远、越走越实。

3. 区域经济一体化和经济全球化相互交织相互促进

20 世纪 90 年代以来,在多边贸易体制框架下,经济全球化持续深入发展,各国在参与经济全球化过程中不同程度受益,同时增强了利用外部市场资源和应对外部风险挑战的能力,这些都为当前参与不同形式的区域经济一体化奠定了基础。多哈回合谈判陷入僵局,在一定程度上制约了经济全球化的深入发展,但有关各方共同推动符合其利益的区域经济一体化,促进区域内的要素自由流动、市场深度融合、资源高效配置,也将为经济全球化注入新动力。试想,如果 TPP 和 TTIP 真的能够提振美欧日三大经济体的增长,对广大发展中国家而言也不是一件坏事。未来一个时期,区域性贸易投资规则和多边贸易体制将呈现相互影响相互融合的态势,这个过程将十分复杂,但总体上是有利于资源在全球范围内高效配置的。

(四) 国际能源版图深刻调整变化,能矿类大宗商品价格继续在低位徘徊

页岩气革命导致美国在全球能源供应版图中地位持续上升,东亚地区将成为中东原油供应的主要市场。全球经济结构转型和经济增速放缓导致能矿资源需求增长乏力,能矿类大宗商品价格整体处于低位震荡态势。

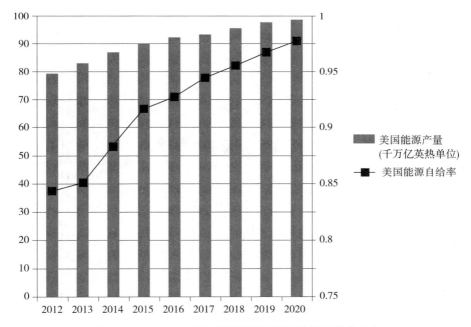

图 2-1　2012—2020 年美国能源产量及能源自给率变化

资料来源:美国能源署。

1. 美国页岩气革命带动国际能源流转格局调整

伴随美国在页岩气、页岩油勘探和开采技术方面取得重大突破,带动油气资源产量大幅增长。美国能源部预计,2020 年美国原油产量和天然气产量将分别达到1047.7 万桶/日和 3.84 亿立方米/日,届时原油净进口量将降至 330.7 万桶/日的

金融危机以来最低水平；页岩气则转为净出口1.64亿立方米/日,总体能源自给率将达97.8%,较2010年上升约13.5个百分点。同时,2011—2020年,亚洲新兴市场国家的能源消费量年均增速将高达3.2%,明显高于非洲、拉美和东欧国家,成为拉动全球能源需求的主要力量。其中,我国仍将在亚洲地区能源消费中占据一半以上的份额,处于主导地位,且石油在能源消费中占比将继续上升,供需缺口日益显著,可能在未来五到十年内成为全球第一大石油进口国。在这两方面因素综合作用下,苏伊士运河、博斯普鲁斯海峡、曼德海峡等中东油气输往欧美通道的重要性将有所下降,国际能源署预测2035年经这三地的原油贸易量占全球贸易总量分别为11%、2%和11%,较2010年下降3个、2个、3个百分点。而霍尔木兹海峡、马六甲海峡等中东地区通往亚洲的主要运输线路的地位明显提高,流经这两地的原油贸易量占全球贸易总量比重将升至50%和45%。

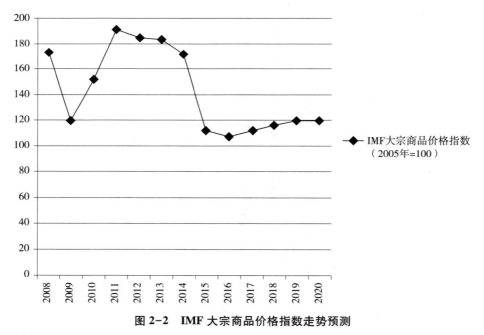

图2-2　IMF大宗商品价格指数走势预测

资料来源:IMF。

2. 供求关系相对宽松和美元升值导致能矿类大宗商品价格低位震荡

从供给面看,能矿类大宗商品的投资周期较长,供给面发生变化需要相当长的滞后期。当前,大多数能矿类跨国公司在前期价格高企时的新增投资均进入了生产周期。对于已经运行的矿山和油井而言,当初勘探和投资的成本已经成为了

"沉没成本",维持生产所需要的成本并不高。在能矿类大宗商品整体价格虽然偏低,但仍高于维持生产的流动成本的情况下,大多数企业虽然会减少新增投资,但仍会维持现有矿产和油井的生产。从需求面看,此轮大宗商品的需求减速在很大程度上是受全球经济发展重心转向移动互联网、智能制造等高技术产业,对大宗商品的依赖程度下降所致,属于结构性变化而非周期性变化,在短期内需求量重回迅速增长轨道的可能性不大。国际能源署(IEA)称,2011—2020 年全球能源消费量年均增速将由 2000—2010 年的 2.3% 降至 1.6%,OPEC、智利国家铜业委员会等主要能矿类大宗商品供应商也称,未来一两年内全球原油、铜、铁矿石供求关系偏松的大格局不会发生改变。从美元汇率走势看,美国经济基本面状况相对良好,美元在未来一两年内仍处于升值周期,有望进一步加大以美元计价的大宗商品价格下行压力。目前,路透大宗商品价格综合指数于 9 月 11 日已降至 498.61 点的 2010年 3 季度以来的最低位,布伦特原油价格则降至 44.15 美元/桶的 2006 年以来最低位。IMF 最新预测称 2020 年大宗商品综合价格指数较 2014 年下降 30%,其中能源类大宗商品价格指数降幅高达 34.5%,非能源大宗商品价格指数则下降 21.6%。

(五) 全球格局"南升北降"态势更趋明显,围绕全球治理的竞争日趋激烈

新兴经济体在全球经济中地位不断上升,创设新型全球治理机制的能力不断增强,同维护传统全球治理格局的欧美发达国家之间的博弈更加激烈,将成为推动建立更加公正、合理、透明全球治理秩序的主导力量。

1. 新兴经济体在全球治理体系中的地位将持续上升

随着全球经济重心逐渐向新兴经济体转移成为大势所趋,新兴经济体不断加大南南合作力度,积极推动 IMF、世界银行等传统全球治理体系合理化。同时,在发达国家主导的 IMF、世界银行等传统全球治理体系改革进展相对缓慢的背景下,新兴经济体立足于全球性、区域性重大治理需求,积极创设金砖银行、亚洲基础设施投资银行等新型全球治理机制,倒逼传统全球治理机制改革。在新兴经济体的全力推动下,传统全球治理体系改革不断取得突破,世行投票权改革已经落实,发展中国家整体投票权重提高了 3.13 个百分点至 47.19%;亚投行等新型全球和区域治理机制得到了包括英、德等发达国家在内的大多数国家积极响应和支持,将成为现行全球治理机制的重要补充。随着发达国家与发展中国家的力量对比继续此消彼长,主要新兴经济体将更加积极主动参与全球经济治理体系改革进程,在国际

经济金融事务中的话语权和影响力将进一步增强。

2. 发达国家和新兴经济体在全球治理中的博弈将更加激烈

金融危机爆发以来,西方主导的传统全球治理机制缺陷日益显现,全球化、信息化、网络化快速发展不断产生新的全球性挑战,改革和创新全球治理机制迫在眉睫。美国、欧盟等发达国家从维护自身利益出发,力图维持传统的"中心—外围"全球治理结构,巩固其在全球治理体系中的主导地位。在国际货币体系改革中,美国一直坚持拥有IMF绝对否决权,反对增加发展中国家在IMF中投票权,迄今为止仍未批准国际货币基金组织一揽子改革方案;在气候变化谈判中,美国等发达国家一直力图将减排责任向发展中国家转移。新兴经济体占全球经济比重持续上升,在全球治理体系中影响力日益剧增,已成为推动全球治理体系改革的主要力量,但也存在利益诉求差异较大、难以形成合力等问题。"十三五"期间,新兴经济体的综合实力进一步提升,和发达国家在国际货币体系改革、气候变化、粮食安全、网络安全、公共卫生等全球治理领域的博弈将更加激烈。

二、经济持续稳定增长的开放动力

"十三五"时期,国际政治经济环境依然复杂多变,我国发展仍处于可以大有作为的重要战略机遇期,但机遇期的内涵和条件深刻变化,抓住和用好机遇期的难度上升。完善开放型经济体系,融入推动经济全球化和区域经济一体化,提高利用国际国内两个市场两种资源的能力,使对外开放更好为国内经济转型提供动力和贡献,是抓住和用好重要战略机遇期的重要举措。主要路径有三条:一是通过塑造国际竞争新优势,利用外部市场资源,稳定出口,直接拉动经济增长;二是通过实施"一带一路"的重大战略,加快走出去,通过带动其他国家发展促进自身经济增长;三是通过以开放促改革促转型促创新,实现经济结构战略性调整,增强经济增长的长期动力。

（一）以构建我国主导的全球生产网络为核心,培育"走出去"新动力

过去,我国"走出去"以能源资源、设立经贸机构、工程承包等为主,制造业境外投资不多,与发达经济体的国际经营"走出去"布局有很大差别。当前,在我国要素成本上升、资源约束加强的情况下,通过"走出去",推动国内资本、技术、管理等要素输出,进行国际产能合作,可以更好地在全球范围内配置资源,应成为我国

参与国际分工的高级形态。

"走出去"作为开放新动力，主要体现在以下方面。一是"走出去"将会带动我国机械设备等资本品和中间产品出口，有助于我国新的比较优势产品更快占领国际市场，实现资本输出与对外产能合作并举，实现产品出口与产业转移并举，提高出口对经济增长的贡献度。二是基础设施和制造业"走出去"可以改善东道国基础设施条件、建立现代产业体系、提高供给能力，从而提升对我国出口产品的购买力。三是"走出去"将促进东道国的增长、税收和就业，有助于改善和提升我国产品、品牌、企业乃至国家形象，为扩大出口创造更好的条件。四是在钢铁、冶金、玻璃等产能过剩的行业，通过境外投资转移国内产能，可以使一批经营困难甚至即将倒闭的企业重新获得生机，盘活过剩资产，并在境外获得稳定利润。五是以获取境外能源资源为目的的"走出去"，可使我国优先使用廉价、安全的境外能源资源，减少国内能源资源使用，既破解能源资源对经济增长的约束，更有利于长期可持续增长。六是以获取境外研发、品牌、销售网络等为目的地境外投资，可以使我国获得高端关键要素，有利于产业结构升级和提升产业国际竞争力。七是构建以我国为核心的国际分工新体系，在纺织、家电、轻工等我国比较优势逐渐减弱的劳动密集型产业中，通过境外投资，向发展中国家输出资本、服务、技术、管理等中高端要素，有助于在境外继续延长我国比较优势，对境外产业链起到控制作用，提高国际分工层级，显著改善国民经济福利。"走出去"的主要政策取向包括以下方面。

第一，高度重视"走出去"的积极作用。虽然"走出去"不直接反映为我国GDP增加，甚至会造成投资的对外"漏出"，但它会反映为我国对外资产的增加，投资产生的效益会反映为GNP（国民生产总值）的增加，因此国内GDP的"漏出"可以由GNP增加弥补。当前，我国"走出去"正面临重要的窗口期，一方面国际尤其是发展中国家投资机会较多，另一方面我国企业走出去意愿和能力也不断增强，如果不及时支持"走出去"，甚至因过度担心产业转移、就业税收减少等原因限制企业"走出去"，则境外投资机会有可能被欧美日发达国家占领，或被东道国企业占领。因此需要转变思想观念，支持有条件的企业尽快"走出去"。

第二，按不同目的确定走出去的主要方向。能源资源类的境外投资，投资区域主要分布在中东、俄罗斯、非洲、拉美、澳洲等能源资源富集地区，未来在开采基础上，应结合产能转移，向下游延长产业链，由初级产品进口转为粗加工、精加工进口。以获取高端要素的境外投资，投资区域主要分布在美欧日等发达经济体。而最重要的低成本产业转移投资，主要投资区域是可承接我国产业转移的地区，即处于工业化初期或中期、年人均GDP略低于我国（如3000—5000美元）、政局稳定、发展意愿强烈、对外资持欢迎态度、交通位置相对便利的国家,其中"一带一路"沿线国家是我国投资的战略重点。

第三,优先在发展中国家推广境外经济贸易合作区模式。境外合作区便于我国制造业企业集中力量与东道国政府和各类组织打交道,也可为企业提供金融、法律、咨询、招聘等专业服务,特别有助于我国中小企业"抱团出海"、降低经营风险,它应成为我国向发展中国家"走出去"的重要载体。近年来,我国境外合作区建设取得明显进展,未来在我国境外投资重点区域,应继续大力推广这种模式,鼓励纺织、服装、机械、家电、汽车等产业进入合作区发展。

第四,加大支持"走出去"的政策支持。我国应加强对境外投资的引导和服务,注重和东道国政府一道改善当地的投资软硬环境。例如,在自贸区谈判时,关注我国境外投资的诉求,争取东道国扩大投资准入、提高投资便利化程度等;加强双边投资协定谈判,保护我国境外企业的合法权利;优化对境外投资的管理方式,发挥行业协会等中介机构作用,推动我国企业在东道国规范绿色经营,履行社会责任;提升政府境外投资的服务水平,发布境外投资国别投资环境和产业指引;提高境外投资的风险防控能力,健全风险预警机制和突发事件应急处理机制;拓宽融资渠道为"走出去"企业提供长期外汇资金支持等。

（二）以高标准制度和营商环境建设为核心,形成利用外资新动力

过去,我国利用外资主要是引入境外资金、中等技术和管理等,与国内劳动力、资源等"低端"要素相结合,纳入跨国公司产业分工链条,在中低端水平上参与国际竞争。未来,我国利用外资层级不断提升,将推动我国不断提升的要素与国际更先进的要素结合在一起,继续从供给侧提升我国产业发展水平和国际竞争力,增加新的发展动力。

利用外资作为开放新动力,主要体现在以下方面。一是利用外资将直接引入更为先进的技术、管理、人才、设备等高端要素,与我国人力资本、产业基础、创新能力等新的要素优势相结合,尽快形成新的竞争优势,推动我国产业和贸易结构进入中高端水平,不但可以提升国际市场竞争力,而且也能满足不断升级的国内需求,扩大国内外销售拉动经济增长。二是利用外资产生间接的示范外溢效应,在我国创新能力、市场化改革不断增强的情况下,进一步引入高水平外资,将推动先进技术等高端资源由外资向内资企业转移和扩散,形成引进消化吸收再创新和自主创新两个创新来源,为国内创新提供多重动力。三是在更高水平上利用外资,将倒逼国内体制机制改革创新,形成与中高端水平相适应的制度环境,反过来也为国内企

业提供更好的发展条件。利用外资的主要政策取向包括以下方面。

第一，提升我国利用外资的产业层级。一方面，积极引入技术含量更为先进的中高端制造业，推动跨国公司将中高端产品、制造环节，包括核心零部件、关键设备、新兴产品、高技术产品等转移到我国生产，改变以加工组装承接制造业转移的传统模式。另一方面，大力引入中高端外资服务业，既包括为我国产业链升级服务、位于价值链中高端的服务业外资，如为我国产品提供研发设计、品牌推广、营销网络设计等服务业外资；也包括利用我国要素优势为跨国公司服务的服务业投资，如承接跨国公司全球研发、设计、财务、管理、培训、订单的部分环节。

第二，扩大外资溢出效应提升创新能力。一是通过外资企业间的竞争鼓励在华采用较高技术，如使用核心技术、生产关键零部件、进行基础性研发等，提高外溢效应的基数；二是提高我国企业对先进技术等的承接能力，如鼓励我国企业增加对高端环节的投入，大力发展教育提高人力资本素质，为企业家创造公平竞争的环境，提高企业开放创新的动力等；三是促进关键要素尤其是人才在内外资企业间的流动，如鼓励外资企业与国内科研院所的联系，引导国内企业利用网络化创新平台吸引全球人才联合开发等。

第三，以制度创新推动外资提升层级。高端外资对制度环境有很高要求，因此需要一个与发达国家有竞争力的制度环境。一是改革外资准入管理体制，在外资指导目录、多双边投资谈判中普遍采用"准入前国民待遇"加"负面清单"模式，形成与发达国家相近的外资准入体制；二是深化行政体制改革，逐步统一内外资法律制度、准入制度、市场监管等，使内外资企业获得公平竞争的环境，增强外商长期投资的信心；三是发挥自由贸易试验区的先行先试作用，进行扩大外资准入的试点，根据准入效果决定是否扩大到其他地区，实现扩大准入和控制风险的平衡。

（三）以提升国际价值链位置为核心，培育出口新动力

过去，我国出口是一种与劳动密集优势相适应的、集中于价值链中低端制造环节、以规模扩张为主要特征的出口模式，不但出口附加值较低，而且处于国际分工的中低端。未来我国要素禀赋和比较优势发生变化后，短期内出口受到来自中高端发达经济体和中低端发展中经济体的双重挤压，必须培育与新的比较优势相适应的出口动力。

出口作为开放新动力，主要体现在以下方面。一是依据比较优势变化调整出口结构，减少劳动密集型产品和价值链环节出口，增加资本技术知识密集型产品和价值链环节出口，提高出口产品的单位价值，转变出口增长方式。二是调整我国出

口的市场结构,扩大我国对发展中和新兴市场出口,形成新的出口增长点。三是抓住全球贸易发展变化出现的新机遇,力争占据全球贸易的新增长点。四是发展新型贸易方式,增强对全球贸易链条的控制力,增加国民经济福利。出口的主要政策取向包括以下方面。

第一,推动出口结构转型和升级。出口产品升级是指由劳动密集型产品或制造环节,向资本技术密集型出口升级,其中既包括产业间分工的升级,如由服装、鞋类等出口为主向装备制造、成套机械等出口为主,或提升产品的质量、档次和安全性能等;也包括产品内分工的升级,如电子信息产品由简单的组装生产向复杂的核心零部件产品升级。推动出口升级核心是提升技术水平,为此应在加强劳动者培训、提高劳动者技能、进口先进设备技术、再造生产和管理流程、承接高端制造业转移等方面采取支持政策。出口结构转型是由价值链中低端环节转向中高端环节,也就是由制造环节延伸至研发设计、品牌、营销网络等环节,拥有我国的自主技术、自主品牌、自主销售网络。出口结构转型意味着我国掌控价值链上难以模仿、具有关键地位的中高端环节,它可对价值链中低端环节、如一般制造环节形成控制力,是构建以我国为主导全球生产网络的基础。这种转型需要国内制定诸如鼓励创新、知识产权保护、人才培养、工业服务业发展等一系列政策支持配合。

第二,调整我国出口市场结构。过去我国出口市场以发达国家为主,未来比较优势的变化使我国在整体上与发达国家互补关系减弱、竞争关系加强,而与发展中国家互补关系增强、竞争关系减弱,加之一些发展中和新兴市场国家经济增速加快、市场开放程度加大,它们有可能成为我国出口的主要增长点。但发展中国家的贸易环境普遍欠佳,在进口能力、通关流程、支付手段、企业信用等方面都存在一定风险。为此,扩大对发展中国家出口也必须完善政策体系,如促进双方贸易平衡或中方逆差、鼓励对方扩大进口市场开放、简化双方通关手续、支持使用人民币结算等。

第三,抓住全球贸易出现的新机遇。近年来,全球科技产业发展方兴未艾,新技术、新产品、新业态、新商业模式不断涌现,电子商务贸易、市场采购型贸易等新兴贸易模式快速发展。在这些新领域,我国与发达国家差距不大,有望实现突破。例如,在跨境电子商务等国际贸易新业态中,我国可以利用电子商务平台优势,将"互联网+"扩展到出口领域,通过互联网与境外终端消费者直接联系,不但打破跨国公司对传统营销渠道的控制实现"弯道超车",建立我国产品的国际直销渠道,而且可以发展第三方的离岸贸易。又如,国际上网络化、智能化、个性化、分散化生产方式正方兴未艾,我国可以利用制造优势,直接为境外用户提供量身定做的产品。再如，在新能源、新材料等新兴产业和新兴产品中，我国也有望扩大出口。为此，我国应制定与贸易新业态相适应的通关、贸易结算和支付、国际与运输物流、跨境税收等支持政策。

第四，发展与全球生产网络相适应的贸易方式。我国企业全球布局后，将由承接发达国家分工的"代工"模式转向主动分工的"发包"模式，我国在境外企业的出口将部分替代我国的直接出口，而更高形式的全球生产甚至不需要在境外设厂，而直接通过制造等环节外包方式进行，这些新型贸易方式都会使原来的在岸贸易转为离岸贸易。为促进离岸贸易发展，在外汇管理、贸易结算、人民币国际化、跨国公司税收、关税政策等方面都需要制定相应的政策。

（四）以提升供给能力为核心，培育进口新动力

过去，我国进口主要以能源资源富集国家的初级产品和发达国家的高技术产品为主，进口限制较多，是导致持续顺差的一个原因。未来我国将更多地根据国际分工，扩大比较劣势产品进口，提高经济福利。

进口作为开放新动力，主要体现在以下方面：一是进口短缺的资源要素，包括能源资源产品和先进设备等，可以弥补我国供给缺口，提高经济发展水平。二是进口我国比较劣势产品，可以将国内资源要素投入到效率更高的部门，更好参与国际分工，提升资源配置效率和福利水平。三是进口消费品可为国内提供示范效应，有助于推动国内消费升级、扩大国内消费，间接拉动经济增长。四是扩大从发展中国家进口，可以提升发展中国家收入和购买力，扩大我国对发展中国家的出口。进口的主要政策取向包括以下方面。

第一，调整能源资源进口结构。未来国内能源资源供需之间将存在越来越大的缺口，因此一方面，要实施能源资源进口多元化战略，扩大对海外能源资源投资，增加进口渠道，加强通道建设，保障进口安全性；另一方面，也要抑制国内需求，结合产能转移过程，通过改变关税结构，促进初级资源产品进口向粗精加工品进口的转变。

第二，扩大劳动密集型消费品进口。这类产品包括纺织服装、箱包鞋帽、玩具五金等劳动密集型产品，以及产业链中的劳动密集环节，它是发展中国家出口的主体。随着我国比较优势向上升级，这类产品将逐渐失去比较优势，将变为这类产品的进口国。为此，应通过暂定进口税率、自贸协定降低关税等方式，逐步扩大这类产品进口。

第三，增加我国不能生产的先进技术产品进口。这类产品包括两类：一类是整

机产品,如加工中心、高档数控机床、医疗设备等;另一类是关键、核心零部件,如芯片、集成电路、机械液压装置等,这些产品属于对知识、技术、制造能力和经验要求很高的高端制造品、极端制造品,主要由发达国家生产。目前我国这类产品竞争力很弱,甚至一些产品国内还是空白,短期内难以取得重大技术突破,同时它对下游产业影响巨大,因此也需要扩大进口。但需注意,当我国具备先进技术产品生产能力时,如未来商业大飞机投产时,也要及时转变鼓励进口政策,将市场空间更多留给国内企业。

分报告三：经济持续稳定增长的内需动力

一、改革开放以来呈现消费需求下降、
投资需求上升的总趋势

（一）90 年代后投资需求增速加快，对增长贡献提高

1978—2013 年我国 GDP 年均增长率为 9.8%。期间消费需求年均实际增长 8.6%，对经济增长的贡献率为 47.4%。投资需求（资本形成）年均实际增长 11.1%，对经济增长的贡献率为 47.1%。国内需求（消费+投资）的贡献率为 94.5%，外部需求（净出口）的贡献率为 5.5%，经济增长主要靠内需拉动（见图 3-1）。

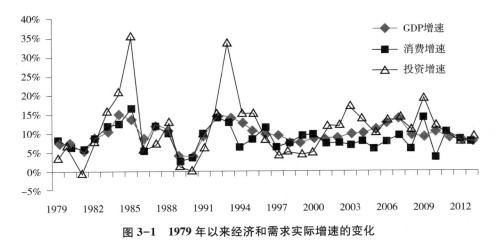

图 3-1　1979 年以来经济和需求实际增速的变化

资料来源：WDI 数据库。

从消费需求、投资需求增速变动，以及经济增长的波动特征看，改革开放以来我国需求增长、经济增长大体经历了三个阶段（见图3-2）：

第一阶段是1978—1990年，这一阶段消费需求快速增长，经济增长主要由消费需求拉动。改革开放初期，改革使劳动生产率、收入水平显著提高，推动消费需求快速增加。1978—1990年GDP年均增长9%，消费需求年均实际增长8.6%，对经济增长的贡献率为64.8%，年均拉动经济增长5.9个百分点。投资需求年均实际增长9.5%，对经济增长的贡献率为33.7%，年均拉动经济增长3个百分点，显著低于消费需求的贡献（见图3-3）。1978—1990年国内需求对经济增长的贡献率为98.4%，外部需求贡献率为1.6%。

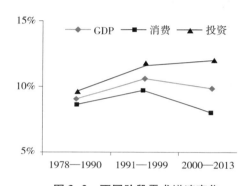

图3-2 不同阶段需求增速变化

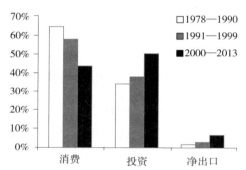

图3-3 三大需求对经济增长的贡献

资料来源：WDI数据库。

第二阶段是1991—1999年，这一阶段经济增长速度加快，GDP年均增速为10.7%，比前一阶段加快1.7个百分点。消费需求年均实际增长9.7%，对经济增长的贡献率为58.2%，平均每年拉动6.2个百分点，消费需求对经济增长的贡献下降，但依然高于投资的贡献。投资需求年均实际增长11.8%，对经济增长的贡献率为38.4%，平均每年拉动4.1个百分点。这一阶段国内需求对经济增长贡献为96.6%，外部需求贡献3.4%，比前一阶段明显上升。

第三阶段是2000—2013年，这一阶段GDP年均增长9.9%。消费需求年均实际增长8%，比上一阶段有所下降，对经济增长贡献率为43.4%，比上一阶段大幅下降14.8个百分点，每年拉动经济增长4.3个百分点。投资需求年均增长11.9%，比同期消费需求高出近4个百分点，对经济增长贡献率高达50.3%，比上一阶段上升11.9个百分点，平均每年拉动经济增长5个百分点，成为拉动经济增长的第一动力。这一阶段国内需求对经济增长贡献93.7%，外部需求贡献6.3%。

(二) 消费比重下降、投资比重上升,外需由负转向均衡再到剧烈波动

从需求结构变化看,1978—2014 年消费率总体呈下降趋势,从 1978 年的 62.1%下降到 2014 年的 51.2%;投资率总体呈上升趋势,从 1978 年的 38.2%上升到 2014 年的 46.1%。1978—2014 年国内需求占总需求比重平均为 96.4%,外部需求占比平均为 3.6%(见图 3-4)。

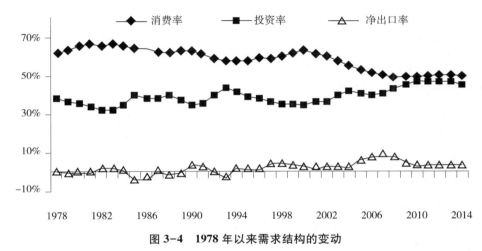

图 3-4 1978 年以来需求结构的变动

资料来源:CEIC 数据库。

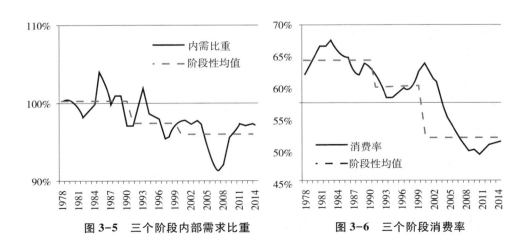

图 3-5 三个阶段内部需求比重   图 3-6 三个阶段消费率

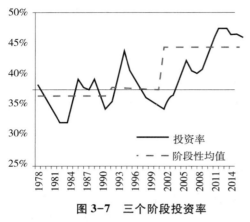

图 3-7　三个阶段投资率

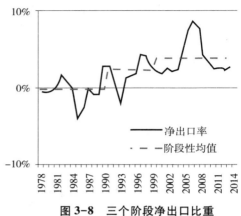

图 3-8　三个阶段净出口比重

资料来源:根据《中国统计年鉴 2011》有关数据计算。

分阶段看,第一个阶段(1978—1990 年),内需比重均值为 100.3%(见图 3-5)。内需中消费率均值为 64.1%(见图 3-6),投资率均值为 36.2%(见图 3-7)。外需比重为负(见图 3-8),国际贸易略有逆差。

第二个阶段(1991—1999 年),内需求比重均值为 97.5%。消费率的阶段性均值为 60.2%,投资率的阶段性均值为 37.4%。外需平均有 2.5%的顺差,内外部基本均衡。

第三个阶段(2000—2014 年),需求结构与前两个阶段显著不同,内需比重均值为 96.2%,2005—2007 年显著下降,2007 年下降到 91.3%。消费率、投资率的阶段性均值分别为 51.9%、44.2%。这一阶段消费率呈显著下降趋势,2010 年下降到历史最低点 49.1%,比期初(62.7%,1999 年)下降了 13.6 个百分点。2010 年后有所回升,2014 年回升到 51.2%。与消费率相对应,这一阶段中投资率总体上呈显著上升趋势,2011 年投资率上升到 47.3%,为历史最高点,随后有所下降。这一阶段外需比重出现大幅波动,从 2004 年的 2.6%上升到 2007 年的 8.7%。从内外均衡的角度看,这一阶段表现为严重失衡,外需增长过于强劲。2008 年全球金融危机后,外需受到严重冲击,外部失衡被迫调整,外需比重逐步下降到 2014 年的 2.7%。

二、需求变动主要由人口年龄结构变动和城镇化进程决定

(一) 人口年龄结构显著影响投资需求

储蓄率是影响投资需求和经济增长的重要变量。日本和韩国,以及我国过去

30 多年的经验表明,经济高速增长期都伴随着储蓄率的上升。总体上看,一个经济体的劳动人口比重越高,储蓄率也就越高①。144 个国家劳动人口比重与储蓄率变动的关系也在一定程度上印证了这一点(见图 3-9)。这种关系也可以用劳动人口比重分组平均值来反映(见图 3-10)。

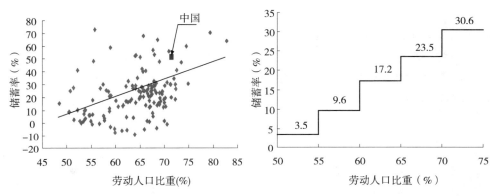

图 3-9　劳动人口比重与储蓄率关系　　图 3-10　劳动人口比重分组的储蓄率均值

注:图中每个点代表一个国家,直线为趋势线
资料来源:世界银行数据库,2008 年数据。

日韩经验表明,储蓄率和人口年龄结构的变动存在趋势上的一致性。20 世纪 50 年代中期至 60 年代末期,日本的劳动人口比重呈上升趋势,同期储蓄率也逐渐上升;70 年代初期以后,劳动人口比重呈下降趋势,同期储蓄率总体下降(见图 3-11)。韩国 1955 年以来劳动人口比重与储蓄率的变动趋势也基本一致(见图 3-12)。

20 世纪 80 年代以来,我国劳动人口比重从 1982 年的 61.3% 上升到 2013 年的 73.1%,上升了近 12 个百分点,平均每年上升 0.38 个百分点(见图 3-13);同期储蓄率总体上也呈上升趋势,从 1982 年的 35.2% 上升到 2013 年的 51.8%,上升了 16.6 个百分点,平均每年上升 0.54 个百分点。从趋势上看,我国储蓄率的变动也与人口年龄结构变动趋势一致。

①　一个经济体的总人口按年龄可分为劳动人口(15—64 岁年龄人口)和非劳动人口,劳动人口占总人口的比重反映了该经济体人口年龄结构状况,并对其储蓄率产生重要影响。莫迪里亚尼提出的生命周期假说认为:"个人是在更长的时期范围内计划他们的消费和储蓄行为的,以在他们整个生命周期内实现消费的最佳配置,从而把储蓄看成是主要源于个人想为他们年老时消费做准备的愿望的结果。"(参见:多恩布什、费希尔,1997)

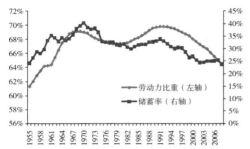

图 3-11　日本储蓄率与劳动人口比重变动
资料来源:日本统计网站。

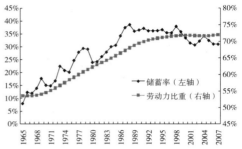

图 3-12　韩国储蓄率与劳动人口比重变动
资料来源:世界银行数据库。

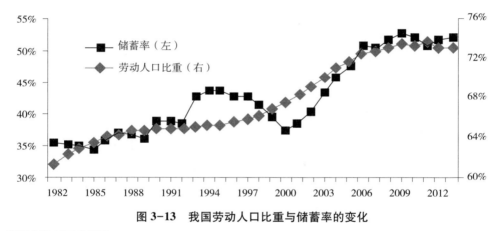

图 3-13　我国劳动人口比重与储蓄率的变化

资料来源:WDI 数据库。

（二）城市化进程与需求变动密切相关

1. 日韩需求增速的阶段性变化与城镇化进程相对应

日本和韩国的经济增长是典型的赶超型经济增长,都经历了快速城市化和需求快速增长的过程。日本和韩国的经验对判断我国未来的需求变动具有借鉴意义。为便于比较,我们将需求变动按经济增速变化分为三个时期:GDP 年均增速7%以上为高速增长期,4%—7%为中速增长期,4%以下为低速增长期。

1955—2013 年日本的经济增长历程可分为三个阶段(见图 3-14)。1955—1970 年的高速增长期:这一阶段 GDP 年均增长 9.7%。城市化快速推进,城市化率以平均每年近 1.1 个百分点的速度上升。国内需求年均增速为 9.7%,对经济增长的贡献率为 101.4%。其中消费需求年均实际增长 7.9%,投资需求年均实际增长 16.3%,远高于消费需求增速(见图 3-15)。同期消费率下降,投资率(储蓄率)从 1955 年的 24.1%上升到 1970 年的 40.1%,为 1955 年以来的历史最高点(见图 3-16)。外需有正有负,阶段性均值为 0.3%,国民经济保持内外平衡(见图 3-17)。

1971—1990 年的中速增长期:这一阶段 GDP 年均增长 4.2%,比上一阶段下降 5.5 个百分点。城市化率平均每年上升 0.27 个百分点,城市化速度比上一阶段也明显下降。同期消费需求年均增长 4.3%,投资需求年均增长 4.7%,比上一阶段显著下降,基本与消费需求相当。储蓄率总体呈下降趋势。

1991—2013 年的低速增长期:这一阶段 GDP 年均增长 0.9%。城市化速度较上一阶段有所回升,城市化率平均每年上升 0.68 个百分点。消费需求年均增长 1.4%,投资需求出现萎缩,经济增长主要靠消费需求拉动。

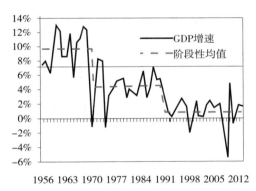

图 3-14　日本经济增长阶段

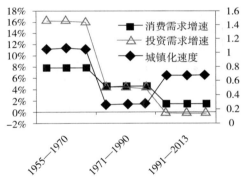

图 3-15　不同阶段需求增长和城市化速度

1965—2013 年韩国的经济增长历程可分为两个阶段(见图 3-18)。1965—1997 年的经济高速增长阶段:GDP 年均增速达到 9.3%。城市化率每年上升 1.45 个百分点,1997 年城市化率上升到 79%。同期内需年均增速为 9.5%,对经济增长的贡献率为 109.7%。其中消费需求年均增长 8.8%(见图 3-19),投资需求(储蓄)年均增长 12.8%(见图 3-20),比消费需求高出 4 个百分点。外需对经济增长的贡献为负(见图 3-21)。

1998—2013 年的经济中速增长阶段:GDP 年均增长 4.1%。与上一阶段相比,这一阶段城市化速度显著下降,城市化率年均上升 0.21 个百分点。消费需求年均增长 2.6%,投资需求年均增长 3.8%。内需年均增长 3%,对经济增长的贡献平均

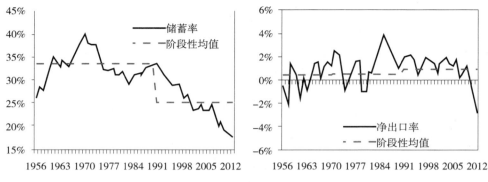

图 3-16　日本储蓄率的变动　　　　　图 3-17　日本净出口率的变动

资料来源:世行数据库,日本统计网站。

为 74.9%,较上一阶段显著下降。外需对经济增长的贡献率平均达到 25%,成为拉动经济增长的重要力量。

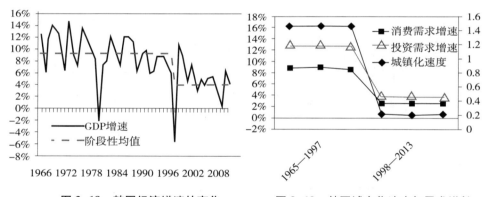

图 3-18　韩国经济增速的变化　　　　图 3-19　韩国城市化速度与需求增长

　　日韩城市化和需求增长的过程表现出三个特征。一是在快速城市化阶段,经济呈现 9% 以上的高速增长,国内需求快速增加,并超过了国内供给,内需对经济增长的贡献超过 100%,国外需求贡献为负。内需尤其是投资需求是经济增长的重要推动力。

　　二是城市化速度越快,投资需求增长也越快。在快速城市化阶段,投资需求的增速往往高于消费需求的增速。随着城市化速度的减慢,投资需求增速显著放缓,且低于经济增速,投资率逐渐下降。

　　三是城市化率在达到 70% 之前,城市化速度较快,内需快速增加,经济高速增长。城市化率达到 70% 以后,城市化速度逐渐降低,内需增速放缓,尤其是投资需

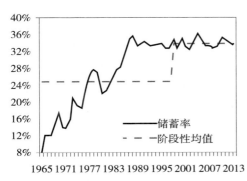

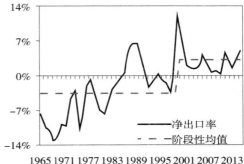

图 3-20 韩国储蓄率的变化   图 3-21 韩国净出口率的变化

资料来源:世界银行数据库。

求增长显著放缓,经济增速降低一个台阶(见表 3-1)。

表 3-1 中、日、韩不同阶段城市化、需求和经济增长比较

国家	时期	GDP 年均增速(%)	城市化速度(年均百分点)	投资需求实际年均增速* (%)	消费需求实际年均增速(%)	期末城市化率(%)
高速增长阶段(GDP 年均增长 7%以上)						
日本	1955—1970	9.7	1.06	16.3	7.9	72
韩国	1965—1997	9.3	1.45	13.8	8.8	79
中国	1978—2013	9.8	1.00	11.7	8.7	53
中速增长(GDP 年均增长 4%—7%)						
日本	1971—1990	4.5	0.27	4.6	4.5	77
韩国	1998—2013	4.1	0.21	1.8	2.6	82
低速增长(GDP 年均增长 4%以下)						
日本	1991—2013	0.9	0.68	-0.008	1.4	92

注:* 为固定资本形成实际增速。

资料来源:世界银行数据库,《中国统计年鉴》。

2. 我国快速城镇化是需求增长的重要推动力

1978 年我国城镇化率仅为 17.9%,2014 年上升到了 54.8%,年均上升超过 1 个百分点(见图 3-22)。城镇化的快速推进,带动了需求和经济的强劲增长。

分阶段看,快速城镇化时期对应着内需快速增长时期。1978—1990 年,城镇化率从 17.9%上升到 26.4%,年均上升 0.71 个百分点(见图 3-23)。内需年均实际增长 8.9%,其中投资需求年均增长 8.6%。1991—1999 年,城镇化率由 26.4%

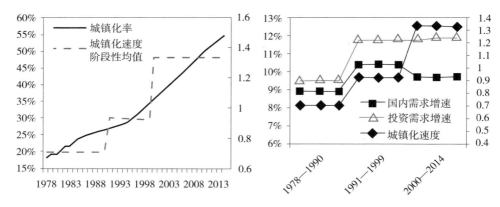

图 3-22　城镇化率及城镇化速度的变动　　　图 3-23　城镇化速度与需求增速的变动

资料来源：CEIC 数据库，WDI 数据库。

上升到 34.8%，9 年间上升了 8.4 个百分点，年均上升 0.93 个百分点。城镇化速度比上一阶段加快 0.22 个百分点。内需年均实际增长 10.2%，比上一阶段加快 1.3 个百分点，投资需求增速均值为 11.1%，比上一阶段上升 2.5 个百分点。2000—2014 年，城镇化率由 36.2%上升到 54.7%，14 年间上升了近 20 个百分点，年均上升 1.33 个百分点，比 1991—1999 年加快了 0.4 个百分点，比 1978—1990 年增加近 1 倍。这一阶段内需年均增长 10.4%，投资需求年均增速为 13.4%，比 1991—1999 年加快 2.3 个百分点。

1978—2014 年我国城镇化速度逐渐加快，越来越多的农村居民进入城镇就业，收入水平有了显著提高，推动内需特别是投资需求加速增长。收入水平的提高增强储蓄能力，推动总储蓄率上升，投资需求增长加快，拉动经济快速增长。我国城镇化和经济发展的历程表明，城镇化速度与内需增长尤其是与投资需求增长密切相关。

三、“十三五”时期内需增长主要受老龄化和城镇化两股相反力量的影响

（一）　内需增长将面临老龄化的严重压力

根据联合国人口预测中等方案①，我国 65 岁及以上人口的比重将从 2000 年

---

①　United Nations，Department of Economic and Social Affairs Population Division，*World Population Prospects*（*the* 2010 *Revision*）.

的 7% 上升到 2010 年的 8.2%,2020 年的 13.6%;劳动人口比重在 2013 年前后出现拐点,随后开始下降,人口总抚养比开始上升(见图 3-24)。2010 年第六次全国人口普查数据显示,老龄化速度要比所有的预测发展都要快[①]。统计数据显示,劳动人口比重 2010 年达到 74.5% 的峰值后已逐渐下降。

人口年龄结构变动已过拐点,"十三五"及以后时期高储蓄年龄人群比重将继续下降,负储蓄年龄群体会快速增加,人口结构变动将推动国民总储蓄率趋于降低,在其他条件不变的条件下,储蓄率的下降必然导致投资增长放缓,进而导致经济增速、总需求增速下降。

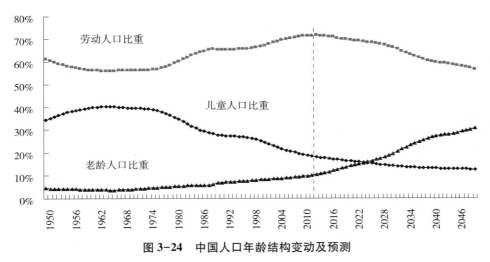

图 3-24 中国人口年龄结构变动及预测

资料来源:World Population Prospects(the 2010 Revision),United Nations.

(二) 城镇化是内需增长的重要动力

日韩经验和我国 30 多年发展实践表明,城镇化速度与内需和经济增速在总体趋势上高度相关。日本和韩国在城市化率达到 70% 以前,城市化速度较快,超过 70% 以后,城市化速度逐渐放慢,消费需求、投资需求增速和经济增速也随之下降(见表 3-2)。

---

① 2010 年 60 岁及以上人口比重 13.26%,65 岁及以上人口比重 8.87%。参见 2010 年第六次全国人口普查主要数据公报(第 1 号),中华人民共和国国家人口和计划生育委员会网站,2011-04-28,http://www.chinapop.gov.cn/tzgg/201104/t20110428_356999.html。

表 3-2　中、日、韩不同阶段城市化、收入水平和经济增长的比较

国家	时期	GDP 年均增速（%）	期末收入水平	期末城市化率（%）	期末老龄化程度（%）
高速增长阶段（GDP 年均增长 7% 以上）					
日本	1955—1970	9.7	高收入	72	7
韩国	1965—1997	9.3	高收入	79	6
中国	1978—2014	9.8	中高收入	55	10
中速增长（GDP 年均增长 4%—7%）					
日本	1971—1990	4.5	高收入	77	12
韩国	1998—2013	4.1	高收入	82	12
低速增长（GDP 年均增长 4% 以下）					
日本	1991—2013	0.9	高收入	92	25

资料来源：世界银行数据库，日本统计网站。

目前我国城市化率不到 55%，距离 70% 还有较大距离，城镇化的空间还很大。"十三五"时期如果城镇化继续保持较快的速度，内需增长依然具有较强的动力。

（三）"十三五"时期内需增速在 6.5% 左右

假如"十三五"时期储蓄率延续 2010—2014 年年均 0.5 个百分点的速度下降，即从 2014 年的 48.8% 下降到 2020 年的 45.7%[①]，同时假定净出口率保持 2011—2014 年平均 2.6% 的水平不变。2020 年投资率将从 2014 年的 46% 左右下降到 2020 年的 43% 左右。

根据模型测算（见附录 3），如果改革效果显著，全要素生产率有较显著的提升，城镇化持续推进，估计"十三五"期间内需年均增速在 6.5% 左右，固定资本形成实际增速在 5% 左右，按现行统计口径的固定资产投资实际增速在 9% 左右。如果"十三五"期间储蓄率下降幅度较大，或全要素生产率没有显著提高，或城镇化明显减速，"十三五"期间内需求增长率将很可能低于 6%。

---

① 这一降幅低于日本 1970—1975 年经济换挡期年均 1.5 个百分点降幅。

四、"十三五"时期增长较快的内需领域

（一）需求结构变动轨迹

随着经济发展和收入增长,消费结构会相应发生变化,经济的总产品结构也会随之变动。这导致不同发展阶段各种需求在经济中的作用并不相同。以住房需求为例,随着收入增加,居民住房需求随之增加,这会带动住宅投资的增加;进一步,住宅投资的增加会带动建造住宅所需水泥、钢材等的增加,这又会引起厂商扩大投资、增加这些产品的产量;再进一步,厂商投资的增加又会带动与其相关行业投资的增加,等等。如此循环下去,就构成了经济中各行业、产品之间的相互关联,也反映了住房需求及其带动的相关行业在经济和内需增长中的作用。

我们将某一类消费需求及其带动的投资称为"综合消费需求",相应地,出口带动的投资和净出口之和称为"综合外部需求"。将综合消费需求按吃、穿、住、用、行等用途分类,考察各种"综合消费需求"在经济和内需增长中的地位和作用。

国家统计局公布的居民消费数据包括食品、衣着、居住、家庭设备用品和服务、交通和通信、文化教育娱乐用品及服务、金融服务、保险服务和其他九大类。政府消费数据没有分类,我们根据2002年和2007年投入产出表中政府消费数据,对政府消费统计数据按照居民消费的类别进行分类,并增加公共管理项。这样,全部消费需求数据共分为食品、衣着、居住、家庭设备用品和服务、交通和通信、文化教育娱乐用品及服务、金融服务、保险服务、公共管理和其他十类。

运用投入产出分解模型（见附录4）,采用投入产出表对GDP进行分解,求出各类"最终消费需求"占内需的比重。可以得出以下结论:

第一,居住需求在总需求中的份额总体呈显著上升趋势,从2004年的11.7%上升到2011的13.9%,成为消费需求中份额最大的部分;医疗保健占GDP的份额也明显上升,从2004年的5.1%上升到2011年的7.9%。份额的显著上升表明居住需求、医疗保健在内需中增长最快（见图3-25）。同期衣着需求、家庭设备和其他消费需求的份额总体也逐步上升,表明这三种需求的增长速度相对较快。交通通信和文化教育需求份额略有上升。食品需求和公共管理需求占比明显下降,表明其需求增长速度相对较慢。2011年食品需求的份额为13.9%,低于居住需求,

居第二位;文化教育和娱乐为 8.4%,居第三位①。

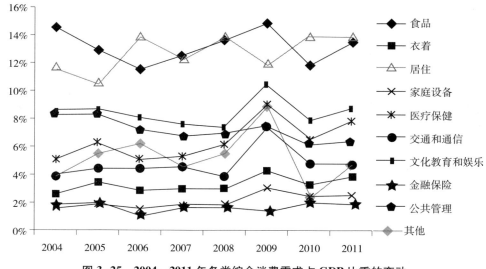

图 3-25　2004—2011 年各类综合消费需求占 GDP 比重的变动

第二,内需中住房需求的增加对经济增长的贡献最大。2005—2011 年在综合消费需求中居住需求对经济增长的平均贡献率为 22.5%,平均每年拉动经济增长 2.5 个百分点,是最大的内需。其他贡献率较大的依次为医疗保健 7.3%,文化教育和娱乐 7.3%,食品 5.3%,衣着 5.2%,交通和通信 4%(见图 3-26)。

（二）　未来增长较快的内需领域

在目前住房供需总量平衡、结构性过剩情况下,未来居住需求增速会放缓,此前居住需求快速增长、对总需求增长贡献不断增加的趋势难以延续。这一判断从近几年房地产市场成交量、价格变化以及与之相关的家电等领域的需求增长变化中就可以观察到。

以往需求增长较快的医疗保健、衣着、家庭设备、交通和通信、文化教育消费等领域中,随着城乡居民收入的增长,医疗保健、交通通信、文化教消费的增长具有较强持续性。近年来旅游休闲成为居民消费的热点。从人口年龄结构变化趋势看,养老产业是伴随人口快速老龄化进程持续稳定增长的领域。随着城镇化的推进和

---

① 这里的各类需求均指综合消费需求,即包括直接需求和带动的间接需求。

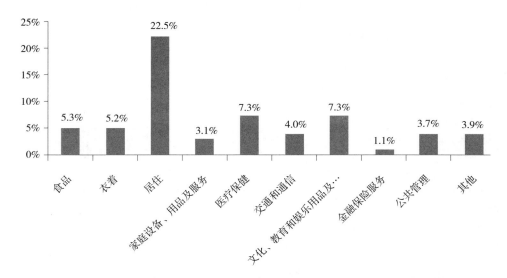

图 3-26　2005—2011 年各类综合消费需求对经济增长的平均贡献率

人们对公共服务需求的增长，公共设施需求也会保持持续增长态势。

综合以往内需结构变化，近年来各领域的增长变动，以及未来市场空间、投资回报、对增长的贡献等方面综合考虑，未来旅游休闲、教育医疗、公共设施、交通通信等领域的需求会保持较快增长。

五、增强内需动力的政策措施

（一）上调个人所得税起征点至 5 千元

关于美国财政乘数的研究成果显示，中低收入人群税收减免的财政乘数效应明显大于高收入人群（见表 3-3），穷人的边际消费倾向通常高于富人。2011 年，我国个税起征点上调至 3500 元时，工薪收入者个税纳税人数由约 8400 万人减至约 2400 万人，有约 6000 万人不需要缴纳个税。上调个税起征点可让普通工薪阶层百姓少交税、多消费，有利于逐步形成橄榄型分配格局，有利于调整消费投资结构。建议上调个人所得税起征点至 5000 元，进一步增强工薪阶层的消费能力。

表 3-3　美国联邦政府支出、转移支付或税收减免的乘数效应估计

联邦政府支出、转移支付、税收减免活动类型	低估	高估
购买商品和服务	0.5	2.5
联邦政府向州和地方政府的基础设施目的的转移支付	0.4	2.2
联邦政府向州和地方政府的其他目的的转移支付	0.4	1.8
针对个人的转移支付	0.4	2.1
对退休人员的一次性支付	0.2	1.0
对中低收入人群的两年税收减免	0.3	1.5
对高收入者的一年税收减免	0.1	0.6

资料来源：Chinn，Menzie. "fiscal multipliers." The New Palgrave Dictionary of Economics. Online Edition.

（二）　完善扩大国内消费的制度安排

收入是影响消费的决定性因素，收入变化决定消费变化。边际消费倾向取决于收入的性质，消费者很大程度上着眼于长期收入前景来选择他们的消费水平。从日本的经验看，其扩大国内消费的制度安排主要包括四个方面：一是提高国民收入，跨越中等收入陷阱。如制定并实施国民收入倍增计划，制定和实施农业激励政策，提高农民收入①，推动收入结构合理化等。二是实施收入再分配政策，缩小国民收入差距。政府通过税收和社会保障等再分配政策，最大限度地促进社会平等，再分配基尼系数一直处于平稳通道。为减轻国民纳税负担，日本自 1962 年起推行"所得税扣除"的个税减免政策。三是重视社会保障，减少未来支出的不确定性。四是完善消费者权益保护机制。

我国无论是与"能"消费相关的收入水平和收入结构，还是与"敢"消费相关的社会保障水平以及与"愿"消费相关的消费环境建设，都与扩大消费的政策导向都有不小差距。建议借鉴国际经验，从收入增长、收入结构合理化、收入再分配、加大政府开支中的社会保障支出规模、完善消费者权益保护机制等方面入手，进一步完善扩大国内消费的相关制度安排。

（三）　支持需求增长较快的城镇化、老龄化投资

城镇化过程中的需求结构变化显示，未来旅游休闲、教育医疗、公共设施特别是县（城）镇市政设施、交通设施特别是与农民汽车消费相关的农村道路、与农民

---

① 　1975 年日本农民的人均收入比城市工薪家庭成员高出 14.5%，家庭收入更高出 36.8%。

家电消费相关的电网设施等领域的需求，会保持较快增长。农村水利设施长期欠账，加强水利设施投入有利于夯实农业发展基础。老龄化过程中的养老产业也是长期稳定增长的领域。在市场需求不振，企业收入、盈利状况未有明显改观的情况下扩大投资支出，必然提高杠杆率。只有扩大上述市场需求增长快、有较确定投资回报的领域，企业提高的杠杆率才有可能在未来降下来，回到安全水平。政府政策作用于这些领域，才有可能得到企业的积极响应。

1. 加大旅游交通投资支持力度。我国人均收入已超过 5 千美元，全年公共节假日 115 天，"有钱"、"有闲"是近年来旅游消费快速增长的重要原因。2014 年全国旅游业完成投资 7 千多亿，增长 32%，比第三产业高 15 个百分点，其中民间投资占 56%。预计未来三年投资将超过 3 万亿。要释放旅游业这一重要的内需潜力，软的方面是整治旅游市场秩序，根治欺诈和恶性竞争等市场顽疾，督促落实带薪休假制度等。硬的方面是中央政府对中西部财力薄弱地区缓解景区拥堵的交通投资给予适当补助，支持特色旅游资源地区采取政府和社会资本合作方式新建或改扩建支线机场，鼓励民间资本沿重点旅游线建设标准化的自驾车房车营地等。

2. 鼓励教育、医疗领域的社会投资。教育、医疗领域不仅是需求增长潜力大的领域，更是提高人力资本质量、应对潜在增长率下行的重要领域。鼓励社会资本新建民办学校，政府在用地上给予支持，在社保、师资待遇上一视同仁。支持公办名校转制，利用名校影响力，吸引社会投资改善教学设备，扩大规模，实现规模化经营。支持由名校与社会资本采取股份制建设运营学校。支持社会资本以新建或参与改制等方式投资运营医疗机构。通过特许经营、公建民营、民办公助等模式，支持社会力量举办非营利性医疗机构。鼓励社会医疗机构以股权融资、项目融资等方式筹集开办费和发展资金。

3. 实施县(城)镇市政设施升级改造工程。灵活采用 ROT(改建—运营—转让)、TOT(转让—运营—转让)、BOT(建设—经营—移交)、委托运营、BOO(建设—拥有—运营)、BT(建设—转让)等公私合作模式，鼓励社会资本对县城、重点镇供水设施、污水收集处理设施、垃圾收集转运处理设施、防洪排涝设施等市政设施进行升级改造。抓住钢材、水泥等建材成本较低的机会，对供给能力严重不足、迟早都要建、早建早受益的县城、重点镇的市政设施进行改造升级，既可以扩大当期投资需求，弥补短板，改善民生，更可为推进新型城镇化创造条件。

4. 实施硬化道路户户通工程。农民可支配收入已超过 1 万元，交通支出已成为农民住、食外的第三大消费支出领域。在大城市小汽车需求增长放缓，部分县城已开始为堵车困扰的情况下，农村是未来小汽车增长潜力较大的市场，实施硬化道路户户通工程可为小汽车进入农家、电子商务下乡提供条件。硬化道路主要消耗水泥、沙石和人工,利用现阶段水泥等建材价格已大幅下降的机会,在东中部和西部较发达农村地区实施硬化道路户户通工程,可以节省大量建设成本。

5. 实施农村电网升级改造工程。在对农村地区用电增长进行科学预测的基础上,统筹规划城乡电网建设。东部发达地区的农村按照城镇地区标准、中部地区农村按照户均配变容量 4 千伏安左右(每户 1 台电视、1 台冰箱、1 个电饭煲、2 台空调)、欠发达农村户均配变容量不低于 2 千伏安的标准,对尚未升级改造且供电能力、供电质量、安全用电问题突出的农网进行升级改造,为扩大农村家电消费提供条件,为三农发展和推进新型城镇化夯实基础。

6. 实施农村水利设施升级改造工程。通过股权出让、委托运营、改制等方式吸引社会资本,盘活水利工程存量资产。新建水利工程原则上优先考虑由社会资本参与建设运营。无直接财务收益的公益性河湖堤防整治维护等水利工程,可采取综合开发、BT、融资租赁、政府购买服务等模式引进社会资本。明确小型水库、小型农田水利工程及设施的所有权、使用权、管理权、收益权,按照谁投资、谁所有、谁受益、谁负担原则,引进社会资本改建、新建、运营农村水利设施。

7. 支持社会资本建设运营养老院所、护理院、老年公寓、老年社区。鼓励社会资本采用多种方式参与养老设施建设运营。一是公民共建。政府提供土地、部分资金,民间资本投入部分资金共建养老设施,建成后由专业民间机构经营管理。二是公建民营。政府投资兴建养老设施后,招标并委托民间机构经营管理。三是民办公助。社会资本自购土地,自建、自行租用房产,自主经营,政府给予一定补助。建立医疗机构与养老机构之间融合发展机制,支持有条件的医疗机构设置养老床位,支持有条件的养老机构设置医疗机构。将企业项目收益债券推广到养老服务领域。鼓励符合条件的养老机构上市融资。

(四) 清除社会投资进入社会事业领域的政策障碍

对社会资本建设养老设施、办学、办医等用地纳入城乡建设规划,对社会办学、社会办非营利性医疗机构用地按公益事业用地优先安排。对社会办学校、社会办医疗机构与公立机构实行同等的财政补贴政策、税收政策,对社会办医疗机构与公立医疗机构实行同等的医保定点、医院评级政策。对民办学校老师、民办医疗机构医护人员的科研立项、人才培养、职称评定、社会保障等方面实行与公办机构人员相同待遇。政府带头信守承诺,及时兑现合同条款。完善工程质量、运营标准,确保公共服务质量、效率和连续性。

财政对社会办养老机构用水、用电、采暖等收费执行居民价格。严格限制地方政府为部分特殊群体建设运营豪华养老设施,为社会资本进入腾出空间。对规模较大、生源较多的民办学校,根据学校的需要,可选派部分优秀公办教师和管理人员,所派教师和管理人员的工资由财政给予补助或由财政发放。社会办医疗机构享受与公立医疗机构相同的补助政策。通过政府购买服务方式,支持符合条件的社会办医疗机构承接当地公共卫生和基本医疗服务以及政府下达的相关任务。将符合条件的社会办医疗机构纳入急救网络,按与公立医疗机构同等待遇获得政府补偿。将提供基本医疗卫生服务的社会办非营利性医疗机构纳入政府补助范围。

(五) 科学管理市场预期

重视制度建设,尊重市场规律,减少股市、汇市、房市价格过度波动对企业扩大再生产和对居民家庭财富再分配的不利影响,稳定企业和家庭收入预期和支出预期。

项目建设有一个或长或短的建设周期,企业需要依据市场需求、投资收益、投资风险预期来决定投资,任何改变未来市场需求、投资收益、投资风险的政策,都可能影响企业的投资决策。要结合工业化城镇化过程中传统产业是最大内需这一实际,在大力倡导创新创业、实施创新驱动战略的同时,加强利用新技术对传统产业改造升级方面的舆论引导,改变传统产业就是落后技术的错误认识,减少投资者的观望气氛。

预期引导或管理并不仅仅是宣传,公众预期的形成主要基于事实,他们会基于过去的经验和新的经济运行信息、政策信息随时迅速调整预期。这要求公之于众的信息不仅要及时,更要准确,经得起检验。否则,就易出现公众对所发布信息的信任度和预期引导效力下降的状况。

分报告四：经济持续稳定增长的产业新增长点

经过三十多年的快速发展，我国经济由高速增长向中高速增长转换，新旧增长点、新旧支柱产业进入更替时期，传统产业增速放缓、动力减弱，新的产业处于培育发展阶段，经济持续稳定增长面临前所未有的挑战。加快培育一批具有发展潜力的产业新增长点，对支撑"十三五"时期经济持续稳定增长极为紧迫，对实现全面建成小康社会意义重大。

一、保持经济持续稳定增长需要加快培育壮大产业新增长点

改革开放以来，我国经济持续高速增长，1978—2010 年 GDP 年均增速 10%。"十二五"以来特别是近两年，受国际经济形势、国内产能过剩和结构调整等诸多因素影响，增速明显放缓，2012—2014 年 GDP 分别增长 7.7%、7.7% 和 7.3%，今年上半年 GDP 增速下降至 7.0%。工业增速下降幅度更大，1991—2010 年工业年均增速 12.6%，"十二五"以来历年工业增速由 10.4% 依次回落至 7.7%、7.6%、6.9%，今年上半年仅增长 6.0%。其中，黑色金属冶炼及压延加工业、通信设备计算机及其他电子设备制造业等支柱产业地位正在弱化，主营业务收入占全部工业行业比重明显下降，纺织业、非金属矿物制品业、通用设备制造业、汽车制造业等主要行业增加值增速出现大幅下滑，见表 4-1。工业增长动力进一步弱化，许多传统工业行业和产品化解产能过剩、去库存仍将持续较长一段时期，部分企业关停并转或转型发展并由此带来就业压力，直接影响着"十三五"经济持续稳定增长。

表 4-1　主要工业行业规模以上主营业务收入占比和增加值增速情况(%)

	主营业务收入占比		行业增加值				
	2008	2013	2011	2012	2013	2014	2015 年 1—8 月
规模以上工业	100	100	13.9	10.0	9.7	8.3	6.3
纺织业	4.15	3.51	8.3	12.2	9.7	6.7	7.3
化学原料及化学制品制造业	6.66	7.42	14.7	11.7	12.1	10.3	9.6
非金属矿物制品业	4.48	4.98	18.4	11.2	11.5	9.3	6.6
黑色金属冶炼及压延加工业	9.13	7.42	9.7	9.5	9.9	6.2	5.1
通用设备制造业	4.77	4.16	17.4	9.5	9.2	9.1	3.6
汽车制造业	—	5.88	—	8.4	14.9	11.8	5.2
电气机械及器材制造业	5.87	5.93	14.5	9.7	10.9	9.4	7.2
通信设备、计算机及其他电子设备制造业	8.64	7.50	15.9	12.1	11.1	12.2	10.7

说明:数据来源于国家统计局。2012 年以前汽车制造业纳入交通运输设备制造业统计。2008 年开始国家统计局不再发布规模以上工业分行业增加值数据。

总的来看,支撑我国经济增长的产业动力正在发生转化,工业行业增长动力进一步弱化,服务业增长动力正在增强。在工业内部,传统工业增速下降,新一代信息技术、节能环保、高端装备、生物医药等高技术和战略性新兴行业保持较快增长;在服务业内部,传统的房地产、物流、批发和零售等行业增速减弱,互联网金融、文化旅游、电子商务、信息消费服务等行业增长迅速。尽管一批产业新增长点快速发展,但总体规模还较小,尚未能抵消当前传统行业增长带来的经济下行。"十三五"时期,迫切需要通过培育产业新增长点,实现新旧产业动力转化更替,为经济持续稳定增长提供强有力支撑。

二、一批新兴产业有望成为新的经济增长点

金融危机以来,主要发达国家纷纷提出促进经济复苏和推动未来经济持续稳定发展的战略方案,明确了一批支撑未来经济增长的重点产业和技术方向,重点集中在新能源、新能源汽车、生物产业、健康医疗、信息技术、机器人等领域。例如,美

国在《重整美国制造业框架》中提出,优先支持经济社会发展急需的高技术清洁能源产业,大力发展资本密集和高生产率的生物工程产业,保持航空产业的领导地位,振兴钢铁和汽车工业(重点是电动汽车),积极培育纳米技术产业,大力发展智能电网等。日本在《面向光辉日本的新成长战略》中提出,发展环境与能源、健康(包括医疗、护理、医药)两大产业,到 2020 年在上述领域要分别创造 50 万亿日元和 45 万亿日元新市场,创造 140 万人和 280 万人的就业岗位。韩国在《新增长动力规划及发展战略》中提出,重点发展能源与环境、新一代运输装备、新兴信息技术产业、生物产业、产业融合、知识服务六大产业,见表 4-2。

表 4-2　主要发达国家近期实施的经济发展战略

国家	框架计划	重点领域	共同的产业
美国	《美国创新战略:促进可持续增长和提供优良的工作机会》(2009 年 9 月)	清洁能源、先进汽车技术、健康技术	新能源 新能源汽车 生物产业 健康医疗产业 信息技术产业 机器人
	《重整美国制造业框架》(2009 年 12 月)	高技术清洁能源产业、生物工程产业、航空产业、钢铁和汽车工业、纳米技术产业、智能电网、低收入家庭房屋节能改造计划	
英国	《构筑英国的未来》(2009 年 6 月)	低碳经济、生物产业、生命科学、数字经济、先进制造和金融服务业	
日本	《面向光辉日本的新成长战略》(2009 年 12 月)	环保型汽车、电力汽车、医疗与护理、文化旅游和太阳能发电	
	《机器人新战略》(2015 年 1 月)	机器人技术和产业	
韩国	《新增长动力规划及发展战略》(2009 年 1 月)	能源与环境,新一代运输装备,新兴信息技术产业、生物产业、产业融合、知识服务业	
德国	《把握德国制造业的未来——"工业 4.0"战略计划实施建议》(2013 年 9 月)	智能工厂、机器对机器技术、物联网技术、各类应用软件	

资料来源:根据各国情况整理。

　　从国内看,我国市场需求、生产要素、技术进步、资源环境、体制机制等都在发生新的变化,催生和培育了一批产业新增长点。《中国制造 2025》、"互联网+"行动计划、大众创业万众创新等战略实施,也将涌现出一批新产品、新业态和新模式。借鉴主导产业选择基准理论等研究,认为"十三五"时期产业新增长点应符合以下四项甄别标准:(1)**增速和规模标准**,即具有较高增速、未来5到10年将对经济增长发挥较大支撑作用。据行业协会统计,2011—2014年节能环保、生物、文化创意等行业增速均在20%左右,电子商务、物联网产业收入保持30%以上增长水平,这些行业有望成为"十三五"新的支柱产业。(2)**影响力标准**,即产业关联度高,能够显著扩大就业规模,可能带来新的生产方式、商业模式变革,提高生产效率和生活质量,对经济社会发展以及全球产业、能源分工格局产生影响。例如,信息技术已广泛渗透经济社会各个领域并与许多产业深度融合,改变了传统生产生活方式,催生了移动社交、移动支付、移动电子商务、手机游戏等新业务新模式,带动了新一代信息技术产业快速发展。(3)**供需条件变化标准**,即符合近期全球科学技术进步和创新的演进方向,符合近期资本、人力、土地、能源资源等产业供给要素条件的变化趋势,符合消费结构升级方向,或者直接面向人类可持续发展所迫切需要解决的生命健康、金融安全、信息安全、粮食安全以及能源资源等重大需求。例如,居民消费结构升级,将促进文化旅游、教育培训、养老健康、信息服务等产业将产生一批新增长点。资源环境约束趋紧、节能减排要求加大,倒逼产业发展和能源利用向高效、绿色、安全的方向转型,节能环保和新能源产业将快速发展。(4)**国际动态比较优势标准**,即基于全球视角观察这些可能是新增长点的备选行业应具备独特的竞争优势。

基于国内外发展趋势判断,在梳理近年来专家学者、政府有关部门和专业投资领域对我国产业新增长点的研究和关注重点的基础上,形成产业新增长点备选清单。利用上述四项标准,对备选清单进行逐一甄别,认为"十三五"潜在规模最大的产业新增长点主要有:

健康产业。该行业主要包括生物医药、医疗器械和健康服务业(医疗服务、养老、保险等),是一个具有刚性需求特点的行业,被称为继信息技术产业之后的全球"财富第五波"。近年来,在市场需求快速增长的带动下,我国健康产业快速发展,2014年健康产业产值规模6—7万亿元,其中2011—2014年医药工业年均复合增长率达16%,医疗器械销售额年均增速约19%,全国卫生总费用支出年均增速超过16%,健康保险收入年均增长超过30%。综合考虑未来一段时期我国人口老龄化进程加快、城乡居民收入水平不断提升等因素,国内市场将快速释放出来,我国将成为全球最大的健康市场。预计到2020年我国健康产业产值规模将达到14—16万亿元,其中健康服务业约为8万亿元。

文化产业。近年来我国文化产业发展迅速,文化产业增加值年均增速在15%以上,其中2010—2014年全国电影票房收入年均增长30%以上,以互联网广告、网络游戏、手机出版等为主要内容的数字出版行业 2006—2012 年间实现营业收入年均复合增长率 44.5%,2013 年文化产业总收入 4.5—6 万亿元,增加值 2.1 万亿元左右。未来一段时期,伴随消费结构升级加快、公共文化体系不断完善、文化体制改革深入推进,特别是适应互联网时代的数字出版、数字音乐、文化创意和设计服务等迅猛发展,文化产业将快速发展,预计到 2020 年文化产业总收入 11—16 万亿元。

节能环保与新能源产业。大力发展节能环保与新能源产业,是我国建设生态文明、实现可持续发展的必然要求,直接关系到人民群众"喝更干净的水,呼吸更清洁的空气"等基本需求。"十一五"以来,随着我国对生态环保要求的不断强化,我国节能环保产业保持年均 15%—20% 的增速,2014 年节能环保产值规模达 4.5 万亿元、新能源产值规模达 1.2 万亿元。今后一个时期,我国能源资源压力趋紧、节能环保与新能源装备自主化进程加快、可再生能源电力性价比稳步提升以及到 2020 年实现单位 GDP 的 CO_2 排放量比 2005 年下降 40%—45% 的约束性目标,节能与新能源行业将继续保持较高增速,预计到 2020 年节能与新能源产业产值规模可达 11.6—14 万亿元。

新一代信息技术产业。当前全球信息产业技术变迁和创新日新月异,信息技术加速渗透融合,新技术、新产品、新业态、新商业模式不断涌现。目前我国物联网、云计算、移动互联网、大数据等新一代信息技术产业正处于发展初期,"十二五"以来年均增速保持在 30% 以上,2014 年新一代信息技术产业收入规模 3.8 万亿左右,全国互联网和移动互联网用户已分别超过 6 亿和 8 亿户。未来一段时间,在国家"互联网+"行动计划的政策激励下,互联网经济将继续快速发展,预计到 2020 年新一代信息技术产业产值规模将达到 10—14 万亿元,其中物联网、云计算和大数据行业规模约 4—8 万亿元,移动互联网规模约 6 万亿元。

高端装备制造业。近年来我国装备制造业增速总体呈现下降态势,但航空航天、轨道交通装备、海洋工程装备、智能制造等高端装备制造业快速发展,"十二五"以来年均增速超过 25%,其中航空航天设备、轨道交通装备、智能制造增速分别在 20% 以上、30% 和 25% 左右,2014 年高端装备产值规模 2.6 万亿元。未来 5 年,随着低空空域开放范围进一步扩大、空天技术民用进程加快、高铁"走出去"加速推进、先进机器人应用范围大幅拓展,以及《中国制造 2025》战略实施,将带动高端装备产业快速发展,预计到 2020 年我国高端装备产业规模在 8—10 万亿元。

旅游业。旅游是人民生活水平提高的重要指标,旅游休闲消费是居民消费结构升级的重要方向。改革开放以来我国旅游业快速发展,国内旅游和入境游客人数1984—2014年间分别增长了17倍和9倍,2014年旅游总收入为3.25万亿元,国内旅游消费相当于社会消费品零售总额的11.8%。随着人民生活水平不断提高、带薪休假制度的深入落实,以及交通、民航、金融、信息化和移动互联等与旅游业联系紧密的相关产业不断发展,旅游业发展潜力将持续释放。预计到2020年旅游总收入达7—8万亿元。

上述产业新增长点2014年产值规模在25—30万亿元,到2020年其潜在产值规模达60—80万亿元(按产业增加值率30%估算,潜在产业增加值在18—24万亿元),占同期GDP的比重20%—25%(按"十三五"GDP平均增速6.5%估算),对"十三五"时期经济增长名义贡献率达32%—45%,有望成为推动我国经济社会发展新的增长动力。此外,在产业转型、技术进步、消费升级等过程中,一批产业新增长点如新材料、互联网金融等新型金融服务、教育培训、物流业、绿色农业等也具有较大增长潜力,"十三五"时期有可能进一步培育发展壮大。

表4-3 产业新增长点主要行业发展基础和"十三五"产业规模预测

	2014年产业规模	"十二五"以来增速估算	"十三五"时期增速预测	2020年产业规模预测
健康	6—7万亿元 其中,规上医药工业2.5万亿元,医疗器械4500亿元,卫生总费用3.5万亿,商业健康保险1587亿元	医药工业16%,医疗器械19%,卫生费用16%,商业健康保险约30%	20%以上	14—16万亿元 其中,医药和医疗器械约6—8万亿元,健康服务业约8万亿元
文化	总收入4.5—6万亿元,增加值约2.1万亿元(2013年)	约15%	12%—15%	11—16万亿元
新能源和节能环保	5.5—6万亿元 其中,新能源产业约1.2万亿,节能环保产业约4.5万亿元	新能源约15%,节能环保约20%	新能源25%—30%,节能环保15%—20%	11.6—14万亿元 其中,新能源约3.6万亿元,节能环保8—10万亿元
新一代信息技术	约3.8万亿	物联网、云计算30%以上,移动互联网80%—90%,大数据60%以上	约30%	10—14万亿元

	2014 年产业规模	"十二五"以来增速估算	"十三五"时期增速预测	2020 年产业规模预测
高端装备	约 2.6 万亿元 其中,航空航天器及设备 3400 亿元,轨道交通装备 5000 亿元,海洋工程装备 1700 亿元,海洋工程建筑 8000 亿元,智能制造 8000 亿元	约 25% 其中,航空航天器及设备、轨道交通装备、海洋工程装备、海洋工程建筑、智能制造分别超过 20%、30%、12%、9%、25%	约 20% 其中,航空航天及设备、轨道交通装备、海洋工程装备、海洋工程建筑、智能制造分别为 15%、35%、10%、7%、30%	8—10 万亿元
旅游	总收入 3.25 万亿元	约 18%	10%—15%	7—8 万亿元

说明:2014 年及"十二五"以来行业产值规模和增速数据来自于中国统计年鉴、相关产业统计年鉴和统计公报、相关行业协会数据等。"十三五"时期增速和 2020 年行业产值规模,是在参考"十二五"时期产业增速水平、相关产业发展规划目标以及发达国家产业发展情况的基础上,主要根据代表性企业、行业协会及专家访谈等所提供数据测算所得。

三、培育壮大产业新增长点需要突破的重大瓶颈

当前我国产业新增长点的规模效应仍不明显,发展的巨大潜力还未充分释放出来。培育壮大产业新增长点,必须破除如下主要瓶颈。

(一) 体制机制瓶颈,管理体制不健全、市场监管不完善

产业新增长点的发展壮大涉及新技术、新产品、新业态、新模式,目前许多行业领域体制机制改革滞后,出现了一些政策空白点和管理盲区,不利于新增长点健康发展。例如,目前健康产业分别由多个部门管理,但缺乏统一的协调机制,新药审批速度慢等问题长期得不到解决,严重影响企业创新和生产的积极性。又如,近年来移动互联网技术快速渗透到传统汽车租赁、医疗、零售等领域,催生了互联网打车、移动医疗、移动支付等新业态和商业模式,但适应这些新业态发展的规章制度和管理办法缺失,制约了互联网经济新业态的健康成长。再如,通用航空在我国的发展潜力巨大,但由于低空空域开放迟迟难以取得突破性进展,目前我国通用航空产业规模还很小。

(二) 政策瓶颈,相关金融、政府采购、人才政策不配套

在金融支持方面,由于产业新增长点多处于发展初期,企业一般规模较小、不

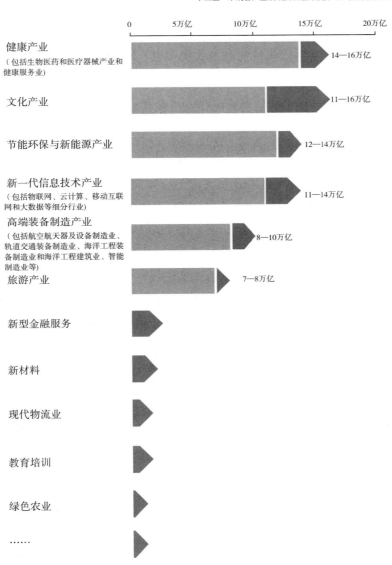

"十三五"末期各产业领域发展潜力估算（产值或总收入）

图 4-1　2020 年部分产业新增长点产值规模潜力估算

确定性较强、轻固定资产、重无形资产特征明显,不适应传统的商业银行贷款模式,而我国天使投资、创业投资又不发达,现有中小板、创业板准入门槛较高,新兴企业融资难、融资贵的问题更加突出。在市场需求政策方面,目前我国部分新兴行业产品技术经济性达到了国际先进水平,但缺乏需求侧政策的有力支持,难以做大做强。比如,在中高端医疗器械领域,有的国产产品性能已优于进口产品,但由于招投标机制不完善,这些国产产品很难进入国内大的医院。在人才培养方面,新兴产业领域对人才的专业需求往往具有新学科、多领域交叉特点,目前国内教育体系的专业主要按照传统领域和方向设置,不适应产业新增长点发展壮大对人才的需求。

（三）有效需求瓶颈,部分行业技术经济性不高、商业模式不清晰

当前一些产业新增长点技术经济性还不高、商业模式模糊,缺乏稳定的盈利预期,使潜在需求转化为有效需求受到极大限制。例如,目前纯电动汽车的购置成本和使用成本均高于燃油汽车,且在使用过程中究竟采取什么样的商业模式还需要探索,导致新能源汽车发展缓慢。又如,虽然近年来光伏的发电成本大幅下降,但仍然大大高于火电成本,企业的发展主要依靠国家补贴,难以持续。再如,市场化的养老服务机构前期投入大、回报周期长,单纯依靠床位收费和补贴,缺乏有效盈利渠道和盈利模式,难以充分调动社会资本的积极性。

（四）技术创新瓶颈,产业的创新体系不健全、核心技术缺失问题严重

尽管部分产业新增长点已初具规模,但技术创新水平依然较低,产业国际竞争力弱。例如,目前我国医药行业 95% 以上都是仿制药,全行业研发投入占销售收入的比重不到 1%,而发达国家在 10% 以上,不大不强的问题十分突出。又如,新一代信息技术产业中,国内市场约 60% 传感器、80% 传感器芯片、100% 微机电系统芯片严重依靠进口,美国企业私有云产品在我国云计算领域市场占有率高达 70%,与世界信息产业强国存在很大差距。

四、加快培育支撑经济持续稳定增长的产业新增长点

"十三五"时期,需要采取力度更大、针对性更强、作用更直接的措施,加快培育壮大一批产业新增长点,形成经济发展新动力,有效支撑经济持续稳定增长。

（一）消除制约产业新增长点发展壮大的体制机制障碍

进一步深化改革,积极营造鼓励创新创业、有利于产业新增长点不断涌现的市场环境。认真落实《国务院关于改革药品医疗器械审评审批改革的意见》,切实解

决注册申请积压、审批时间长等问题,鼓励研究和创制新药。进一步完善药品价格、集中招标采购等体制机制。探索养老产业公私合营试点,多渠道多方式引导社会资本进入养老业,加快培育壮大健康产业。加快低空空域开放步伐,推动通用航空产业发展。大力推进资源要素价格改革,完善排污收费征收和使用办法,加快建设适应风电、光伏太阳能发展的电网及运行体系,进一步完善可再生能源发电配额制度。加快文化产业改革步伐,推动落实带薪休假制度。

（二）强化需求侧政策的引导

推进实施健康养老家政、信息、绿色、旅游休闲、教育文化体育等消费工程,促进消费潜力释放,拉动新的增长点发展。加大对产业新增长点产品和服务的政府采购力度,优先支持具有自主知识产权和品牌的国内产品。加快研究制定《政府采购协定》下政府采购优先购买和必须购买国内产品的目录。进一步研究完善首台套、首批次产品和服务的应用鼓励政策。加强新能源汽车充电设施、宽带基础设施、基因测序服务体系等建设。在城市社区、风景名胜区等建设规划中,明确新能源汽车使用比重和目标。在公用设施、宾馆商厦、写字楼、居民小区等建设中明确高效节能建筑材料、太阳能辅助供电设施、节能办公设备等使用比例。结合"一带一路"战略实施,加强出口信贷等政策的支持,积极推动高铁、核电、移动通信、节能环保等产品和企业"走出去"。

（三）创新金融政策支持

继续加大国家新兴产业创投计划对新一代信息技术、生物和健康、高端装备制造、节能环保、新能源、文化创意等支持力度。大力发展天使投资、创业投资和产业投资基金,研究设立新兴产业投资基金。鼓励发展"互联网+"普惠金融,完善互联网金融监管,提升互联网金融对创新性企业的服务能力和大众创业的普惠水平。加快企业上市制度注册制改革,研究建立未盈利企业上市的制度安排,简化股票和债券市场融资程序。支持商业银行、政策性银行加快业务创新,完善知识产权评估作价机制。大力发展多种类型的担保机构,改进征信和信息服务。

（四）加强跨领域、复合型、领军型人才培养

支持有条件的高等院校有重点、有选择地开设新学科、新专业,加大产业新增长点领域的人才培养。鼓励高校和企业围绕产业新增长点发展需求,设立实训基地,建立联合培养机制。开展校企联合招生、联合培养的现代学徒制试点,拓展校

企合作育人的途径和方式。依托职业教育资源,加强专业性、技能型人才培养。结合"千人计划"等实施,加大对产业新增长点领域复合型、领军型优秀国际人才吸引力度。完善移民、签证等制度,为引进海外人才提供有利条件。

（五）着力提升创新能力

加快落实创新驱动发展战略和系列重大部署,加快实施《中国制造2025》、"互联网+"行动计划,推动大众创业万众创新,提升智能制造水平和制造业创新能力。围绕做大做强产业新增长点,在新一代信息技术、生物医药与医疗器械、高端装备制造、环保与新能源装备等领域,组建一批国家级创新中心,集中一批多领域、跨学科的科学家和技术专家,着力加强原始创新和集成创新。加快建立健全移动互联网、大数据、机器人和智能制造、节能与新能源汽车等领域的技术标准体系。大力推动商业模式创新,加快研究制定一批针对性和操作性强的商业模式创新专项政策和实施方案。切实加强知识产权保护,保护创新的积极性。

分报告五：经济持续稳定增长的区域动力研究

进入新世纪以来，我国区域发展格局开始出现变化，东部沿海地区在外向型经济快速发展的同时，中西部多数省份也出现良好增长势头，占全国经济的份额有所提高。金融危机爆发特别是 2011 年以后，东部沿海外向型经济增长放缓，中西部资源型省份增长势头趋弱。去年以来，经济下行压力不断加大，东北各省和山西、河北、内蒙古等省区经济下行明显。总体来看，东部沿海作为全国经济基本支撑的重要功能没有改变，但其他新兴地区的增长势头受到较大冲击，从未来发展需要出发，迫切需要进一步探寻发现新的动力区域，为保证全国经济的持续稳定增长作出贡献。本报告以 2000 年以来各省份经济增长速度以及占全国比重的变化为基础，重点分析各省份对全国经济增长的贡献率及其变化情况，识别出对全国经济增长具有基本支撑作用的重点区域，下一步仍具有较大增长空间的潜力区域，以及由于特殊原因面临较大发展困难的特殊区域三种类型，并针对三种类型区域的特点和面临的关键难题提出了对策建议。

一、我国各地区增长格局的变化分析

本报告主要采用各省份 GDP 占全国的比重及变化趋势、各省份 GDP 增速及变化趋势和各省份 GDP 增量对全国增长的贡献率及其变化趋势三组数据，对我国各省份在全国经济增长中的状况进行分析，以为识别未来支撑我国经济增长的类型区域提供支撑。

（一）各省份 GDP 占全国比重及变化趋势分析

从 2000—2014 年各地区 GDP 占全国比重的变化情况看（附图 5-1、5-2、5-3、5-4），广东、江苏、山东、浙江、河北、河南、上海、辽宁等省份的 GDP 占全国的比重一直位居前列,这些省份人口众多,经济总量对全国的贡献较大。2000—2014年这8个省份GDP占全国比重的平均值均在4%以上,2014年这8个省份GDP占全国的比重达51%;四川、湖北、湖南、福建、北京、安徽、黑龙江、内蒙古、陕西、广西、江西、山西等省的经济总量在全国处于中等水平,2000—2014年这些省份GDP占全国GDP比重的平均值在2%—4%之间(表5-1)。从2000—2014年各省份GDP占全国比重的变化趋势看,广东、山东、浙江、河北、上海等省市显示下降趋势,江苏、河南、辽宁、四川等省份总体平稳,河南、湖北、湖南、重庆、陕西等省市有上升趋势。

表5-1 2000—2014年各省份GDP占全国比重的平均值

占比	标准	数量	省区市(%)	2014年占全国比重(%)
高	>4%	8	广东(10.80)、江苏(9.19)、山东(8.88)、浙江(6.43)、河南(5.18)、河北(4.82)、上海(4.26)、辽宁(4.25)	51.0
中	2%—4%	12	四川(3.92)、湖北(3.56)、湖南(3.56)、福建(3.46)、北京(3.35)、安徽(2.84)、黑龙江(2.63)、内蒙古(2.22)、陕西(2.14)、广西(2.13)、江西(2.11)、山西(2.04)	35.6
低	<2%	11	天津(1.99)、吉林(1.95)、重庆(1.84)、云南(1.80)、新疆(1.30)、贵州(1.09)、甘肃(0.99)、海南(0.49)、宁夏(0.35)、青海(0.30)、西藏(0.12)	13.4

数据来源:国家统计局;地区生产总值按当年价格计算。

(二)各省份GDP增速及变化趋势分析

2000年以来,我国各地区总体保持了较高的发展水平,"十二五"时期受经济环境变化影响,各地区发展速度整体下滑,但也都保持了较高的发展速度。2015年上半年我国经济增速进一步放缓,在各地区中辽宁、山西、黑龙江、吉林等省份的经济增速下滑明显,但大部分省份仍保持了较高的增长速度,如重庆、贵州、天津等省份(图5-1)。从"十五"、"十一五"和"十二五"(前四年,下同)三个时期看(图5-2、5-3和表5-2),各地区的增长速度及其变化表现出不同的特征。其中,天津、河北、内蒙古、辽宁、吉林、黑龙江、江苏、安徽、福建、江西、河南、湖北、湖南、广西、海南、重庆、四川、云南、陕西、甘肃、青海、宁夏等省市呈现上升到下降的趋势,只有贵州和新疆表现出均为上升的趋势,北京、山西、上海、浙江、山东、广东、西藏则呈现均为下降的趋势。

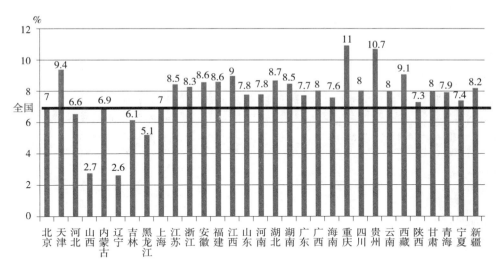

图 5-1　2015 年上半年各地区 GDP 增速

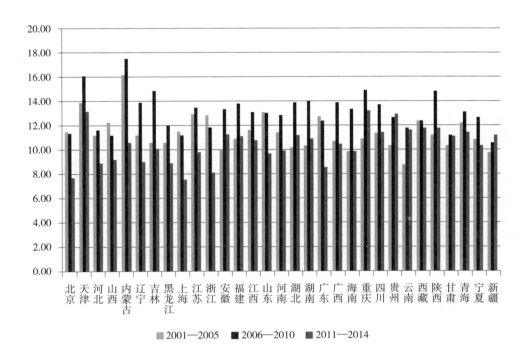

■ 2001—2005　■ 2006—2010　■ 2011—2014

图 5-2　各省份不同时期 GDP 增速(%)

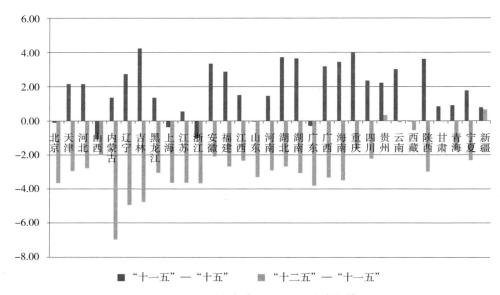

■ "十一五" — "十五"　　■ "十二五" — "十一五"

图 5-3　不同时期各省份 GDP 增速变化情况

表 5-2　不同时期各省份 GDP 增速变化情况

省　　　份	"十五"到"十一五"	"十一五"到"十二五"
天津、河北、内蒙古、辽宁、吉林、黑龙江、江苏、安徽、福建、江西、河南、湖北、湖南、广西、海南、重庆、四川、云南、陕西、甘肃、青海、宁夏	上升	下降
北京、山西、上海、浙江、山东、广东、西藏	下降	下降
贵州、新疆	上升	上升

（三）各省份 GDP 增量对全国贡献率及变化趋势分析

从 2000—2014 年各地区 GDP 增量对全国的贡献率看（附图 5-9、5-10、5-11、5-12），经济总量占全国比重较大的省份，其增长对全国的贡献量也较大，如广东、江苏、山东、浙江、河南、河北等省份。从"十五"、"十一五"和"十二五"三个不同时期各省份的贡献率及其变化情况看（图 5-4、5-5 和表 5-3），广东、浙江、河南、河北、上海、山西、黑龙江的贡献率呈下降趋势，江苏、山东、北京、新疆、西藏呈现先下降、后上升趋势，辽宁、内蒙古、吉林、宁夏呈先上升、后下降趋势，湖北、四川、湖南、福建、安徽、陕西、江西、广西、天津、重庆、云南、贵州、甘肃、海南、青海呈上升趋势。总的来看,2000年以来,我国中部和西部的绝大多数省份对全国经济增长的贡献率都在提高且处于贡献不断增加的趋势,说明区域协调发展格局正在向好的趋势发展。

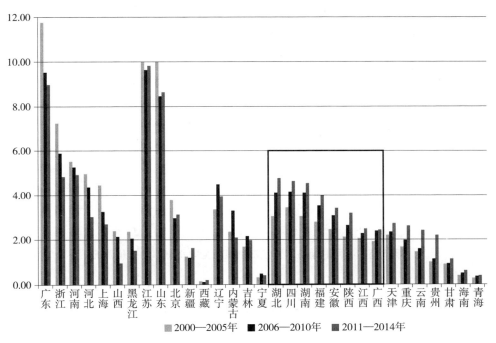

图5-4　不同时期各省份经济增量对全国贡献率的变幅

表5-3　不同时期各省份经济增量对全国贡献率的变化情况

省　份	"十五"到"十一五"	"十一五"到"十二五"
湖北、四川、湖南、福建、安徽、陕西、江西、广西、天津、重庆、云南、贵州、甘肃、海南、青海	上升	上升
江苏、山东、北京、新疆、西藏	下降	上升
辽宁、内蒙古、吉林、宁夏	上升	下降
广东、浙江、河南、河北、上海、山西、黑龙江	下降	下降

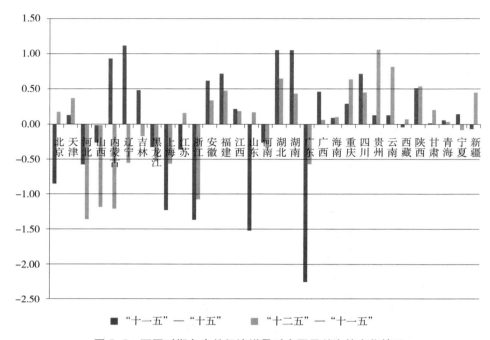

图5-5 不同时期各省份经济增量对全国贡献率的变化情况

二、不同类型区域的确定

　　根据以上对各地区增长变化情况的分析,本报告将支撑我国未来经济增长的区域分为三种类型,即重点区域、潜力区域和特殊类型区域。"重点区域"是指在全国经济总量中占比较大,且一直保持中高速增长,同时这类区域由于经济总量大,其经济增量对全国增长的贡献也会较大,但增长贡献率的增加幅度相对较小。重点区域是支撑全国经济持续稳定增长的原有动力区域,对全国经济持续稳定增长具有全局性和根本性影响。重点区域主要包括广东、江苏、山东、浙江、河南、河北、辽宁等省市以及上海、北京、天津三个直辖市。

　　"潜力区域"是指在全国经济总量中占据一定比重,一般处于中游水平,对全国经济增长的贡献绝对量不是最大,但在不同发展阶段中都能够保持上升势头,对全国经济增长贡献率的增幅不断提高,显示出较好的发展潜力,是未来我国经济持续稳定增长的动力接续区域,在我国区域发展格局中将会发挥越来越大的作用。潜力区域主要包括湖北、四川、湖南、福建、安徽、陕西、江西、广西、重庆、云南、贵州等省区市。

"特殊区域"是指在当前发展中仍面临问题较多的区域,主要包括集中连片特困地区、少数民族地区、革命老区、边境地区、资源枯竭型城市(地区)、库区、林区、垦区、存在困难的老工业基地、粮食主产区、重点生态功能区等等。这些区域具有区位偏远、自然条件恶劣、生态环境脆弱、基础设施滞后、经济社会发展比较薄弱、历史包袱重等不同问题特征,虽然当前经济体量很小,占全国的经济份额也有限,但是却面临着与全国同步全面建成小康社会的历史重任,未来随着区域发展条件的改善,也将成为支撑区域经济增长的重要组成部分。

三、发展思路

今后一段时期,保持我国经济持续稳定增长在很大程度上还需要依靠重点区域的稳定发展作为支撑,防止出现区域性的经济下滑,同时,还需要更多关注潜力区域,激发区域活力,加快形成新的增长动力区域,也要瞄准特殊区域的关键问题,确保这些区域与全国同步全面建成小康社会,并从中形成新的增长动力。

(一) 稳定提升重点区域

重点区域要稳定经济发展速度,确保经济波动不超出合理预期,支撑全国经济不出现大的波动。一是要着力提高自主创新能力。大力推进技术创新、产品创新、产业创新,提高原始创新能力、集成创新能力和引进消化吸收再创新能力,加速自主创新和科研成果转化,探索促进科技与经济深度融合的有效途径,依托国家自主创新示范区、战略性新兴产业集聚区等创业创新资源密集区域,打造若干具有全球影响力的创业创新中心。二是要加快推进产业结构优化升级。优先发展以电子信息、生物医药、新材料、新能源等为代表的高技术产业、具有比较优势的先进制造业和现代服务业,着力发展精深加工及高端服务和产品。三是全面提升外向型经济水平。结合"一带一路"战略,积极参与并逐步倡导国际经济合作和国际经济贸易规则制定,加快走出去步伐,进一步拓展我国经济发展空间;加快推进国际产能合作,积极承接高技术产业和现代服务业国际转移;以中心城市为重点,以国家级新区、高新区、经济技术开发区、自由贸易实验区、综合保税区等为载体,形成一批对区域发展具有重大带动作用的开发开放平台。四是加快推进大都市区、城市群一体化发展。构建统一完善的市场体系,消除行政区经济的负面影响,促进各类要素自由流动,带动周边区域整体发展。五是进一步深化改革。以中国自由贸易实验区建设为契机,全面深化改革,探索完善以负面清单、权利清单、责任清单为主要内容的管理模式,加大简政放权、放管结合改革力度。

（二）大力培育潜力区域

潜力区域要加快做大做强,提升经济发展速度,形成对支撑全国经济持续稳定增长新的动力。一是要进一步加强基础设施配套建设。瞄准人口相对稠密、发展潜力较大的区域,提升基础设施供给保障水平,以高铁、机场等基础设施建设为重点,积极推进绿色城市、智慧城市和海绵城市等建设,构建完善、高效、区域一体、城乡统筹的基础设施网络。二是要壮大产业发展实力。围绕区域发展比较优势,大力发展特色优势产业,增强特色农业发展能力,发展新兴产业,运用高新技术改造传统产业,全面加快发展服务业,增强产业配套能力,促进产业集群发展,加快建设承接产业转移示范区。三是要加强中心城市建设,提升中心城市辐射带动作用,打造形成若干以中心城市为引领、若干不同规模城市相互支撑与协作、对全国经济持续稳定增长具有较强支撑作用的增长极和增长带,落实"三个一亿人"要求。四是要促进内陆地区开发开放。结合国家"一带一路"战略,建设多层次内陆开放平台,畅通国际大通道,积极扩大对外贸易规模,优化贸易结构,高度重视传统优势产品出口,大力培育国际竞争新优势,增加先进技术设备和关键零部件进口。

（三）定向支持特殊区域

在国家扶持和特殊区域的自身努力下,问题地区呈现较快发展的局面,经济增速大部分都高于全国平均水平,但人均 GDP 明显低于全国平均水平,要继续加大扶持力度,确保这些地区不拖后腿。一是以打通"最后一公里"为重点,完善特殊区域水、电、路、信息等基础设施,提高产业发展基础支撑能力增强贫困地区自我发展能力。二是促进特色优势产业加快发展,充分发挥区域比较优势,利用新技术、新模式、新业态推动农副产品、旅游业、资源加工业等加快发展。三是以 11 片集中连片特困地区和西藏、四省藏区、新疆南疆四地州为主战场,将扶持贫困地区与扶持贫困人口相结合,保障贫困人口获得基本的生存权和发展权。四是对滞缓衰退型城市和资源枯竭型城市,要加快转型和升级改造步伐,积极发展接续产业,推进城市功能再造。五是对农产品主产区,要切实保护耕地,稳定粮食生产,发展现代农业,增强农业综合生产能力,增加农民收入。

四、对策建议

根据重点区域、潜力区域和特殊区域的不同特点,结合国家已经出台的各项政策措施,继续深化和实施已有政策,出台完善新的政策,通过精准、差异化政策,促进不同类型区域发挥比较优势,形成对全国经济持续稳定增长的全面支撑作用。

（一）支持重点区域加快改革创新步伐

对长期以来一直对我国经济发挥较强支撑作用的重点区域,应尽快根据国内外发展新环境的要求,完善产业转型升级、创新支撑、新型城镇化、开放引领和可持续发展等相关政策,继续在支持全国经济稳定增长中发挥重要作用。一是支持重点区域在现代服务业发展、国际产能和装备制造合作、加工贸易转型升级、服务贸易发展、城镇化提质、创新创业、区域协同发展等多领域开展先行试点,为在全国推广提供经验。二是在条件成熟时,进一步扩大自由贸易试验区的四至范围和试点范围,建立完善适应全球新一轮贸易投资标准的运行机制。三是通过增加"两优"贷款规模等金融支持和完善出口信用保险等方式,推进国际产能和装备制造合作;完善支持服务贸易发展的政策促进体系,鼓励加工贸易企业向潜力区域转移;支持跨境电子商务、外贸综合服务平台、市场采购贸易等新型贸易方式发展。四是围绕实施养老健康家政、信息、节能环保、旅游休闲、住房、文化教育体育等消费领域工程,增加资金投入,完善支持政策体系,优化服务环境。五是完善农业转移人口市民化的成本分担机制,推进实施城镇新增建设用地规模与吸纳农业转移人口落户数量挂钩政策、财政转移支付同农业转移人口市民化挂钩机制和新增预算内投资规模与吸纳农业转移人口落户挂钩,试点建设用地指标在城市以及省域范围内统筹使用。

（二）支持潜力区域形成新的增长极

对正在迅速成长并对全国经济贡献不断增强的区域,应加大政策支持力度,通过完善基础设施、提升产业实力、扩大内陆开放等政策,支持这些区域加快发展,培育成为我国新的经济增长极。一是加大对潜力区域项目支持力度,提高对有关项目的中央资金补助比例。二是鼓励创建自贸区、国家级高新区、开发区、综合保税区、新型工业化产业示范基地等,支持潜力区域经过核准的省级开发区升级为国家级开发区,支持在综合保税区承接传统劳动密集型的加工贸易。三是率先赋予潜力地区省级人民政府对地方税的税目税率调整权和减免税权,增强地方政府安排使用收入的自主性,加快完善地方税体系。四是优化口岸大通关服务,积极复制推广上海自由贸易试验区海关、检验检疫等创新经验;支持各类口岸开展专业化服务项目,拓展口岸服务业平台功能。

（三） 加大对特殊区域的分类指导和支持力度

针对空间布局分散、共性问题突出的各类特殊区域,应进一步明确政策支持单元,完善差别化政策支持体系,进一步加大扶持力度,加强基础设施建设,强化生态保护和修复,提高公共服务水平,逐步缓解特殊区域的突出矛盾,切实改善特殊区域居民的生产生活条件。一是对革命老区、民族地区、边境地区、贫困地区等,要落实对象精准、项目安排精准、资金使用精准、措施到户精准、因村派人(第一书记)精准、脱贫成效精准"六精准"的要求,因地制宜,因户施策,全面建立面向农村贫困人口的基本公共服务体系。二是支持边境地区有条件的地方建设重点开发开放实验区、边境和跨境经济合作区、综合保税区,支持边境铁路、公路、口岸设施建设,落实取消公益性基础设施项目县及县以下配套资金。三是对滞缓衰退型城市和资源枯竭型城市,全面推进城区老工业区和独立工矿区搬迁改造,支持城市供热、供水等管网设施改造,污水垃圾处理设施和配套污水管网建设,启动资源型城市可持续发展试点,健全资源开发补偿机制和利益分配共享机制。四是对农产品主产区,建立农业投入增长机制,加大倾斜和支持力度,增加中央财政对产粮大县的奖励资金,完善国家对粮食主产区利益补偿机制,建立主产区与主销区之间的利益补偿机制。

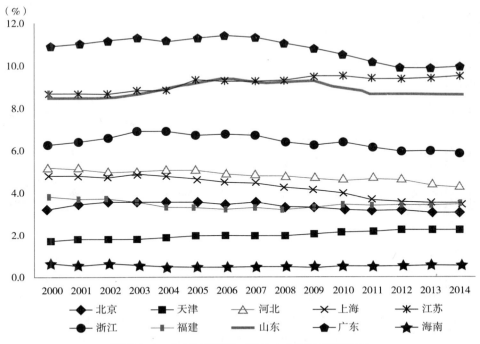

附图 5-1　东部地区历年 GDP 占全国比重变化图

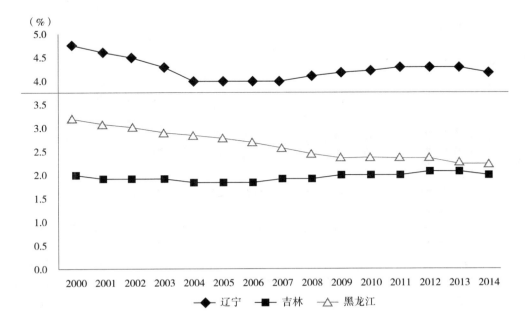

附图 5-2　东北地区历年 GDP 占全国比重变化图

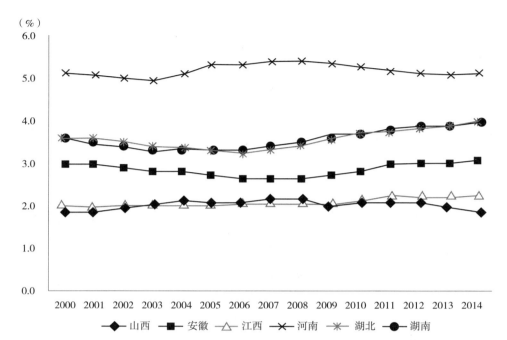

附图 5-3　中部地区历年 GDP 占全国比重变化图

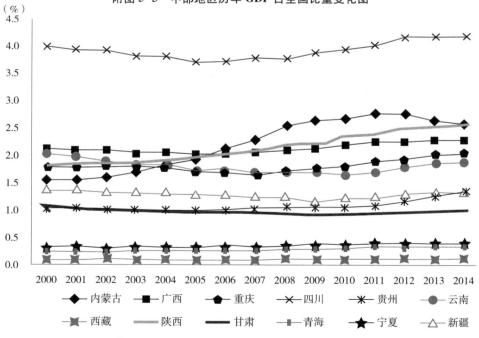

附图 5-4　西部地区历年 GDP 占全国比重变化图

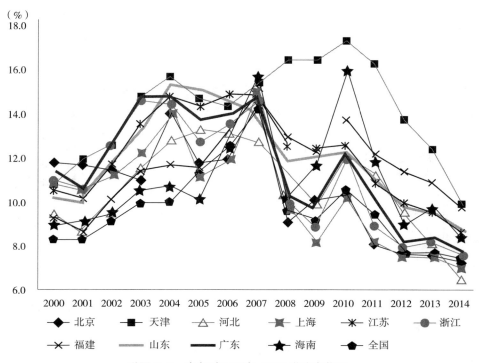

附图 5-5　东部地区历年 GDP 增速变化图

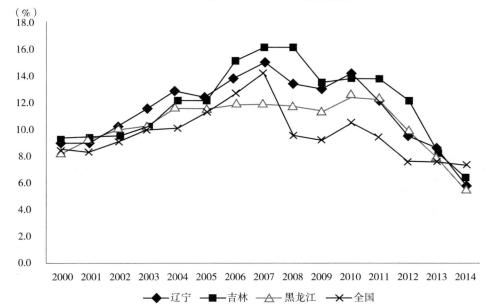

附图 5-6　东北地区历年 GDP 增速变化图

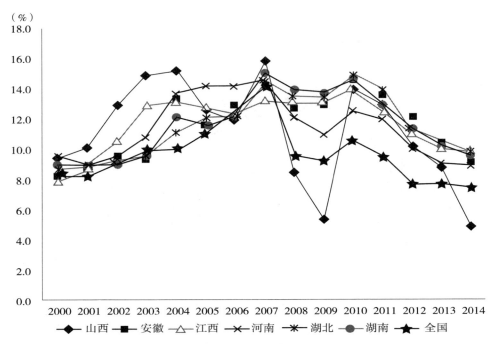

附图 5-7　中部地区历年 GDP 增速变化图

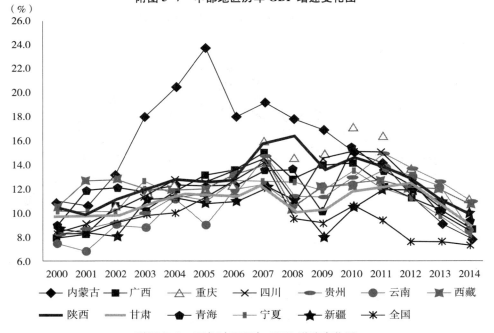

附图 5-8　西部地区历年 GDP 增速变化图

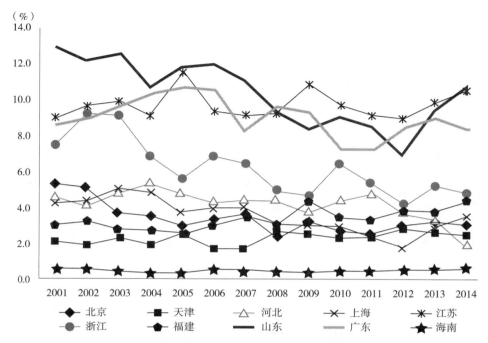

附图 5-9　东部地区历年 GDP 增量贡献率

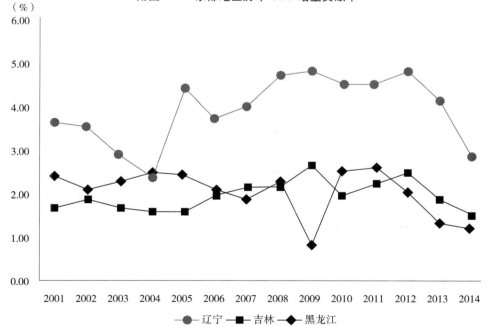

附图 5-10　东北地区历年 GDP 增量贡献率

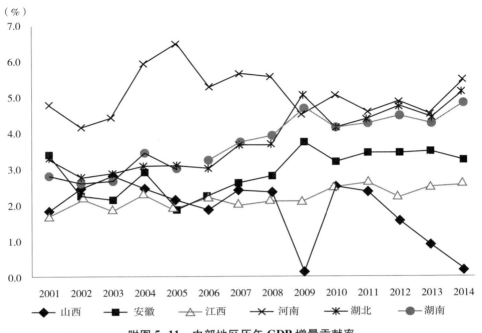

附图 5-11　中部地区历年 GDP 增量贡献率

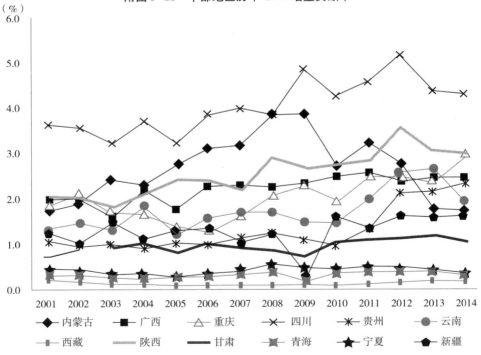

附图 5-12　西部地区历年 GDP 增量贡献率

分报告六:经济持续稳定增长的城镇化动力

城镇化对经济增长的促进作用可以从需求和供给侧两个角度来理解,在不同发展阶段,城镇化所提供的需求拉动力和供给推动力内涵不尽相同。新常态下城镇化将通过"三新",即新市民在城镇定居并融入城市社会、全球科技创新中心的培育、不同功能和级别的新兴中心城市形成,为经济持续稳定增长提供动力。

一、新常态下城镇化推动经济持续增长的动力发生变化

我国进入新常态后,城镇化可通过扩大消费需求和提高资本、知识等现代生产要素空间配置效率来促进经济持续稳定增长。

(一) 城镇化从需求和供给侧两方面推动经济增长

从需求侧看,大量人口从农村迁移至城镇从事非农产业后,收入提高转化为更大规模和更高层次的消费,扩大了社会消费需求。从供给侧看,城镇化过程就是劳动、资本、土地、知识等生产要素空间配置效率提高的过程,生产要素在城市有限地理空间上集中配置所形成的规模经济,以及由此引致的规模报酬递增是经济内生增长的根本动力。当然,城镇建设形成的投资需求也是需求拉动力之一,但从供给方面理解,这些投资成效在很大程度上体现于城市功能改善和由此带来的要素配置效率提升,因此,投资需求的拉动作用可以包含在城市功能提高而促进经济增长的过程之中。

(二) 不同发展阶段城镇化为经济增长提供不同动力

在工业化早期阶段,需求侧的拉动作用体现于大量农业转移人口进入城镇后对于满足在城镇基本生活的需求增加,并由此带动了生活必需品生产行业、相关服

务业及建筑业的发展。随着劳动力、资本和土地等生产要素向城镇的集聚,城镇成为重要的加工制造中心。在开放经济条件下,要素配置范围超越了国界,但此时大多是吸引国外资本和技术进入。进入工业化中后期,农业转移人口收入水平不断提高,由此形成的高层次消费需求成为经济增长的需求动因。除劳动和资本等传统要素外,技术和知识等现代要素配置效率的提升,也成为推动经济增长的重要动力。开放经济条件下,要素不仅在全球范围进行配置,而且配置方向有可能由单向的资本和技术输入,转变为输入与输出双向流动(参见表6-1)。

表6-1　不同发展阶段城镇化推动经济增长动力的变化

		工业化早期阶段	工业化中后期阶段
需求侧	消费需求	主要满足城镇生活必需的消费	满足高层次的消费,如文化消费以及更加舒适的生活环境等
	拉动产业	生活必需品生产行业、相关服务业及建筑业等	高档生产品制造业、资本和技术密集制造业、服务业
供给侧	核心生产要素	劳动、资本、土地	资本、知识
	要素配置范围	区域、全国、全球	全球、全国、区域
	要素在全球配置方向	资本、知识输入为主	资本、知识输入与输出并行
	城镇核心功能	制造中心	制造中心、资本配置、知识创新中心

注:要素配置范围主要考虑开放经济条件下。

(三) 新常态需要城镇化提供经济增长新动力

我国经济发展逐步进入新常态,经济发展目标从物质生产转向人的全面发展,经济发展方式从追求规模速度转向提高质量效率,经济增长决定性要素从劳动、资本转向资本、知识。在这一新的发展阶段中,城镇化将通过使农业转移人口由单纯就业者和流动人口转化为城市消费者和居民来扩大消费需求,将通过集聚资本、知识等现代生产要素来保障经济持续增长。

二、"三新"将成为新常态下城镇化
推动经济增长三大动力

"三新"是指新市民在城镇定居或融入城市社会,全球科技创新中心的培育以及不同类型和级别的新兴中心城市的形成,是以更高层级的消费需求,更高水平、

更高效率的现代生产要素配置提高增长质量,是新常态下城镇化推进经济持续增长的三大动力。

第一,新市民融入城市社会。2014 年我国尚有 2.7 亿农民工及其随迁家属基本未能融入城市社会。其中约 1.25 亿(2013 年数据)为 1980 年及以后出生的新生代农民工,占农民工总量的 46%,占 1980 年及以后出生的农村从业劳动力的比重为 65.5%。与老一代农民工相比,新生代农民工回村就业意愿很低,不论城市政府或户籍居民是否愿意接纳,他们绝大部分会长期在城镇就业和生活,已成为"新市民"。调查表明,"新市民"在城镇的边际消费倾向较高,表现为人均在外务工的月生活消费支出比老一代农民工高、人均寄回带回老家的现金比老一代农民工少(参见表 6-2)。使这些新市民及其家属在城镇稳定、长期就业和生活,是我国内需扩大的重要基础。

表 6-2　新生代农民工的几个重要特征

	新生代	老一代	新生代高于老一代
选择外出就业所占比重(%)	80.3	45.6	24.7 个百分点
在大中城市务工所占比重(%)	54.9	26.0	18.9 个百分点
月生活消费支出(元)	939	757.8	19.3%
人均寄回带回老家的现金(元)	9012.6	12802	−29.6%

数据来源:根据国家统计局:《2013 年全国农民工监测调查报告》,第 3 页数据整理。

第二,全球科技创新中心培育。当前以信息技术、智能制造技术、新能源技术等为代表的新一轮技术革命正在孕育并渐趋成熟,我国科技创新面临重要的"窗口期"。能否在这次科技创新中有所作为,不仅事关我国能否跨越"中等收入陷阱"进而实现"两个一百年"奋斗目标,更对保持经济增长动力至关重要。城市是科技革命的策源地和科技创新的载体,20 世纪 80 年代后包括我国沿海地区在内的亚太地区开始崛起,成为继欧美之后最有潜力出现全球科技创新中心的地区(参见图 6-1)。抓住新一轮技术革命的机遇,依托有条件的城市培育几个全球重要的科技创新中心,将为我国在新一轮科技革命中赢得先机奠定基础,进而为我国成为真正意义上的世界强国提供强有力支撑保障。

第三,新兴中心城市形成。我国地域广大,各地区经济社会发展自然条件、历史基础和区域优势差异显著。适应国家经济结构深度调整以及全方位对外开放格局的构建,在国家层面、跨行政区层面、省级层面及地区级层面形成新兴中心城市,将构建起经济增长多极支撑的格局。

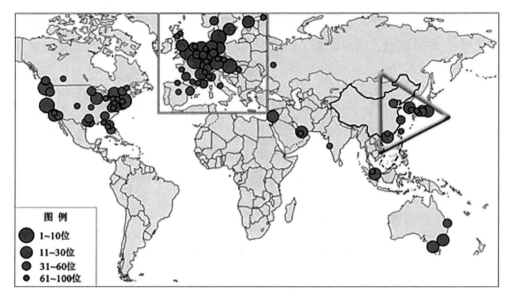

图 6-1　2Thinknow 2014 年全球创新城市 100 强的空间分布①

资料来源:根据 Innovation Cities Index 2014 中插图制作。

三、通过"降门槛"和"提功能"加快新市民融入城市社会

　　"降门槛"是指进一步降低新市民在大城市常居或落户的门槛,"提功能"是指重点加强中西部地区中小城市建设,完善城市功能,提高其对于农业转移人口的吸纳能力。

(一) 降低大城市常居或落户门槛

　　目前各地都在深化户籍制度改革。从已颁布的积分落户制度、户籍改革实施意见以及居住证管理办法来看,一些条件更有利于新市民落户或享受公共服务,更多条件则明显不利(参见表 6-3)。总体而言,大城市为新市民的常居或落户都筑起了相对较高的门槛。

----

　　①　国际著名公司澳大利亚 2Thinknow 自 2006 年起发布创新城市全球指数。2014 年其对全球 445 个城市利用 162 个因子进行了创新城市评价。这一指数成为全球创新城市创新能力的重要参考。

表 6-3 部分城市积分落户制度或户籍改革中的条件举例

		要求	新市民条件
有利条件	年龄	青岛市积分落户制度规定 35 周岁以下(含 35 周岁)(20 分);36 周岁以上每增长 1 岁减 1 分 深圳积分落户制度规定 18—35 周岁,5 分;35—40 周岁 1 分,从 40 周岁起减分	80 年代出生的新生代农民工目前在 35 岁以下
	农村土地权益	不以放弃农村土地权益为条件	大都享有承包地或宅基地以及农村集体土地权益
不利条件	教育程度	青岛市规定,本科学历(70 分),大专学历(包括高技)(50 分),高中学历(包括中专、职高、中技)(30 分) 中山市规定,初中为 20 分,高中(中技、中职)为 40 分,大专为 60 分,本科及以上为 80 分	新生代农民工中初中、高中和大专以上毕业的比重分别为 60.6%、20.5% 和 12.8%
	纳税情况	深圳规定,个人所得税 3.5—4.6 万元,30 分;13.4 万元以上 100 分	2014 年深圳在岗职工平均月工资为 6054 元,农民工平均月工资还要低于这一水平
	对于外来人口考虑	很多省会城市、重要地级城市的户籍改革办法中明确了对本市农业户籍人口转为城镇户籍的相关要求;非本市农业转移人口(包括本省农业转移人口)则需要按居住证制度或积分落户办法享受公共服务或落户	2014 年跨省流动农民工 77% 流入地级以上大城市;省内流动农民工 53.9% 流入地级以上大城市,比上年提高 1 个百分点。新生代农民工还要高于这一平均水平
	教育	多地关于居住证管理文件规定,外来人口子女享受接受义务教育的权利,但对于多大比例外来人口享有此权利,以及是否能够就近入学等没有具体规定	新生代农民工子女已进入义务教育阶段

资料来源:根据各城市公布的政策文件进行整理而得。

表 6-3 表明,新生代农民工更倾向于在大中城市务工,降低大城市对他们常居或落户的条件对加快其市民化进程具有重要作用。大城市从自身利益出发对于外来人口大都设有较高门槛,因此需要中央加大要求的力度。**一是对农民工享受公共服务水平的要求应更加明确**。《国家新型城镇化规划》提出到 2020 年农民工随迁子女接受义务教育的比例大于 99%,但对于接受公办义务教育却无具体要求。由于新生代农民工子女教育水平与其未来收入水平、消费能力乃至劳动力素质密切相关,可重点对今后的新市民子女接受公办义务教育的比例提出要求,特别是外来人口集中流入的大城市提出明确要求。**二是按外来人口的公共服务水平考虑转移支付和用地指标的挂钩**。《国家新型城镇化规划》中提出的财政转移支付

和用地指标与常住转移人口市民化挂钩的要求还显笼统,应具体为与外来人口子女在公办义务教育学校就读比例、外来人口享受公租房的情况及非本市人口落户情况等具体指标挂钩。**三是深化财税制度改革**。从根本来看,中央政府像许多国家那样承担起义务教育等基本公共服务职能,同时加快地方税改革,为地方政府建立持续稳定的税源,是提高全体居民公共服务水平的根本保障。

(二) 提高中西部地区中小城市功能

目前缺乏关于新生代农民工来源地和务工地的具体数据,但对于整体农民工的分析表明,中西部地区农民工务工地域已发生变化。2014年在中西部地区务工农民工所占比重由2010年的32.8%提升为39.9%,4年间增长了7.1%,明显高于来自中西部地区农民工21.6%的增长速度。这表明在中西部地区务工的农民工有了较快增长,也意味着大量新市民需要在中西部地区融入城市社会。在降低大城市常居或落户门槛的同时,还要提高中小城市功能,使新市民能够就近城镇化。从目前我国城市建设的情况看,中小城市的建设水平低于大城市,而中西部地区中小城市则明显低于东部地区(参见表6-4和表6-5)。

表6-4　2013年我国中小城市与大城市市政设施情况对比

城市类型	用水普及率 (%)	燃气普及率 (%)	建成区供水管道密度 (公里/平方公里)	污水处理率 (%)	生活垃圾 处理率(%)
特大及以上城市	0.99	0.98	0.17	0.93	0.96
大城市	0.96	0.92	0.14	0.88	0.97
中等城市	0.95	0.88	0.13	0.85	0.96
小城市	0.92	0.81	0.11	0.84	0.93

资料来源:根据国家统计局城市社会经济调查司:《中国城市统计年鉴2014年》,中国统计出版社和住房和城乡建设部:《中国城市建设统计年鉴2014年》,中国统计出版社有关数据计算。

表6-5　四大地带城市市政设施综合指数对比(2013年)

综合指数	东部	中部	西部	东北
特大及以上城市	0.566	0.551	0.549	0.556
大城市	0.540	0.532	0.530	0.536
中等城市	0.526	0.477	0.462	0.479
小城市	0.517	0.464	0.448	0.472

注:综合指数是对用水、供气、环保、城市道路等6项指标进行无量纲处理后加权得出。
资料来源:根据国家统计局城市社会经济调查司:《中国城市统计年鉴2014年》,中国统计出版社和住房和城乡建设部:《中国城市建设统计年鉴2014年》,中国统计出版社有关数据计算。

基于这种情况，加强中西部地区中小城市建设和发展，同样有利于促进新市民融入城市社会，这也是达成1亿人在中西部就近城镇化目标的要求。重点可考虑从以下方面着手：一是系统配套地支持城市建设。国家对于中小城市的支持已较多，但需要考虑成体系、配套化地支持。如表6-4所示，随着人口的增加，中小城市环保设施落后问题比较突出。目前国家对于环保设施支持大多限于修建污水处理厂，而污水管网系统建设和改造资金并不配套，因此出现了很多小城市有厂无网而污水无法处理的问题，这在自有建设资金缺乏的中西部地区更为突出。加强管网建设的支持，更利于中小城市居住条件改善。二是支持中西部中小城市拓展融资渠道。除了已有的融资途径外，还应增加更多的政策性金融支持，通过国家开发银行建立面向中西部地区中小城市的专项贷款是可以考虑的政策之一。三是国家支持城镇化的政策向中小城市，特别是中西部地区中小城市下沉。如可以考虑在中西部地区有条件的中等城市设立国家级新区。再如，国家新型城镇化规划提出要选择部分有条件的地方进行撤镇设市设区试点，在中西部地区可考虑适当放宽设市或设区的条件。又如，应在中西部非省会城市选择一批发展势头好的省级开发区升级为国家级高新区或经开区。四是支持县城或重点城镇产业发展。重点在园区建设资金、用地指标等方面加强支持。

四、培育全球科技创新中心为高效配置现代生产要素提供载体

我国已有城市具备了建设全球科技创新中心的实力，但从传统生产要素集聚中心向知识和科技创新中心转换，还需要加大改革力度和相关制度建设。

（一）我国已有城市初具实力

在美国这种经济、科技高度发达及城市间发展差距不大的大国中，全球性科技创新中心并不必然产生于纽约等已成为全球城市的城市中。在我国城市发展差距较大的背景下，全球科技中心的形成有赖于特大城市。

在全球多个著名机构对于世界范围内城市进行的评价中，我国香港、上海、北京和深圳等城市排名较为靠前，说明这些城市已拥有较强对外经济联系和广泛的全球市场，在资本集聚和进行创新等方面也具备了一定的实力（参见表6-6），这为全球科技创新中心的建设奠定了基础。

表6-6　我国城市在全球城市评价中位次

GaWC 世界城市评价(2012 年)①		A.T.kearney(全球城市指数 Global Cities Index(GCI))②(前25位排名)(2015 年)		Z/Yen(全球金融中心指数 Global Financial Centers Index(GFCI))③(前80位排名)(2014 年)		2Thinknow 全球创新城市排名(前100位排名)(2014 年)	
城市	位次	城市	位次	城市	位次	城市	位次
香港	3	香港	5	香港	3	香港	20
上海	6	北京	9	上海	16	上海	35
北京	8	上海	21	深圳	22	北京	50
深圳	118			北京	29	深圳	74

注:只引用了大陆城市和香港排名,未包括台湾地区城市。

资料来源:Globalization and World Cities Research Network.A.T. Kearney:Global Cities Index 2015,The race accelerates.Z/Yen Group:The Global Financial Centres Index 17,March,2015.2Thinknow:Innovation Cities Index 2014:Top 100 Cities.

（二）全球科技创新中心培育重在软环境建设

从上表中可以看出,我国几大城市科技创新方面的排名明显滞后于其他方面的排名,反映出我国在科技创新方面的相对落后。在上述各机构排名中,位于最前列的一般是纽约、伦敦和东京等城市。与这些城市相比,我国城市在硬件设施建设上已不落后,能否建成全球科技创新中心关键在于形成适宜创新的软环境。软环境的建设需要国家和城市政府共同努力。从国家层面而言,一是完善与技术创新相关的基础性制度建设。如形成完善的知识产权保护体系建设。再如,跟踪国际先进技术发展趋势及时制(修)订重点工业产品的技术标准等。二是给予城市更多制度创新试点和试验空间。国家新近发布的《关于在部分区域系统推进全面创新改革试验的总体方案》已在这方面迈出了重要一步。对于全

---

① 全球化与世界城市研究小组(GaWC)对全球308个城市网络(经济)联系性的变化进行分析。排名越在前表明城市与其他城市联系越密切,在全球的市场范围越大,在全球城市体系中地位越高。

② 全球知名管理咨询公司 A.T.Kearney 建立了全球城市指数(Global Cities Index(GCI)),通过企业活动、人力资本、信息交流、文化发展和行政地位5个方面27个因子对全球125个城市进行分析。

③ 全球性商业顾问公司 Z/Yen Group 创立多项知名市场指标,其中包括全球金融中心指数(Global Financial Centres Index),是全球金融中心排序的重要参考。

球创新中心还应给予更多的制度探索空间,要使相关城市能够探索建立符合国际惯例的运行规则,包括相对独立的司法和仲裁体系、风险投资制度以及国际水准高技术研发机构引进制度等。三是促进深港科技创新合作。如表 6-6 所示,深圳和香港科技创新能力都将较强,但两地具有不同的创新优势,加强两者合作对于提高我国全球性科技中心建设十分重要。重点是促进两地科研和生产要素的便捷流动,使两地共享科研力量、资金、市场等科技创新资源。四是强化对企业创新的支持。完善使用国产首台(套)装备的风险补偿等一系列机制。从城市政府看,一是加强技术创新公共服务。包括构建促进官产学研合作的服务体系和社会信用环境等,以及健全工程研究中心、工程实验室等公共服务平台等。二是加强与周边城市合作。依托城市群共同构建以城市—区域为基础的全球科技创新带。三是加强城市创新文化塑造。创造鼓励创新、宽容失败、多元文化包容的氛围,并加强宜居城市建设,因为良好工作和生活环境是吸引和留住科技人才的重要前提。

五、形成新兴中心城市为经济持续增长提供多极支撑

新兴的中心城市或是由现有中心城市的功能强化、调整、新增而成,或是由适应国家发展战略新成长起来的城市而成。核心功能不同、辐射影响范围不同的新兴中心城市,是我国经济持续快速增长的增长极。

对比 20 世纪 80 年代以来不同时期经济增长较快的城市可以看出,改革开放以来,支撑全国经济增长的城市经历了由沿海城市向内地资源富集城市转变,再向内地与沿海综合性城市转变的过程(参见表 6-7)。新常态下不同地区的城市对经济增长的推动作用也有所调整。沿海城市利用对外开放优势在本世纪前引领了我国的经济快速增长,今后一段时期将在推进经济转型和增强创新能力方面做出更多大贡献,而内地城市继续承担着本世纪以来提高经济增长速度的功能,只是这些功能可能会由资源富集城市向制造业基础和区位条件较好的城市转移。大体而言,以下几类城市将承担起国家层面、区域层面中心城市的功能。这些中心城市在不同范围内集聚和配置着劳动、资本和知识等要素,服务和支撑着创新驱动、全方位开放、工业升级等国家战略的实施。

表 6-7　不同时期经济增长较快的城市

	1981—1991 年	1992—2000 年	2001—2010 年	2011—2014 年
城市	深圳、广州、厦门、泉州、海口、宁波、杭州、温州、绍兴、青岛等	厦门、泉州、福州、东莞、惠州、深圳、宁波、台州、温州、杭州、北京、苏州、无锡、南京、淮阴等	鄂尔多斯、乌海、赤峰、包头、长治、榆林、铜川、宝鸡、石嘴山、天津等	贵阳、遵义、重庆、咸阳、宝鸡、昆明、泸州、天津等
省区	广东、福建、云南、海南、浙江	福建、广东、浙江、北京、江苏	内蒙古、天津、陕西、宁夏、重庆	重庆、天津、贵州、陕西、云南、四川

一是科技创新能力较强的城市。主要承担国家或区域性创新中心功能。借用 2Thinknow 对中国创新城市的排名,可以看出表 6-8 中所列城市更有可能成为全国性(枢纽及关键点城市)或区域性创新城市(节点城市)。这些城市大多为沿海城市。

表 6-8　2Thinknow(2014 年)中国创新城市排名

城市	全球排名	作用	城市	全球排名	作用
香港	20	枢纽	杭州	208	节点
上海	35	枢纽	长春	232	节点
北京	50	关键点	天津	234	节点
深圳	74	关键点	大连	236	节点
南京	127	节点	东莞	268	节点
苏州	182	节点	西安	272	节点
成都	189	节点	厦门	277	节点
广州	190	节点	武汉	280	节点

注:按城市创新能力大小,由高到低分为枢纽、关键点和节点城市。
资料来源:2Thinknow:Innovation Cities Index 2014:Top 100 Cities.

二是对外开放的门户城市。随着"一带一路"建设推进和构建开放型经济新体制改革的深化,除沿海地区已形成的城市外,新兴的对外开放的门户城市将加快发展,包括乌鲁木齐、昆明、南宁、重庆等内陆大城市,也包括沿边地区发展态势较好的城市,如满洲里、二连浩特、塔城、伊宁、阿克苏、喀什、日喀则、瑞丽、河口、凭祥、东兴等。

三是内地新兴的制造业中心。沿海地区要素成本上升后,一般性的制造业正在向外迁移,内地具有一定发展基础、交通通达程度较好以及接近消费市场的地区可能会成为国家层面和区域层面的新兴制造中心。受益于国家长江经济带等战略的实施，长江经济带沿江城市宜宾、泸州、宜昌、荆州、岳阳、九江、安庆、芜湖、马鞍山制造中心功能有可能进一步增强。京津冀协同发展将带动石家庄、保定等城市的发展。此外，京广京哈、陇海兰新及沪昆沿线的洛阳、衡阳、郴州、锦州、徐州、咸阳、宝鸡等枢纽或节点城市也有望强化区域性制造中心功能。

新兴中心城市的形成是各城市对新常态适应、对国家发展战略响应和相互竞争的结果，但国家的措施和政策也会发挥重要作用。一是加强区域性和网络化重大交通设施建设。在我国现行行政管理体制下，省区内交通设施通常是由省会城市向其他城市放射状修建，而各城市横向之间、跨行政区城市之间的联系通道并不完善，国家有必要加强这方面的支持。城市之间便捷的联系有利于要素向配置效率更高的城市流动。二是借助智慧城市等建设提升信息基础设施水平。在信息时代，对于"流"的掌控能力是城市中心性提高的重要条件。发达的信息基础设施有利于中心城市的成长和发展。三是把促进开放的各项政策措施落实到位。把新近通过的《关于构建开放型经济新体制的若干意见》和《关于沿边重点地区开发开放若干政策措施的意见》细化为可操作的政策措施，对于促进门户城市建设至关重要。四是加强新区新城建设和老城区改造，促进城市功能的改善。五是加大对扩能改造、设备更新、技术提升等领域技术改造的扶持力度。使新兴的制造中心能够适应"中国制造2025"的要求，为我国制造业转型升级提供平台，为实现制造强国的战略目标提供支撑。

分报告七：经济持续稳定增长的企业动力

企业是配置资源、组合生产、实现创新的重要市场主体。随着中国进入增速换挡、动力转换、结构优化的经济新常态，企业动力对经济持续稳定增长的重要性更加凸显。要通过全面深化改革，破除束缚企业发展的制度瓶颈与政策障碍，形成释放企业活力的体制机制与市场环境，激发创造力，增强竞争力，不断夯实经济持续稳定增长的企业动能。

一、加速技术进步与优化资源配置是企业推动经济持续稳定增长的重要动力机制

经济增长理论表明，生产要素数量与质量的提升、资源配置效率的改进以及技术进步，均会促进经济增长。企业活力足、竞争力强、经营效益佳，不仅有利于优化要素配置、提升生产效率、推动技术进步，使之成为助推经济持续增长的"发动机"，还有助于进一步带动投资、拉动消费、促进出口，使之成为促进经济平稳增长的"调节器"。因此，要发挥企业促进经济持续稳定增长的功能，就必须释放企业活力、激发企业创造力、增强企业竞争力。

根据企业生命周期理论，可以将企业生命周期大致划分为新进、成长和衰老三个阶段。尽管处于不同生命周期阶段企业的战略目标、组织结构和市场行为并不一致，但优化资源配置、加速技术进步始终是企业推动经济增长的两条重要机制（参见图7-1）。例如，新进阶段主要包括创立新企业和外资企业进入，其中创立新企业将加剧企业之间的竞争，实现更高的市场交易效率和绩效，部分创业者还将促进中间产品的创新，通过增加多样性刺激经济增长。另外，创业者将开发在位企业未商业化以及科研机构所创造的新知识所产生的潜在机会，有力促进知识溢出。外资企业进入将使本土企业面临更激烈的竞争，同时带来先进技术和管理经验为

主要内容的知识溢出。前者将提升资源配置效率，后者将推动技术进步。成长阶段和衰老阶段，企业将实施对内对外扩张，积极实施创新战略和品牌战略，并通过收购、重组、破产等方式加速退出或进入新周期。企业改革既可以来自企业成长的内部，也可以来自外部体制改革，它们不仅加速企业内部的技术创新和资源配置优化，还将实现知识的跨部门溢出和资源的跨部门配置。随着企业在不同生命周期阶段分布的不断优化，整个经济的活力和竞争力将大幅提升，为经济持续稳定增长提供关键动力。

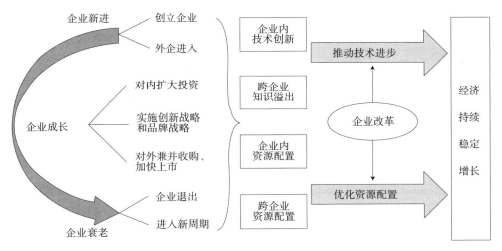

图7-1 企业推动经济持续稳定增长的动力机制

二、改革开放以来民营、外资与国有企业发挥各自优势有力支撑经济持续稳定增长

改革开放以来，民营、外资与国有三类企业主体发挥各自在优化资源配置、加速知识溢出与保持宏观稳定方面的优势，成为保持经济高速发展的重要动力支撑。

民营企业依靠灵活机制促进资源配置效率改善。十一届三中全会以后，我国对民营经济的认识先后经历了"允许私营经济的存在"、"承认其是社会主义公有制经济的必要补充"、"是社会主义市场经济的重要组成部分"以及"要毫不动摇鼓励、支持、引导非公有制经济发展"的不同阶段，民营企业获得空前发展和壮大，逐步成为我国经济增长的重要力量。民营企业产权相对明晰、市场嗅觉更为灵敏、内部机制更加灵活，在资源配置效率等方面显著高于国有企业（表7-1）。民营企业数量的扩大有力地提升了全社会的平均生产率,促进了经济增长。

表 7-1　2010 年国有企业与非国有企业资本生产率比较

行业	国有企业资本生产率	非国有企业资本生产率
采掘业	0.67	1.67
制造业	0.65	0.95
建筑业	2.11	3.06
批发零售业	1.66	3.73
住宿餐饮业	0.60	1.04
金融业	9.42	9.00
房地产业	3.01	6.74

资料来源:许召元、张文魁:《国企改革对经济增速的提振效应研究》,《经济研究》2015 年第 4 期。

外资企业立足综合优势加速技术扩散知识溢出。在自上而下推动改革开放的过程中,我国以建立经济特区为抓手不断加快引入外资的步伐。三十年来,我国引进和利用外资政策虽经历了若干调整,但更多更好利用国外资金、资源、技术和管理经验的基本方向没有变,多层次、多渠道的全方位开放格局已然形成。外资企业的进入,加剧了产业内竞争,迫使本地企业更加有效地利用资源,同时也成为技术、管理方面的标杆,降低了内资企业模仿和获取知识溢出的成本。测算表明,外资企业的综合技术效率高于国有企业,2008 年民营企业的综合技术效率超过外资企业(图 7-2)。这说明外资企业的知识溢出效果明显,但相较以前将趋于减弱。外资企业的进入有力地加速了知识溢出和技术进步,促进了经济增长。

国有企业控制关键行业保障宏观经济稳定增长。国有企业是我们党和国家事业发展的重要物质基础和政治基础。改革开放以来,通过实施一系列改革,有力发挥了国有经济主导作用,不断增强国有经济活力、控制力、影响力。国有经济进一步向关键行业和领域集中,对经济的控制力明显增强,有力地保障了宏观经济的平稳运行。在竞争性领域实现了有进有退,放大了国有资本功能,提升了国有经济效率(图 7-3)。与此同时,国有企业还承担着弥补市场失灵、提供公共物品、落实政策目标等责任。通过改革,国有企业在微观运行效率和宏观经济稳定的有机统一上不断取得进展,促进了经济增长。

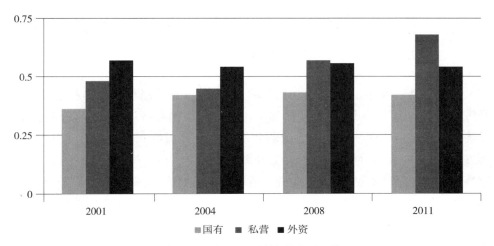

图 7-2 三类企业的技术效率值比较

数据来源:根据《中国统计年鉴》和《中国工业经济统计年鉴》数据计算。

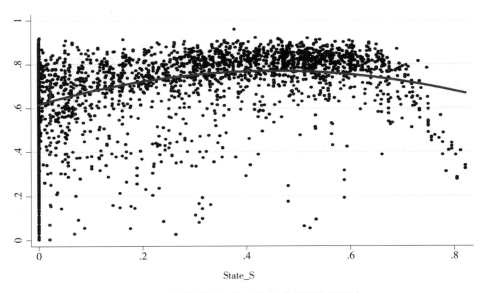

图 7-3 国有股占比与企业技术效率关系拟合

注:纵轴为根据 E(exp(-u)|e)估计的技术效率值。State_S 代表国有股占比。

资料来源:国家发改委经济研究所课题组:《促进混合所有制经济发展研究》,国家发改委宏观经济研究院重
    点课题,2014 年 12 月。

三、企业支撑经济持续稳定增长面临内生动力减弱和动力升级迟滞的双重挑战

金融危机以来,国际经济出现复苏前景不确定、复苏路径分化等新特征,国内经济不平衡不协调不可持续问题更加突出。随着中国经济进入新常态,企业支撑经济持续稳定增长面临内生动力减弱和动力亟待升级的双重挑战。尤其是2015年以来,企业内生动力持续减弱,动力升级进展缓慢。在微观层面表现为民营企业家持续经营的意愿不足,外资企业进入减缓和流出加快,大量国企处于高产值低利润的尴尬境地。在宏观层面则表现为固定资产投资同比增速降幅较大,制造业PMI指数数次跌落至荣枯线以下,规模以上工业企业增加值同比增速和利润出现明显下降,经济明显出现"实冷虚热"现象,部分行业领域出现大量"僵尸企业"拖累经济增长。

（一）内部治理机制不顺和企业家信心不足是导致双重挑战的内在原因

对民营企业而言,部分民营企业家仍停留在改革开放初期的旧思维,往往身兼创立者、所有者和管理者多重角色,维持家族式的封闭治理,在排斥职业经理人的同时忽视对接班人的培养。民营经济的高速发展掩盖了这些问题,但给民营企业成长带来极大地不确定性,也增加了决策失误的可能。当前,民营企业已经进入需要规范治理、实现规模发展的新阶段。随着企业不断做大做强,理顺治理机制、形成科学决策的重要性日益突出,缺乏合理的治理机制将使民营企业在经济下行时更易被企业所有者的主观臆断左右,在缺乏专业判断的情况下容易产生信心不足等畏难情绪,很难形成科学合理的决策。

对国有企业而言,缺乏科学合理的内部治理机制则属于久治未愈的痼疾。"内部人控制"、国有股"一股独大"和国资监管部门"管人管事管资产"等问题长期未得到根本性解决,一方面扭曲了激励机制,造成国企负责人更倾向于做大而没有动力去创新升级、做强做优,企业家精神与创新创业意识缺失,另一方面阻碍了治理机制发挥作用,在缺乏监督制约等有效制衡的情况下,企业决策容易过于保守或冒进。

（二）传统比较优势弱化和企业营商环境不佳是导致双重挑战的外在原因

随着国际国内经济环境发生深刻变化,我国具有的传统比较优势不断弱化,对企业依靠传统动力实现增长和加速新旧动力转换接续带来困难。从要素来看,最为明显的是要素资源供给出现结构性调整、要素成本上升较快。高学历人才的供应相对充足,但高级技工、农民工供应出现总量和结构短缺并存的现象。用工成本上升过快、厂房租金上涨、人民币升值预期稳定也使得我国制造业成本骤升。数据表明,在美国生产的成本比中国仅高4.5%(图7-4)。从产品来看,劳动与资源密集型产品比较优势明显弱化,传统优势部门正在下坡、新兴优势部门正在上坡两种现象交织,这使得出口增长在外需本已疲弱的情况下更加艰难。传统比较优势的弱化使企业利润大幅下降,进而影响了企业进行研发的能力和动力。

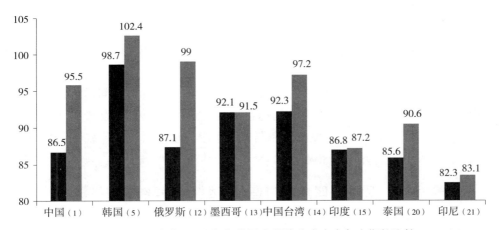

图7-4 2004年与2014年部分国家制造业成本竞争力指数比较

注:圆柱和方柱分别代表2004年和2014年数据(当年基准指数美国=100)。国家名称后括号内的数字代表该国(或地区)出口额的排序。中国的指数值为95.5(美国为100),这表明在美国生产的成本比中国仅高4.5%。而2004年中国的指数值仅为86.5。

数据来源:BCG。

当前,仍然存在创业成本偏高、政府管制过多、企业融资不便、新型政商关系不顺、市场退出机制不完善等影响企业营商环境的问题,对企业活力造成了极大束缚。例如,我国创业的最低资本要求与程序等方面仍有待完善。根据世界银行的报告,2015年我国创业环境的得分位列世界128位,比企业营商环境总评分的90位还低38位,成为拉低我国整体营商环境质量的一大短板。石油、电网、军工、金融等领域虽名义上对民营经济开放，但在实际操作中设置过高门槛和不合理条款，对互联网金融等新兴领域实施了严格的监管等。受虚拟经济大幅波动的影响，多次降准降息降低企业融资成本的效果被部分抵消，部分银行抽贷现象严重，使得一些经营信用和前景较好的企业也因短期周转困难面临资金链断裂的风险。在反腐力度空前加大的情况下，政府和企业对于新型政商关系还很不适应，政府部门从"乱作为"开始转化为"不作为"，在相关部门"滴水不进"的情况下，习惯于"走偏门"的企业也顿时感到手足无措。市场退出机制是确保企业优胜劣汰这一自然过程的关键途径，但由于地方保护主义、员工安置困难等各种原因，还大量存在政府出面维持"僵尸企业"的现象，使市场退出机制无法发挥正常作用。"僵尸企业"不仅挤占了其他企业本该可以高效配置的资源，还扭曲了产业结构、增加了供需矛盾，对经济增长造成拖累。另外，在我国外资政策出现了战略性调整、我国企业与外资企业的竞争态势出现深刻变化和发达国家实施"再工业化"战略等多重因素叠加下，部分外资企业认为我国的投资环境大不如前，进入我国的步伐有所放缓。

四、夯实未来经济持续稳定增长的企业动力要多措并举

当前和今后一段时期，我国经济仍将处在下行通道的合理区间运行，但经济增长内生动力不足和动力转换乏力的问题将更加突出。从企业层面来看，应着重通过"双创""四众"、企业改革、放松管制与兼并重组等途径培育和释放企业活力，夯实未来经济持续稳定增长的企业动力。

（一）利用"双创""四众"，打造分享型经济和创业型经济

麦肯锡的估算认为，如果中国要在2025年时仍保持5.5%—6.5%的经济增长率，那么三分之一到一半的增长必须来自改善全要素生产率，足见创新创业对未来经济增长的重要性。长期以来，我国存在创业创新氛围不佳、科技经济结合不紧、创新创业理念落后等弊端，"双创""四众"直指上述三大弊端，为企业创新发展开辟了更广阔的空间。当前，我国机会型创业比例不断增加，创业对经济增长的正向作用正在显现。因此，必须利用"双创""四众"打造分享经济与创业经济的机会窗口，降低企业创业创新的成本和风险，培育经济持续稳定增长的企业新动力。

要充分发挥"双创""四众"在培育企业新动力的作用，关键是要加强主体互动、发挥平台作用、营造良好生态。要围绕产业链部署创新链、围绕创新链完善资金链，加强企业与学研机构、用户之间的互动，形成人才双向流动和技术参与分配

的良性机制，推动产学研用协同创新，促进知识与创意源源不断流向企业，使创新创业贴近市场、贴近需求。要搭建技术、资金、服务与信息等各类开放型平台，促进技术解决方案互享、资金融通互助、服务便利与信息公开，通过集众智、汇众资，不断降低新创企业的创新创业成本与风险，打造"人人互助、人人受益"的分享经济。要在全社会树立崇尚创新创业、扶持创新创业的氛围，通过加强全社会以创新为核心的创业教育，厚植创新文化和企业家精神，使创业创新成为所有企业的共同价值追求。

（二）以加快市场化兼并重组为方向，健全市场退出机制

兼并重组既是企业加强资源整合和提高竞争力的有效措施，也是化解产能严重过剩矛盾及调整优化产业结构的重要途径，它有助于企业快速发展，促进经济提质增效。尤其是在我国经济减速下行和结构转型调整背景下，推进企业通过兼并重组淘汰落后产能和化解产能过剩，可以发挥企业规模优势，优化产业组织结构，实现"僵尸企业"的市场化退出，在盘活资源存量、优化增量配置的基础上增强企业竞争力，支撑经济持续稳定增长。

健全市场退出机制需要加快市场化的兼并重组，关键是要落实政策、强化服务、防范风险。要严格落实国家对淘汰落后产能，加快相关产业兼并重组的各项政策，同时应依法兑现政府的相关承诺，对法律修改、标准变更、政策调整等导致的特殊情况应对企业作出足额弥补，必要时应启动问责程序。要弱化政府的直接参与者身份，强化企业的主体身份，发挥市场在资源配置中的决定性作用，杜绝"拉郎配"。完善企业信息披露的监督机制，确保企业信息准确、及时披露，坚决防止以兼并重组为名盲目扩张产能和低水平重复建设。帮助和指导企业识别、评估兼并重组中面临的市场、财务、职工安置等风险。积极防范企业兼并重组中出现的融资风险、信用风险和地区保护主义，提高企业参与兼并重组的动力。

（三）发展混合所有制经济，促进国企改革和助力民企成长

国有企业和民营企业都是促进经济持续稳定增长的重要力量。一方面，民营经济的 GDP 占比不断提高、民营企业目前雇佣约五分之四的城市职位，这说明民营企业已经成为加速经济增长、稳定社会就业的重大力量。另一方面，国有企业也不能完全仅从效率角度予以评价，它毕竟承担了弥补市场失灵、实现政策目标的职能。由于国有企业控制国家关键行业和领域，又是党和国家事业发展的重要物质基础和政治基础，因此必须坚持做优做强。从完善基本经济制度的高度发展混合

所有制经济,重塑市场微观主体,深化国有企业改革,促进民企治理规范化,拓宽民营经济的成长空间,促进不同所有制经济实现优势互补、共同发展。通过提升企业管理水平和经营效率,强化经济持续稳定增长的企业内生动力。

要发展混合所有制经济促进国企改革和助力民企成长,关键是要强化制衡、创新方式、营造环境。要通过股权进入和退出实现企业治理结构的优化,切实发挥董事会、监事会、股东大会和经理层的作用,形成相互制衡、有效监督的机制。既要推进子公司层面和地方国有企业的混合所有制改革,也要推进母公司层面和中央企业通过整体上市等多种渠道实现股权结构优化,还要在竞争性领域大力发展民营资本控股的混合所有制企业,引导民营企业完善企业治理结构。要创新混合所有制经济的实现方式,既可以通过国有股权进入、退出和员工持股实现,也可以通过实施特殊管理股、优先股、金股等制度安排实现。要平等保护各类产权,健全多层次资本市场体系,健全相关法律法规,鼓励中小企业加大内部管理投入,促进中小企业主向企业家的实质性转变,提高中小企业主的知识产出能力,以提高中小企业资源的使用效率,从而提高我国要素的整体使用效率。

（四）深化行政管理体制改革,破除限制竞争的行政壁垒

尽管本届政府成立伊始大力推进简政放权、放管结合、优化服务,并取得积极成效,但根据2015年世界银行的报告,我国的企业经商环境得分位列全球第90位,而创业环境的评分更低。这说明与发达国家相比,我国企业的外部营商环境还存在诸多问题。当前,我国许多地区仍存在政府职能转变不到位问题。在客观形势下,一方面地方政府创新发展、振兴经济的主体动能与积极性有所减弱,单靠政府主导经济发展的传统方式很难走出困局,另一方面企业长期受到过多管制和束缚,其活力和竞争力持续下降,难以形成对经济持续稳定增长的有效支撑。

优化企业发展的空间和环境,关键是要深化行政管理体制改革与破除限制竞争的行政壁垒并举。要大力建设法治政府、责任政府、诚信政府和服务型政府,制定好负面清单、权力清单和责任清单,构建事前预防、事中检查、事后查处有机结合的长效监管机制,夯实社会信用体系基础,进一步简化审批程序,通过设立"政务超市"、"中介服务超市"等手段主动为企业提供优质服务。要破除行政性垄断行业,落实基础设施、公用事业、金融服务等垄断领域向民资开放政策,清除招投标和购买服务的市场壁垒,明确民办机构或设施的产权属性与收益渠道,清除跨区连锁经营的障碍,用好民营企业通过参与国有企业发展混合所有制经济进入特定领域的机会,提高企业进入意愿和市场盈利前景。

分报告八:经济持续稳定增长的改革动力

"十二五"以来,随着内外部发展条件变化,我国经济经历了增长速度持续下行过程,这种下行倒逼改革进度和力度。"改革是中国经济最大的红利"。应对当前经济增速下行压力,从过去的做法来看,大规模扩大投资,增加财政赤字,增加货币供应,实施强刺激政策,都能在短期内促使经济增速止跌回升。从"十三五"发展阶段任务看,我们要的不是短期高速增长的回归,而是要中长期持续稳定增长,这就需要从根本上转换经济增长动力,深化改革就是要为实现增长动力转换提供体制机制保障。

一、改革是推动经济持续稳定增长的重要动力

(一) 改革是我国经济长期增长的关键因素

改革开放以来,我国至少有三个经济持续稳定增长的阶段(1981—1984 年,1990—1993 年,1999—2007 年),同期经济体制改革取得重大突破。30 多年改革开放的历史证明,经济增长周期与改革红利释放存在着十分紧密的联系,我国经济增长经历三次大的上升,无一不是与深化改革有关。因此,从历史视角看,改革开放提高了资源配置效率,拓展了资源配置空间,增强了我国经济增长动力,是实现我国经济长期增长的关键因素。

表 8-1　形成经济持续增长的三个重要改革阶段

时间		经济增长	重大改革任务
1981—1984 年	1981 年	5.2%	农村改革红利蓬勃释放。出台《中共中央关于经济体制改革的决定》,决定设立一批沿海开放城市。
	1982 年	9.1%	
	1983 年	10.9%	
	1984 年	15.2%	
1990—1993 年	1990 年	3.8%	解放思想,突破姓资姓社争论。城市改革、国企股份制改革释放红利。十四届三中全会明确社会主义市场经济的顶层设计。
	1991 年	9.2%	
	1992 年	14.2%	
	1993 年	14.0%	
1999—2007 年	1999 年	7.6%	1998 年推进了力度空前的国务院政府机构改革。1999 年宪法修正案明确非公有制经济是我国社会主义市场经济的重要组成部分,非公经济发展在这一阶段取得重要突破,大大促进了社会生产力的发展。2001 年中国加入世界贸易组织,市场开放倒逼国内改革。
	2000 年	8.4%	
	2001 年	8.3%	
	2002 年	9.1%	
	2003 年	10.0%	
	2004 年	10.1%	
	2005 年	11.3%	
	2006 年	12.7%	
	2007 年	14.2%	

资料来源:课题组根据《中国统计年鉴》数据整理。

（二）正确认识改革对经济增长兼具长期和短期影响

长期来看,改革是经济增长的长周期变量,是长期经济增长的关键因素。短期看,改革对经济增长具有"双刃剑"效应。

1. 一些改革能直接带动经济增长。早期推行农村家庭联产承包责任制,充分激发了农民的积极性和主动性,农业生产能力和效率都在较短时期内得到迅速提升。随着市场竞争需要,我国逐步推进基础产业领域放宽准入的改革,通讯、电力、交通等发展迅速。本届政府大力推进简政放权改革,特别是改革和简化工商登记注册制度,新增企业注册数量呈现井喷式上升。

2. 一些改革可能会对短期增长产生负面影响。改革要推进转方式和调结构,需要牺牲一定的经济增长速度。比如化解过剩产能,加强对国企治理的管理,加强对地方财政和投资的管束,清理银行影子业务,严控不合理公共消费等,经济增速呈现不利影响。最近一段时期,清理各种阻碍市场公平竞争的做法和优惠政策,也会对一些地方的发展产生影响。

3.改革对增长的主要作用是长期效应。改革是增长的长周期变量。经济的长期可持续增长靠改革形成制度红利,经济发展中积累的各种风险也需要通过改革来化解,改革推进经济发展方式转型,提高经济可持续发展能力。

(三) 当前经济增长放缓是结构性调整阵痛期的阶段问题

对于当前经济下行的成因,有两种不同认识:一种观点认为是周期性因素导致,全球经济下滑是共同外因(以林毅夫、李稻葵为代表)。判断依据是中国、印度、韩国、巴西等国在 2010—2013 年经济下降的趋同规律,由此认为我国潜在增长率仍较高,提出的政策建议是从投资、消费入手来扩大内需。另一种观点认为是结构性原因导致,TFP 降低是根源(以蔡昉、刘世锦为代表)。判断依据是本轮经济下行时失业率稳定、劳动力供给下降、企业成本增加、企业盈利模式亟待转变,提出的政策建议是慎用应对周期的扩张性财政政策和宽松货币政策等手段,需要靠深化改革提高 TFP。综上分析,我们认为导致当前经济下行主要是结构性因素,我国经济增长进入动力转换阶段,稳增长政策重点应放在通过改革提升潜在增长率和形成新增长点上。因此,保持经济持续稳定增长要坚持向改革要动力,保持全面深化改革的战略、决心和定力。

二、新常态下经济增长的改革动力转换

我们分析认为,保持"十三五"经济持续稳定增长,不是简单重复过去的增长方式,而是要着力实现新旧增长动力的转换。着力实现四大动力转换,即:高速向高效动力转换,公共消费向大众消费动力转换,要素驱动向价值创新驱动的动力转换,行政推动向市场主体内生增长动力转换。

(一) 经济高速增长向经济高效增长的动力转换

实现速度动力转向效率动力,是增长动力转换的第一个重要任务。传统规模增长的动力作用减弱,产能过剩突出,资源消耗多,产业效率低,国有企业的效率不高。当前,我国企业成本在不断上升,企业盈利模式亟待转型。据相关研究,当我国经济增长速度低于7%时,企业盈亏比会超过40%,而美国企业在经济增长率2%—3%,日本企业在增长率1%或零增长时,大多数企业仍能盈利。为此,要提高

全要素资源配置效率,提高政府服务效率,通过着力提高质量和效率促进经济增长。

（二） 公共消费向大众消费动力转换

当前,消费对经济增长的拉动作用愈来愈明显。今年以来,消费对经济增长的贡献率已达 60%。随着人均收入、工业化程度等不断提高,投资拉动经济增长的效应在长期持续下降,并将最终导致经济增长的动力不可避免地从投资主导转向消费主导。我国最终消费率比世界平均水平低近 20 个百分点,居民消费需求潜力十分巨大。近年来,政府部门、国有企业等公共消费加快调整,一些不合理的消费被有效遏制,但居民消费增长态势好,新消费热点不断涌现,大众消费潜力正在释放。与此同时,政府加大民生服务业也是提升大众消费的范畴。我国市政基础设施和公共服务升级还有很大空间,城乡基础设施和公共服务体系建设仍存在很大缺口。这些投资项目更强调现金流的支撑,对消费拉动的重要性也日益凸显。

（三） 要素驱动向价值创新驱动的动力转换

我国企业主要靠劳动力、自然资源等低要素成本参与国际竞争的条件正在发生深刻变化,劳动力成本明显上升,比较优势已不明显。今后,劳动力成本只会继续上升,资源环境使用成本明显提高,粗放型发展方式已无前路。雾霾、水污染、土壤污染负面效应突出,人民群众对改善生态环境的要求越来越迫切。依靠低要素成本实现增长的时代已经结束,创新成为在新的发展环境下的新动力。通过创新打破原有的要素组合和生产条件,提高全要素生产率,成为未来我国获得持续稳定增长动力的必然选择。近年来,我国创新活力开始显现,新技术和商业模式不断涌现,"创客空间"、"梦想小镇"等新的经济社会组织形式和服务平台也在推动创新创业的同时,使创新创业的主体从"小众"到"大众"、蕴藏在人民群众中的创业热情和创新细胞活跃起来,不断汇聚成推动发展的巨大动能。当前,新一代信息技术与制造业的深度融合,正在引发影响深远的产业变革,形成新的生产方式、产业形态、商业模式和经济增长点。

（四） 行政推动增长向市场主体内生增长的动力转换

改革开放三十多年来,地方政府是推动中国经济高速增长的重要力量。财政分权下的地区竞争为经济发展提供了激励机制和动力机制。目前,地方政府的激励和约束机制发生了重大转变,地方政府利用杠杆的能力大幅降低,推动经济增长的动力减弱,动力转换十分必要而且紧迫。从世界银行发布的《2015 年全球营商环境报告》来看,中国的营商环境在统计的 189 个经济体中列第 90 位,政府管制仍较多。因此,实现经济持续稳定增长需要推动由行政力量推动经济增长向市场主体内生增长的动力转换。中国有 13 亿人口、9 亿劳动力、7000 万企业和个体工商户,激发市场主体微观活力将释放经济增长的巨大能量。

表 8-2 部分经济体营商环境全球排名

主要指标	新加坡	中国香港	韩国	美国	英国	越南	老挝	中国
营商环境	1	3	5	7	8	78	148	90
开办企业	6	8	17	46	45	14	19	15
办理施工许可证	2	1	12	41	17	7	18	24
获得电力	11	13	1	61	70	22	21	20
登记财产	24	96	79	29	68	5	11	6
获得信贷	17	23	36	2	17	5	20	11
保护少数投资者	3	2	21	25	4	15	21	16
纳税	5	4	25	47	16	25	22	19
跨境贸易	1	2	3	16	15	10	24	16
执行合同	1	6	4	41	36	7	15	6
办理破产	19	25	5	4	13	14	23	7

资料来源:世界银行:《2015 年全球营商环境报告》。

三、改革对潜在经济增长的贡献测算及具体着力点

潜在增长率反映的是一个经济体由供给方因素所决定的中长期增长能力,是当资源高效合理利用时经济可能达到的最高产出。劳动力供给(L)、资本供给(K)和全要素生产率(TFP)是影响潜在增长率的主要因素。

(一) 基本模型

本文基于新经济增长理论,构建一个包括技术进步的经济增长因素贡献率计算模型,计算 K、L、TFP 对经济发展的解释力,打包主要领域改革,分析改革通过影响 K、L 和 TFP 会推动多大程度的潜在增长率变动。结合对已有研究的综述性评论,将 C-D 生产函数剩余项中改革可能的影响进行定性分析,综合得出改革提升

潜在增长率的效应。对索洛剩余法进行改进,建立 C-D 生产函数:使用 SPSS 统计软件,用最小二乘法对我国 1993—2013 年数据进行多元回归模拟,结果如表 8-3 所示:

表 8-3　回归结果

待估参数	估计值	t 统计量
常数项 ln(A)	1. 059	0. 18
劳动力 L	0. 258	0. 48
资本存量 K	0. 4434	4. 85
研发资本存量 T	0. 2511	3. 09
R2 = 0. 9975　F = 2638. 15		

从回归结果可以看出,我国过去 20 年的经济发展中 K、L 和 T 对经济增长有较大的促进作用,可以解释大部分的经济增长,资本存量弹性较高,为 44. 34%,劳动力弹性为 25. 8%,研发资本存量的弹性为 25. 11%。通过弹性系数 * 要素年均增长率/GDP 年均增长率,计算出要素对经济增长的贡献份额,其中 K 为 49. 3%,L 为 9. 3%,T 为 32. 9%,仍有约 8. 5%的贡献份额是模型无法解释的,可归结为人力资本、体制改革、规模和管理效率等其他因素。

(二) 改革增加 L 提升潜在增长率的效应

1. 户籍制度改革增加 L。据测算,2013—2020 年,由农村向城市转移的劳动力人口约为 4000—6000 万,年均转移就业 L 约 700 万人。

2. 延迟退休政策增加 L。预计到 2020 年,延迟一年退休可增加劳动力供给 1811. 35 万人。我国延迟退休政策是渐进调整步伐,2015 年改革将女性高级专业技术人员退休年龄提高至 60 岁,我国专业技术人员有 5500 万人,其中高级专业技术人员约占 35%,假设女性占其中 1/4 比例,则会新增劳动力供给 480 万人。

3. 行政审批和商事登记制度改革增加 L。2014 年 3 月至 2015 年 2 月,私营和个体就业人员从近年每年增长 2000 万人左右上升为 2800 万人。由于主要增加的是私营和个体就业人员数,按此估算则带动 L 增加 800 万人,占我国 2015 年城镇新增就业人数 1300 万人的 62%。第一和第三项改革会有抵消因素,根据《2014 年中国私营企业调查报告》,在个私企业就业人员中一半以上是农民工,由此估算第一和第三项改革拉动的劳动力供给增长约为 1080 万人,三项主要改革拉动劳动力供给增加 1560 万人，占 2014 年劳动力投入总数的 2.02%，我国劳动力平均产出弹性为 0.258，这将使经济增长提高约 0.5 个百分点。

（三）改革增加 K 提升潜在增长率的效应测算

1. 行政审批和商事登记制度改革增加 K。2014 年 3 月至 2015 年 2 月，全国新登记注册市场主体 1340.73 万户，注册资本（金）22.38 万亿元。新增企业注册资本金的增长会对原有企业存量产生挤出效应，若保守估计其中 10% 为市场完全新增注册资本，则该项改革拉动资本投入增加 29630 亿元。

2. 税制改革增加 K。据有关测算，2015 年减税降费约 4000 亿元，假设减税降费所积累的资金会全部用于投资，抵消政府投资占政府支出的比重 25%，可增加投资 3000 亿元。

3. 投融资、收入分配和社保体制改革增加储蓄转化为投资的比例。2014 年我国城乡居民储蓄存款总额 542401.57 亿元，若其中 2% 的比例可通过激活社会资本投资、完善社保和收入分配制度带动起来，可利用的储蓄额有 10848 亿元，我国储蓄投资转化率较低，约为 0.4，拉动投资 4339 亿元。以上三项改革加总估算的 K 增长约为 29719 亿元，占 2014 年资本存量的 1.69%，我国资本平均产出弹性 0.44，这将使经济增长提高约 0.74 个百分点。

（四）改革增加 TFP 提升潜在增长率的效应测算

1. 科技体制改革推动技术创新。根据《国务院关于加快科技服务业发展的若干意见》指出"到 2020 年科技服务业发展规模将达到 8 万亿元"，若假设均速增长，2015 年科技服务业增加值将达到 14190 亿元，若假设 2015 年经济增长速度为 7%，科技服务业将提升经济增长 0.6 个百分点，技术平均产出弹性 0.2251，科技体制改革拉动经济增长约 0.15 个百分点。

2. 国企和垄断行业改革增加 TFP 拉动经济增长效应。已有研究表明，若每年有 5% 的国企进行改革，并持续十年，则每年约可提高经济增速 0.33 个百分点；若每年有 10% 的国企进行改革，则可使经济增速平均每年提高 0.47 个百分点。

3. 其他体制改革、人力资本和管理等其他要素改革增加 TFP 提升潜在增长率的效应。涉及改革内容繁杂，较难准确测算，保守估计改革合计拉动经济增长 0.3 个百分点左右。

改革提升潜在增长率的总体判断：从可计量的重大改革措施推动经济增长的效应来看，改革可以推动经济增长提高 2.02 个百分点。考虑到各领域改革相互交织,必然存在效应抵消和效应提升两方面力量,综合判断,改革将提升潜在增长率1.8—2.3个百分点。

四、"十三五"经济持续稳定增长的改革重点

以四个提升为重点,深化改革,健全体制机制,为提升大众消费活力、产业转型升级引力、创新创业动力、政府精准服务和精准调控能力提供保障。

（一）加快健全释放大众消费动力的体制机制

1.深化收入分配改革,持续增加居民有效消费能力。争取在"十三五"期间,每年推出一到两项收入分配领域的重大改革。清理收入分配领域阻碍劳动力自由流动的各种规定和做法,让劳动力真正自由流动起来。实施社会普通劳动者阶层"收入梦想"计划,建立以工资为主的劳动收入形成机制。健全适应统一劳动力市场要求的市场工资制度,优先解决已经占到城市职工总数将近一半的两亿多农民工与城市职工实行同工同酬的问题。推进要素按贡献参与分配改革,建立员工持股制度,拓宽股权资本收益。增加城镇居民和企业员工股份收益,加快农村集体经济组织股份制改造,增加农村居民的集体股份收入。建立健全国有土地、矿产、油气、海域、森林、水资源等公共资源有偿使用收益全民共享机制。必要的时候,每年用国有企业上交红利的一部分,由政府向国民派发"现金红包"。

2.降低企业社会保险和税费负担,鼓励企业提供就业岗位。以基础养老金全国统筹为契机,平衡区域缴费负担,将职工基本养老保险的缴费比例下调2个点。将城镇私营单位纳入社平工资统计范围,降低实际缴费基数。加快健全以税收、社会保障、转移支付为主要手段的再分配调节机制。加大对教育、就业、社会保障、医疗卫生、保障性住房、扶贫开发的投入和转移支付力度。鼓励基金积累,逐步弹性做实个人账户,并推动个人账户市场化运作。试点探索老年长期护理保障制度,促进老年服务业发展。推进基本医疗保险经办机制改革,促进医疗服务消费发展。进一步减轻企业负担,实施涉企收费清单制度,建立全国涉企收费项目库,取缔各种不合理收费和摊派,加强监督检查和问责。

3.加快新兴消费动力发展,设立一批大众消费试验区。改进政策支持力度和方式,鼓励居民生活改善型消费和居民低碳环保绿色消费。鼓励家庭和政府部门、企业购买使用新能源汽车,取消纯电动汽车购买限制。加快流通体制改革,降低消费成本。进一步鼓励大众假日经济发展,研究将周末等节假日纳入小客车过路费

减免的办法,配套推进燃油税改革,直至逐步取消7座以下客车过路费。扶持物流企业,鼓励电子商务发展。研究扩大住房公积金用于家庭消费的办法。支持一批消费金融公司发展。研究完善和调整节假日制度,探索实施大中小学春季假期制度,推行寒假、春假、暑假三个假期。研究设立一批消费发展试验区。

4.加强改善消费环境的制度建设和监管改革,让人们买到安全放心产品。建立全国统一的消费市场监管体系,提升市场监管机构的权威性、独立性、专业性。提高国内消费品的质检标准,统一企业在国内外销售产品的标准,鼓励企业研发的首台(套)技术和新型设计产品在国内优先销售。建立国内消费品溯源体系,加强消费品质量安全立法。建立有效的消费者权益仲裁机制。改善国内消费环境,围绕消费者权益保护建立健全消费市场体系。降低和调整以补贴国外消费者为主的出口退税政策,健全对国内消费补贴的财政政策,实现财政补贴由补贴生产者为主向补贴消费者为主的转变。制定实施加强和规范网络交易商品质量抽查检验的具体意见,制定流通领域商品质量监督管理办法,制定网络购物七日无理由退货实施细则。

5.将公共消费重点转向面向大众的民生服务,增加社会服务消费。推进实施一批民生领域重大项目建设,加快城市地下综合管廊管沟、城际快速铁路、无线通信网络建设。积极运用PPP模式,鼓励各类社会资本进入社会服务业。推动教育、医疗、养老、文化、体育等社会服务供给多元化发展,培育养老家政健康消费、教育消费、旅游休闲消费、文化体育消费、医疗保健消费等新领域。全面推进城市公立医院改革,鼓励开发性金融参与公立医院改制。改革《民办非企业单位登记管理暂行条例》,承认并解决好社会资本投入非营利机构的合理回报问题。

6.严格规范政府部门和国有企业公共消费,向大众消费转化。政府举办的度假中心、培训中心、疗养中心、高级宾馆等,除特殊保留之外,逐步向社会资本出售。一部分转向高端养老机构,增加医疗服务,办成社会化的高端医养结合体。

（二）加快深度推进产业转型升级的体制机制改革

1.加快实施市场准入负面清单管理制度,建立"宽进严管"产业准入机制。按照十八届三中全会决定要求和落实中央关于实行负面清单管理制度的指导意见精神,制定出台"十三五"时期实行负面清单管理制度实施方案。选择一批地区先行试点,到2017年全国普遍推开。深入推进简政放权,强化企业投资主体地位,建立市场引导投资、企业自主决策、银行独立审贷、融资方式多样、中介服务规范、宏观调控有效的新型投资体制。在负面清单基础上,全面放宽企业准入,实施以技术标准、环境标准、质量标准和财务准则为主要手段的监管机制。完善制造业节能节地节水、环保、技术、安全等准入标准，加强对国家强制性标准实施的监督检查，统一执法，以市场化手段引导企业进行结构调整和转型升级。

2. 大力支持采用高新技术和先进适用技术改造传统产业，建立落后产能和工艺装备退出机制。实施节能环保标志产品认证补贴制度，完善企业创新设备和工艺的激励机制。把推动科技创业作为科技创新的当务之急，将创新与创业结合起来，使先进技术与市场和资本融为一体，把创新成果转化为现实生产力，成长为具有竞争力的新产品、新企业、新产业。改革省属科研院所管理体制，整合大专院校和企业的科技资源，推动人才、技术、资金向创新型企业集中，把创新的活力最大限度地激发出来，形成整体合力。大力推进科技基础设施建设，打破条块分割、重复分散的格局，建立科技基础条件共享机制。发展多种形式的风险投资机构，形成较为完善的科技风险投资机制。

3. 促进传统低效产业腾笼换鸟，鼓励新兴产业和新型业态向价值链中高端发展。加快一批低效产业发展形态的转变，推进集体产业、工业大院整治。加快传统集体产业的转型升级和发展模式转换，将小、散、乱的低效用地，向政府与大企业整体开发、集中连片发展都市型产业园区，即从过去单一的产业格局，逐渐发展集产业、商务、生活一体的新型园区。

4. 分类推进国资国企改革，进一步提高国有企业效率和竞争力。按照国企改革总体方案要求，以增强企业活力、提高效率为中心，提高国企核心竞争力，建立产权清晰、权责明确、政企分开、管理科学的现代企业制度。推进国有企业的功能定位并实施分类监管制度。分类设置法人治理结构，分类设计考核指标体系，分类制定企业领导人员管理和激励约束机制。充分放权与有效监管相结合，从管人、管事、管资产向资本管理、价值管理转变。探索监管权利清单，按照法律赋予的职能和"管资本"的规律办事。建立国有资本运营平台，从盘活资产、集中资源、整合资本的角度来统筹配置资源，进而有为，退而有序。严格物权保护，防止国有资产流失。改革国有资本管理制度和授权经营体制，加快推进国有资本运营公司和投资公司试点。推进国有资本与非公资本交叉持股，相互融合，打造一批体制新、机制活、市场竞争优势明显的混合所有制企业。进一步规范公司法人治理结构。深化国有企业领导人员管理体制改革，落实国有企业负责人薪酬制度改革措施。

5. 大力推进放宽非公经济进入领域改革，激发非公有制经济活力和创造力。坚持权利平等、机会平等、规则平等，废除对非公有制经济各种形式的不合理规定，保证各种所有制经济依法平等使用生产要素、公开公平公正参与市场竞争、同等受到法律保护,最大限度拓宽非公有制经济发展空间。废除对非公有制经济各种形式的不合理规定,破除"弹簧门"、"玻璃门"、"旋转门",放宽准入领域,加快落实民间资本进入石油、天然气、电力、电信、铁路、市政公用事业、社会事业、金融服务等领域。积极推动非国有资本参与国有企业投资项目。支持民营企业以多种方式参与国有企业改革。鼓励军民融合发展。制定军工产品向市场企业采购的目录和采购规模、比重,争取军需产品的一定比例交给社会供应,推进军工企业转制一批为军民两用企业。

6. 健全市场体系,营造公平竞争市场环境。继续发展产权、土地、技术和劳动力等要素市场,完善商品和要素价格形成机制。探索建立适应经济发展的公共资源交易体制,使市场在资源配置中充分发挥作用,实现资源共享和市场化配置。进一步减轻企业负担,实施涉企收费清单制度,建立全国涉企收费项目库,取缔各种不合理收费和摊派,加强监督检查和问责。推进企业信用体系建设,建立健全企业信用动态评价、守信激励和失信惩戒机制。

(三) 加快形成更加有利于创新创业的体制机制

1. 深化提升企业创新主体地位的改革,进一步出台鼓励企业创新的政策措施。强化研发费用财税激励政策的实施效果,重构对公司制和有限合伙制创投公司的税收体系,加强对天使投资机构的财税扶持力度。设立专注于服务科技型中小微企业的功能性科技创业投融资平台。加快建立多层次的科技金融和中介服务体系。研究设立中国科技银行、面向境外投资者的创业企业国际板,探索建立新三板、创业板之间的转板机制,完善多层次资本市场建设。

2. 全面推进科技管理体制改革,推动构建具有全球竞争力的新型创新体系。从政府管理科技项目的模式,转为政、产、学、研都参与其中的模式。提高补贴效率,建立技术创新的市场导向机制,把政府选拔型支持模式转变为普惠型支持模式,相关基金运作遵循市场化运作机制。支持企业加强研发平台建设,特别是要加大对中小微企业的扶持力度。加强基础性科研平台的建设,降低平台使用成本。推动科研院所分类改革,完善高校、科研院所向企业技术转移机制,鼓励有才能的科研人员进行技术产业化探索。培育众创空间、创新工场等新型创新平台,营造"大众创业、万众创新"的浓厚氛围。

3. 在全社会建立服务和价值创造导向机制,大力支持新商业模式创新。从制度环境入手,让创新有生存空间。优化政府准入管理模式,改进新技术、新产品、"互联网+"新商业模式的准入管理。特别是要在审批环节为创新让路,彻底废除不必要的审批手续,最大限度的缩减审批环节和审批流程,为创新性成果的出生和应用提供更为自由的土壤。打破行业垄断和市场分割,加快生产要素和资源性产品市场化改革,按照市场规律促进优胜劣汰。以增量带动存量改革,在物联网、大数据、云计算、新能源汽车等新兴领域组建一批新型研发机构,取得一批原创性科研成果,将培育发展战略性新兴产业与创新结合起来。

4. 进一步完善知识产权保护制度,建立创新成果法治化保护和使用环境,推进知识产权重大功能性机构建设。推进知识产权证券化、信托、质押融资等衍生品交易,推动科技成果资本化、商业化。大力发展知识产权服务业,扶持培育一批专业从事知识产权转化交易以及知识产权评估、咨询等服务机构。加强科技人才交流,把推动院所改制、建立国际一流的研发机构与人才引进结合起来。

5. 更大力度推进创新激励机制改革,通过市场机制激发全社会各类主体创新创业动力。加大现有科技创新人才政策的激励力度,进一步深化股权激励试点。改革科研人员收入分配机制,使得创新型科研人才才尽其用。加快科技成果使用处置和收益管理改革,扩大股权和分红激励政策实施范围,完善科技成果转化、职务发明法律制度,使创新人才分享成果收益。推进国家高端智库建设改革试点。

6. 建立大众创业、万众创新宽松环境和灵活工作机制,大力弘扬和保护企业家精神。构建以企业为主体选人用人的竞争机制,创新激励政策,使科技人才引得进、留得住、用得上。探索非档案化人才管理模式,试行高级人才双聘制度,加强人才交流合作,促进人才汇集和人才资源的整合共享。打通大学和企业、政府之间的人员进出通道,加强创新创业教育。提高教师创新创业实践能力,推行学术休假制度,支持高等院校教师每7年进行一次的创新创业实践交流。大力培育企业家阶层,大力弘扬和保护企业家精神。逐步取消国有企业的行政级别,普遍建设职业经理人制度和全国性、专业性职业经理人市场,建立健全选聘机制。完善企业家成长环境,设立财政专项支持企业领军人物、创新团队建设。实施企业家培养重点工程,国家免费提供服务,培养和轮训一批现代企业家队伍。大力弘扬企业家精神,将现代企业家精神纳入社会主义核心价值观培育体系,与评选时代楷模、道德模范、优秀县委书记等一样,褒扬和评选新时代优秀企业家。

（四） 加快健全政府精准服务和精准调控的体制机制

1. 实施政府精准服务改革,建立政府服务承诺制度。每年开展向企业、群众和机构进行的政府服务需求调查,以需求调查结果为基础,制定年度政府精准服务清单,建立政府服务承诺制度,发挥政府主动有效作为作用。各职能部门围绕精准服务清单,更加集中配置人力和财力等资源,集中解决一批对经济增长有突出效果的问题。比如,针对小微企业的融资难问题,消费领域的产品和服务质量监管问题,收入分配领域的员工持股问题,创新创业领域的成果处置和收益分配问题,要素市场中农村集体经营性建设用地入市抵押担保问题等,政府提供更精准有效的服务。

2.推进改革创新干部动力建设,在若干政府监管领域大力推行高标准专业治理。以提升政府治理现代化为核心,在涉及宏观经济管理的重要领域,探索推行高标准专业治理。比如,金融企业高管、证监会等专业监管部门,必须是有实战经验的高端人才,实行市场化的高薪选聘,同时健全有约束机制和责任机制。大胆启用一批富有改革创新干劲的年轻干部,鼓励老干部保留待遇离岗。对公务员队伍进行优化结构改革,鼓励干部去企业、科研机构和基层实践锻炼。建立企业和政府部门人员双向流动通道,从企业挑选一批有经验的管理人员进入政府政策制定部门。改革政府政策制定方式,建立重大政策制定常态化调研机制,探索委托各类高端智库、标杆企业、行业协会参与经济持续稳定增长政策制定,更好发挥专家智库和市场主体的作用。

3.进一步放宽行政审批管制,激发市场主体活力。深化行政审批制度改革,做好已取消和下放管理层级行政审批项目的落实和衔接,防止变相审批。每年发布再取消和下放的行政审批事项清单。全面清理并逐步取消各部门非行政许可审批事项,堵住"偏门",消除审批管理中的"灰色地带"。大幅减少前置审批,对市场机制能有效调节的经济活动,一律取消审批。尽快建立"负面清单"、"责任清单"、"权力清单"管理制度,抓紧研究出台实行市场准入负面清单管理方式的实施原则、适用条件、制定和调整程序及相关配套改革措施。考虑发布准许清单和监管清单。推广网上并联审批新模式。

4.深化商事制度改革,创造优质营商环境。加快推进登记注册制度便利化,放宽住所登记。加快推进电子营业执照和企业注册全程电子化。落实注册资本登记制度改革配套。完善市场退出机制,简化和完善企业注销流程。实施企业年度报告公示制度,充分发挥信用信息的激励惩戒作用。鼓励各地结合实际,简化住所登记手续,采取一站式窗口、网上申报、多证联办等措施,为创业企业工商注册提供便利。

5.向优化税负要动力,抓好国家财税治理现代化改革。加大清理收费力度,继续实施以低收入端、小微企业端、创业大学生端、实体经济端等为重点的结构性减税。全面实行"营改增"并简化税率。尽快将小微企业减半征收所得税标准由年应纳税所得额 20 万元以内提高到 30 万元以内。加快资源税改革,调整完善消费税征收范围、环节、税率,把高耗能、高污染产品及部分高档消费品纳入征收范围。争取择机实施开征环境税。加快预算管理制度改革,深入推进政府和部门预算公开。深化财政支出改革,清理规范重点支出同财政收支增幅或 GDP 挂钩事项,清理、整合、规范年专项转移支付项目。增加政府收费与基金使用管理的透明度。创新财政资金管理方式和政府投融资模式。督促各部门和地方加快消化已收回的存量资金。加快设立国家中小企业发展基金和新兴产业创业投资引导基金。充分发挥 PPP、股权投资、特许经营、信用担保等市场化模式引导带动社会资本和鼓励大众创业的功能。建立健全政府会计核算体系,建立权责发生制政府综合财务报告制度。允许商业银行以购买的地方政府债券抵押获得流动性,促进银行购买地方政府债券。

6. 增强各项改革动力对冲和各种改革风险精准管控能力,处理好释放改革动力与缓解增长压力的协同性。改革将带来新旧增长动力的变化,新的增长动力要培育,旧的增长动力在消退,但要避免青黄不接,衔接不畅。要加强改革试点工作,进一步发挥各类改革试验区作用,合理布局全局性、区域性改革试验试点,进一步完善经济体制改革推进工作机制,健全改革评估和经验复制转化机制。加强新时期稳增长的改革风险管控,探索研究制定《经济持续稳定增长促进法》,提高对宏观经济依法调控、精准调控能力。

分报告九:调整三大社会结构为经济持续稳定增长提供社会新动力

一、社会结构是影响经济增长的重要因素

(一) 人口结构对经济增长的影响

人口结构的优化,既能够支撑经济长期增长和社会持续进步,又能够为可持续发展提供创新动力和智力支持。

经济的长期增长是由潜在经济增长率决定的,劳动力人口的占比较高、规模较大,是支撑较快潜在经济增长率的重要因素。2011 年和 2012 年,我国劳动年龄人口在总人口中的占比、劳动年龄人口的总规模已经先后出现下降,这一趋势将持续出现在未来二三十年。人口年龄结构的这一变化,对经济长期增长构成了不利影响。据预测,劳动力因素对经济增长的贡献率将随着人口年龄结构的这一变化而持续下降。

社会的持续进步也与人口结构密切相关。人口结构较为年轻的社会,通常也是更具有精力、活力和创造力的社会。支撑社会进步的人力资源及其突破创新的精神,促进公共服务资源累积和发展的就业人口,确保社会基础细胞充分发育和持续发展的家庭结构,都与人口结构特别是人口的年龄结构相联系。

人口结构的过度老化,不仅弱化了经济增长的动力、增加了社会发展的负担,制约了创新创造能力的形成,进而对资源环境承载力的可持续提高也造成了不利影响。可持续发展所需的经济基础特别是财力基础变得更加薄弱,社会微观主体的支撑更显不足,政府应对的能力也会受到较大限制——很大程度上被动应对老龄化带来的公共财政挑战,而越来越没有空间和能力来解决可持续发展的有关问题。

2008 年国际金融危机以来,发达国家出现的不同程度的政府债务问题,背后就有老龄化这一重要因素的影响。以日本为例,过去 20 多年,伴随着该国前所未有的老龄化进程,其养老成本迅速上升,养老金支出占 GDP 的比重从 20 世纪 80 年代中期的 5% 左右一路攀升到目前的 15%,养老金占社保支出的比重则从 50% 提高到 70%,给公共财政造成了巨大压力。加之劳动年龄人口减少,经济增长减速甚至出现衰退,财政赤字问题越发凸显。

本轮危机以来出现比较严重的政府债务危机的发达国家,无一例外也是老龄化程度较高、养老金支出压力较大的国家——希腊、意大利、葡萄牙、法国养老金支出占 GDP 比重均在 10% 左右甚至更高,而境遇相对好一些的美国、德国、英国,这一比例明显要低 2—4 个百分点。

从未来趋势看,老龄化成本将成为发达国家公共财政"不能承受之重"。据标准普尔公司预测,到 2050 年,发达国家 20%—30% 的 GDP、超过 50% 的财政支出将用于与老年人有关的开支,包括养老金、医疗和老年护理等。国际货币基金组织的报告也显示,人均预期寿命每增加 3 年,用于养老方面的财政开支会增加 50%。

(二)　收入分配结构对经济增长的影响

扩大内需是当前稳增长的第一要务,因为 2007 年以来,最终消费支出和资本形成,对当年经济增长的贡献率一直在 76% 以上,最高的年份是在 2009 年,其贡献率达到了 137.4%,亦即当年外需对经济增长的直接贡献率是负数。2013 年最终消费支出和资本形成对经济增长的贡献率仍然高达 104.1%,在这种情况下,扩大内需对于稳增长的重要性就更加突出。

当前,由于中国经济增速回落较快,"稳增长"被再次提了出来。然而,对于稳增长的方式,不能再回到依靠投资和拼出口的老路上去,这些方式一时能保住经济增长的数据,然而却会延误经济结构调整和经济转型的进行,未来再调整的成本会更大。所以,稳增长中最可靠、最及时、最合理的手段是启动经济增长的第三驾马车,即提振消费。

从全球范围来看,目前欧美等发达国家仍未走出经济危机的泥沼,预测今年欧美外需市场也很难有根本性好转。这意味着,我国外贸进出口形势仍将比较严峻,依赖出口的经济发展之路明显受阻。在这种形势下,考虑到单纯的扩张性财政和货币政策,来拉动经济会带来巨大的负面作用。因此,要想完成中央经济工作会议提出的"稳中求进"目标,就必须从"三驾马车"之一的内需进行着手。

用扩大消费来驱动经济增长，除了有上述的必要性以外，还有巨大的可行性。因为"增消费"的根本办法就是增加广大消费者的有效收入水平。中低收入群体是消费倾向最高的群体，但是目前收入绝对水平和相对比例都很低。因此，只要让中低收入群体的收入能够快速提高至公平合理的比例和水平，中国的消费总量将会迅速提升，内需占比也将获得极大的提高，从而可以改变目前依赖投资和出口的经济发展格局，"稳增长"也不再是什么问题。

在国民收入分配中，分配主体是政府、企业和居民，国家占的比例越高，居民占的比例就越低。所以目前要想增加广大中低收入群体的有效收入，自然是政府减税。这样一方面在初次分配中广大劳动者的分配比例上升，同时在社会消费额中，由于消费税、增值税率的下降，等于间接有效地提升了消费者的收入。

另外，通过收入分配改革来增消费、稳增长的一个前提就是打破垄断，开放竞争。而这在当前的改革发展大环境下，是完全可行的。这些经济和消费领域的垄断现象，一旦被打破并开放竞争，立即会让相关消费领域的价格大幅下行，等于是提高了消费者的收入，必然会促进消费。比如在石油炼化和销售领域，几大石油巨头一直报亏损，但是民营企业在条件不利的情况下却可以赢利。如果开放更多的民资进入，就必然会促进消费者的有效收入上升。再比如在电信领域，在受到反垄断调查后，电信巨头迅速做出提速、降价的承诺。所以，如果有效打破各领域的垄断现象，中国广大中低收入群体的有效收入必然会明显上升，由此消费扩张会进一步促进经济增长。

从 2008 年国际金融危机以来，各方早已形成共识：扩大内需是经济可持续发展的关键。为扩大内需，相关部门相继出台了譬如家电下乡、建材下乡等政策和措施，虽然短时间取得了一定效果，但不得不承认的是，这些政策和举措还无法真正地让国内消费成为拉动中国经济的最重要"马车"。特别是当家电下乡等政策到期后，这些需求得到暂时满足后，没有新的动力和消费点扛起内需的增长大旗。

造成这种状况的一个很重要的原因就是，近年来中低收入阶层的收入增长较慢，社会收入差距越来越大。在养老、医疗和教育等社会保障体系尚未建立的情况下，居民不敢将手中的钱投入到消费之中。而目前财富分配的"二八"现象明显，且大量消费活跃在海外市场。因此，需要深化收入分配制度改革，积极健全社保体系和公共服务，提高中等收入者比重。通过推动制度改革和调整收入分配结构启动居民消费，保证经济的长期、健康和可持续发展。

（三）社会治理结构对经济增长的影响

推进国家治理体系和治理能力现代化是全面深化改革的总目标。通过深化改革实现从社会管理转向社会治理,形成科学有效的社会治理体制,既是疏解社会矛盾、保障经济持续稳定增长的稳定器,也是直接创造 GDP、助推经济发展的加速剂。通过政府、社会、市场三重合唱调动第三部门(社会组织)积极性,以社会治理结构转型推动经济社会协调发展、良性互动,在增强民众幸福感的同时促进经济增长,有望成为经济发展新动力。

社会组织在全球不同地区的经济发展中都起到了重要作用。霍普金斯大学 20 世纪 90 年代的一项跨国研究结果表明,非营利组织占国内生产总值的比重平均达 4.6%;吸纳就业方面,占非农就业人口的 5%,占服务业就业人口的 10%,占公共部门就业人口的 27%[①]。发达国家社会组织在经济增长中的作用更为显著,美国慈善统计中心(National Center for Charitable Statistics)资料显示,2014 年,美国非营利组织占 GDP 比重为 5.3%,从就业来看,2010 年美国非营利部门承担了全国 9.2% 的薪资发放。

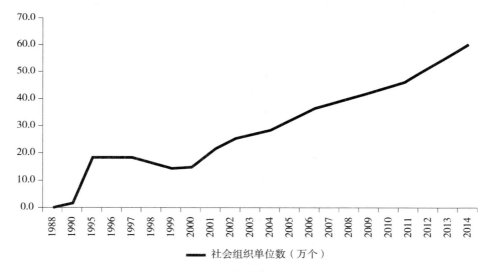

图 9-1　我国社会组织发展情况

数据来源:国家统计局网站。

———————————

① Salamon L.M. and Anheier H.K., Global Civil Soceity: Dimensions of the Nonprofit Sector. USA: The Johns Hopkins University Maryland, 1999,p.8.

改革开放以来，尤其是进入新世纪以来，我国第三部门发展迅速。随着社会组织管理体制改革的推进以及发展环境的不断优化，包括社会团体、基金会、民办非企业单位等在内的各类社会组织蓬勃发展，层次多样、覆盖广泛、遍布城乡的社会组织体系初步形成。截至 2014 年底，全国共有社会组织 60.6 万个，是 2000 年社会组织数量的 4 倍，2000—2014 年社会组织数量年均增长 10.3%，广泛涉及科技、教育、文化、卫生、劳动、民政、体育、环境保护、法律服务、社会中介服务、工商服务、农村及农业发展等社会生活的各个领域。社会组织提供的社会服务等直接构成经济总量的重要组成部分，2014 年社会组织增加值 638.6 亿元，比上年增长 11.8%，比第三产业增加值增长速度高 0.9 个百分点。此外，社会组织的经济活动还直接吸纳了各领域的就业人员，2014 年，社会组织从业人员达 682.3 万人，比上年增加 7.2%，比同期城镇就业人员增长速度高 4.4 个百分点。

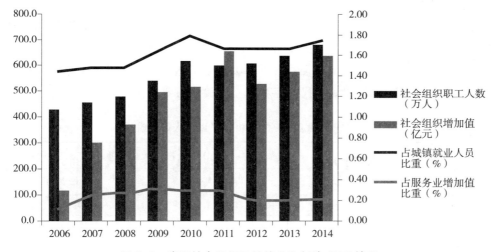

图 9-2　我国社会组织吸纳就业和创造 GDP 情况

数据来源：统计局网站以及历年《社会服务发展统计公报》。

良好的社会治理（善治）是政府和公民间的合作共治，形成国家与社会、政府与公民之间良好的合作关系，通过多方对话协商平台的搭建，及时反应诉求，通过参与自治机制构建调处化解社会矛盾，维护社会和谐稳定，提升人民群众的生活质量和幸福感。近年来，我国社会治理体系建设持续推进，重大决策措施社会稳定风险评估机制初步建立，矛盾纠纷调处化解体系不断健全，社会治安防控体系的深入推进，多渠道的群众利益诉求平台逐步构建，安全生产形势总体平稳，社会总体保持基本稳定，为经济持续稳定增长营造了良好的发展环境。

二、当前的社会结构不利于经济增长

（一）人口老龄化影响潜在经济增长率

2000 年我国 60 岁及以上人口比重达到了 10.3%,进入国际公认的老年型社会。2010 年,这一比重已上升至 13.3%,十年间老年人口比重提高了近 3 个百分点。今后四十年,老龄化将进入高速发展阶段,每十年老年人口比重将分别提高 4.7、8.0、5.2 和 5.3 个百分点,到 2050 年 60 岁及以上老年人口比重将达到 37% 左右,老年人口规模达到 4.4 亿左右。

与此同时,少子高龄化趋势日益显著。2000—2012 年,我国 0—14 岁少儿人口比重由 22.9% 快速下降到 16.6%,少子和无子家庭显著增多,已经成为中度少子化社会[①]。与少子化相伴随的是日益临近的高龄化。2010 年,我国 80 岁以上高龄老人约为 1700 万人,占老年人口的 9.8%;2020 年增长到 2700 万人,占老年人口的 11.7%,并进入高速增长阶段。到 2050 年将达到 1.2 亿人,占老年人口的 25.7%。少子高龄化愈加成为我国应对人口老龄化需要关注的重点问题。

表 9-1　我国 60 岁和 80 岁及以上人口比重

年份	60 岁及以上人口占总人口比重（%）	80 岁及以上人口比重（%）	
		占总人口	占老年人口
2010	13.3	1.3	9.8
2020	18.0	2.1	11.7
2030	26.0	3.2	12.3
2040	31.3	5.5	17.6
2050	36.6	9.4	25.7

资料来源:根据 2010 年第六次人口普查数据测算。

在我国人口达到峰值以前,劳动年龄人口已先行达到峰值水平。2012 年我国 15—59 岁人口第一次出现绝对减少,比上年下降 345 万人。在劳动年龄人口中,

---

[①]　一般来说,0—14 岁少儿人口比重低于 20% 称为少子化,其中低于 15% 为重度少子化,15%—18% 为中度少子化,18%—20% 为轻度少子化。目前日本、意大利、西班牙等属于重度少子化国家;德国、中国、俄罗斯等属于中度少子化国家;法国、英国等属于轻度少子化国家;美国、韩国等则仍在 20% 以上。

青壮年劳动力减少的趋势更加明显。在现行政策不变的情况下,劳动年龄人口将持续减少,2030年后下降和老化的趋势会进一步加速。

与此同时,我国人口总抚养比也在2012年触底至33%,①此后将逐步回升,预计到2035年上升到50%以上,2050年将达到65%左右。这表明,我国数量型人口红利正趋于减弱。从横向比较看,到2030年前后,我国人口抚养比将超过印度,人口年龄结构的优势将发生明显逆转。

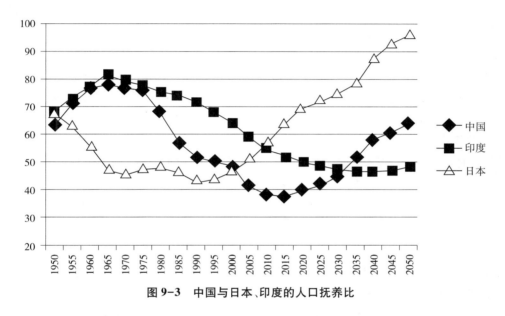

图9-3　中国与日本、印度的人口抚养比

人口是经济发展的不竭动力,为经济增长提供劳动力要素支撑,影响着产业发展和国际分工,对提高劳动生产率和扩大消费需求也有重要作用。当前,我国人口转变呈现出新的趋势,给经济运行各个环节和各主要方面带来深远影响。

一是劳动力供给减少,潜在经济增长率面临下行压力。改革开放以来,我们通过实施计划生育政策,有效降低了人口抚养比,劳动力总量的潜在优势不断转化为经济增长的现实动力,有力支撑我国跃居"世界工厂"和制造业第一大国。然而,政策带来的红利在积累释放了三十多年以后,正趋于弱化和消逝。世界银行等机构的研究表明,未来十年中国经济潜在增长率水平有可能从目前的9%下降至7%左右,其中劳动年龄人口减少是重要影响因素之一。因此,必须高度重视劳动力持

① 人口总抚养比是指人口总体中非劳动年龄人口数与劳动年龄人口数之比。总抚养比可以分为老年人口抚养比和少儿人口抚养比。

续减少对我国经济下行带来的负面冲击。

二是人口老化不利于劳动生产率的提高,进而影响国际分工地位。劳动经济学的实证研究显示,随着年龄的增长,劳动力个体的生产率呈先增后降的发展态势,一般在 40 多岁时达到峰值,此后会明显下降。经济增长研究显示,人口和劳动力的老化,会加重社会负担,影响社会活力,明显弱化全社会的创新创造能力。这表明,人口结构老化和青壮年劳动力减少,会造成全要素生产率的下降。在产业结构调整过程中,如果不积极应对老龄化带来的劳动生产率减损,我国不但会失去传统劳动密集型产业的优势,还有可能丧失在新一轮国际产业分工中的机遇。

三是人口结构变动显著影响消费需求,也蕴藏着房地产市场风险。生命周期理论表明,随着老龄化的发展,居民储蓄率的变化也呈先增后降的倒 U 型路径,在进入中老年阶段后,人的储蓄率会降低,消费支出占比会提升。然而,由于退休金替代率的下降速度更快,绝对消费支出水平往往会出现下降。与青年型社会相比,老年型社会的总消费规模反而更低。尤其值得关注的是,老龄化与家庭结构小型化相伴随,短期内因家庭总数增加而刺激住房需求、推升泡沫;而从中长期看,人口减少最终会导致住房需求下降,出现房地产泡沫破裂风险。

(二) 收入分配结构严重影响扩大消费需求

在初次分配中,居民部门的收入份额呈下降态势,企业部门和政府部门的收入份额呈上升态势。1992—2013 年,居民在初次分配总收入中的份额从 66.1%降至 61.6%,累计减少近 5 个百分点。同期,企业收入份额从 17.4%升至 25.3%,累计提高近 8 个百分点。政府收入份额从 16.6%升至 17.5%,累计提高近 1 个百分点。

居民在初次分配中的收入份额下降,主要是由于劳动者报酬增长偏慢造成的。1992—2013 年,劳动者报酬年均名义增长率为 15.7%,比政府收入增长慢 1.4 个百分点,比企业收入慢 3.8 个百分点。此间,劳动者报酬占初次分配总收入的比例从 54.6%降至 47.6%,累计减少 7 个百分点,对居民收入份额下降的贡献率约为 80%。

在再分配环节,政府是获取收入的部门,企业是提供收入的部门,居民部门的收入变化不大。近几年,经过再分配环节的调整后,政府部门的可支配总收入比初次分配总收入高出 20%以上,企业部门的收入减少了 13%以上,居民部门的收入略增 1%以内。与初次分配相比,企业所占份额下降了 3.3—3.7 个百分点,政府份额提高了 3.5—3.8 个百分点,居民份额略降 0.1—0.3 个百分点。

政府部门在再分配环节的增收,得益于收入税和社会保险缴款,二者分别占政府经常转移收入的 46% 和 54%。收入税中 2/3 来自企业，1/3 来自居民。社会保险缴费来自于居民部门，而且缴费收入规模仍然大于社会保险福利支出规模，前者比后者高出 25% 左右。也就是说，在再分配环节，政府从企业和居民两大部门获取转移收入（分别贡献 30% 和 70%），再将转移收入中的 40% 左右返还给居民部门。

调整居民收入分配结构，关键是要实现低收入群体较多、底层社会有固化趋势、中等收入群体比重低且不稳定的"上字型"社会向两头小、中间大的"橄榄型"社会转变。既要促进低收入群体向更高收入等级转移，又要尽量减少中等收入群体向更低收入等级下降。总体来看，当前我国居民内部收入分配形态为"上字型"，具有以下特点。

一是大部分人都处于社会平均收入以下。2013 年，按照收入五等份分组的城镇居民家庭中，居于中间位置的 20% 家庭的人均可支配收入为 24518 万元，而城镇人均为 26955 元，平均数比中位数高出了 10%，大部分城镇居民的收入低于平均水平；在农村居民家庭中，中等收入户的人均纯收入为 7942 元，而农村人均为 8896元，平均数比中位数高出了 12%，农村地区大部分人的收入也不及平均水平。

二是中等收入群体比重过低。目前我国中等收入群体数量偏小、且不太稳定。按照三口之家人均收入 2 万元的标准，我国中等收入群体的比重只有 10% 左右，而且这部分群体在居民收入分配中所处的位置十分不稳定。以 5 年为一个周期，他们向更低收入组转移的概率在 40% 左右，向更高收入组转移的仅占 1/4，能保持在原等级的只有 1/3。

三是低收入群体成为中等收入群体的阻力较大。城镇居民中的低收入户，2/3以上都会在 5 年的周期内维持其收入等级，向更高收入组移动的概率仅略高于30%，而美国的后一个比重为 50%，英国和芬兰为 60% 左右。在一个处于转型阶段的国家，居民在各收入等级之间转移的状况应该更加活跃，而我国的情况是向下迁移的概率偏高、向上迁移的概率过低，中等收入群体不稳定，低收入群体进入更高收入等级的难度较大，底层社会出现一定程度的固化和刚性化趋势。

上述分配结构，不论是初次分配还是再分配，都明显不利于扩大内需特别是消费需求，制约新的需求增长动力形成。

（三）社会治理结构给经济持续稳定增长带来负面影响

社会治理方式不完善、社会组织带动经济增长潜力有待激发、跨区域社会治理愈加紧迫、网络虚拟社会管理问题凸显，都给经济的持续稳定增长带来了负面影响。

　　近年来,我国群体性事件仍处于多发态势(根据 2013 年《社会蓝皮书》,每年发生的群体性事件高达十余万起),劳动关系矛盾进入凸显期,涉及公共安全的意外事故和灾变事件不断增加。由于社会风险监测、预警体系尚未有效建立,社会发展态势尚未及时、全面、准确得以跟踪,进而难以有效发现社会问题和社会矛盾并把问题和矛盾消灭在萌芽状态。往往在影响到正常社会稳定与社会秩序甚至造成危害之后,才将投入力量进行补救。与新的发展阶段下呈现出的复杂形势相比,社会治理方式和社会治理能力还难以适应和有效支撑经济社会的发展,治理主体单中心、手段单一化、重被动应对而轻源头化解等问题依然存在,社会治理的方式亟待改善,社会治理的能力亟须提升。

　　尽管近年来我国社会组织快速发展,但社会组织的数量和发展质量,还有待提高,社会组织的活力还有所欠缺,拉动经济增长的潜力仍大有空间。2014 年我国社会组织增加值占第三产业增加值的比重仅为 0.21%,占 GDP 比重在千分之一左右(也有研究指出官方数据低估了我国社会组织 GDP 贡献率,认为实际占比在千分之七左右),远低于发达国家以及全球平均水平。在规模上,当前我国每万人拥有社会组织数量不足 5 个,同样远低于发达国家(日本 97 个,美国 63 个,新加坡 18 个)。在社会组织管理方面,登记管理机关"重登记轻管理"的情况较为明显,缺乏有效的事中事后监管;在社会组织自治方面,一些社会组织内部治理结构还不健全,公信力不足,难以充分发挥积极作用;在政府与社会组织互动方面,存在政社不分,"官办、官管、官运用"的现象;社会组织提供公共服务的机会平台还不完善,社会力量参与程度还不深。

表 9-2　第三部门对经济增长贡献情况

贡献率	GDP 贡献(%)	就业贡献(%)
中国(2014)	0.1	1.7
世界(1990)	4.6	5.0
美国(2014)	5.3	9.2

资料来源:中国统计局、美国慈善统计中心:《Global Civil Society: Dimensions of the Nonprofit Sector》。

　　"十三五"时期,随着城市群加快培育壮大,丝绸之路经济带和 21 世纪海上丝绸之路的"一带一路"战略、京津冀协同发展战略以及长江经济带战略的推进,城市群、经济圈将成为引领我国经济发展的重要增长极,与此同时,不同城市、不同地区乃至不同国家之间的环境问题、犯罪、流动人口等社会问题的传导性和相互交叉性也将逐渐加强，社会治理面临的整体性、全局性工作日渐增多，跨区域治理任务越来越重，跨区域治理问题日渐彰显。实践中长期以来部门条块分割、偏重于从实现本部门、本地区的管控目标的角度考虑问题等矛盾将更为突出，如何加强不同地区、不同部门之间统筹协调，是关系区域发展战略实施效果进而影响经济发展的重要议题。

在"互联网+"行动积极推进下，互联网与经济社会各个领域融合程度将进一步加深，基于互联网的新业态将成为新的经济增长动力，伴随"互联网+"新经济形态的孵化，网络社会的隐蔽性和复杂性对传统治理体系也带来更大挑战。互联网在使得识别社会风险点的渠道更宽广的同时，也带来社会风险点明显增多，传导更快，预判和应对的难度有所加大，人民群众权利意识、对公平正义诉求的增强，以及管理成本的提高等问题。当前社会治理中信息化手段运用还相对不足，信息化建设较为滞后，缺乏社会综合管理统一的平台和系统整合，不同部门、不同地区间信息化建设相互割裂，尚未形成信息共享、互联互通；运用新兴技术手段搜集舆情、获取民意的机制尚不健全；运用互联网提升决策能力还不完善。

三、以社会结构调整促进经济持续稳定增长

（一）优化人口结构

1. 完善生育政策

为促进人口结构优化，必须完善人口政策，核心是完善生育政策。要从战略高度和全局长远视角统筹谋划完善生育政策这一重大问题。近期，应稳妥有序推进"单独两孩"政策落实，准确把握政策基调，跟踪分析实施情况和效果，推动开展生育意愿调查，完善保障机制，同时开展优化人口年龄结构的研究工作，推进出生人口性别比趋向正常。中长期，应超前谋划、科学论证比选方案，研究"单独两孩"接"普遍两孩"、"普遍两孩加间隔"、"普遍两孩"等政策方案，为"普遍两孩"政策启动实施时机提供科学合理的研究论证支撑。

完善生育政策是人口发展自身规律的内在要求，也是促进人口与经济社会、资源环境协调发展的客观要求。一方面，我国人口过快增长的势头得到有效遏制，随着人民生活水平日益提高，人们的生育观念也逐步转变，为进一步完善生育政策提供了有利的社会环境。另一方面，从国际经验看人均国内生产总值达到一定水平后，通常会带来生育率的下降。一般来说，总和生育率与人均国内生产总值呈明显

的负相关关系(如图 9-4 所示)。目前,我国的人均国内生产总值已经达到中等偏上收入国家水平,经济持续增长对国民生育意愿的影响开始显现,这与有关国家的情况基本吻合。在经济持续健康发展的情况下,生育率大幅反弹的可能性不大,调整政策应该不会带来生育率的剧烈波动。

完善生育政策事关重大,将产生广泛而深远的社会影响,是一项复杂的社会系统工程,需要集思广益,全面评估,科学设计实施方案,稳妥有序推进。一是要坚持计划生育基本国策不动摇,立足于"完善政策",保持计划生育政策的连续性,有利于人口长期均衡发展。二是要坚持风险可控,保持适度低生育水平,既避免落入低生育陷阱,造成人口规模快速衰减且难以扭转;又有效防止出生人口快速反弹,再次重演人口过快增长的不利局面。三是要坚持统筹发展,进一步处理好人口与经济社会、资源环境的关系,促进协调发展;进一步缩小城乡、地区、人群之间的政策差距,促进社会公平公正。

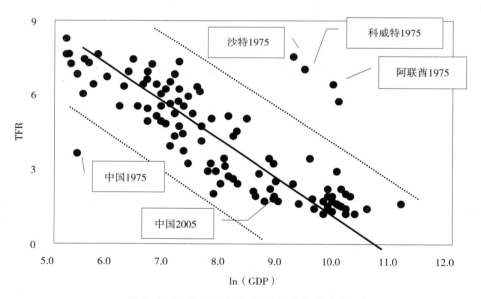

图 9-4　世界各国人均 GDP 与总和生育率

说明:——回归拟合直线;……99%置信区间;GDP—购买力调整的人均国内生产总值;TFR—总和生育率。
资料来源:联合国数据库(UNDATA)。

在"单独两孩"政策实施中,要抓住以下着力点。

一要修改完善相关法律法规,做到依法调整完善和依法施策推进。二要加强跟踪分析,及时掌握政策调整完善带来的人口变动情况,科学评估政策影响,特别是要加大力度深入研究受政策影响较大的人口大省、西部地区和少数民族地区的新情况。三要综合施策，将调整生育政策与完善利益导向机制、加强优生优育服务等工作统筹考虑，与公共服务体系建设相协调，形成政策合力。四要制定风险防控方案，预研预判和实时监测政策调整对社会稳定的影响，做到底数清楚、力求稳妥，有效防范化解可能出现的风险。五要加强宣传引导，确保全社会和广大群众对完善生育政策准确理解，避免造成生育政策"推倒重来"的误读，甚至否定计划生育基本国策。

未来进一步调整完善生育政策，核心是要选择"普遍两孩"政策合理的出台时机。时机的选择，应主要参考两个方面的情况：一是"单独两孩"政策的跟踪评估结果；二是对"普遍两孩"接"单独两孩"不同时点的情景进行比较分析。

表 9-3　生育政策不同情境下的总人口比较（亿人）

年份	双独两孩（原政策）	单独两孩（现行）	2015接普遍两孩	2017接普遍两孩	2020接普遍两孩
2013	13.61	13.61	13.61	13.61	13.61
2015	13.72	13.74	13.74	13.74	13.74
2020	13.94	13.99	14.09	14.03	13.99
2030	13.86	14.09	14.29	14.24	14.21
2040	13.44	13.79	14.07	13.99	13.90
2050	12.65	13.21	13.82	13.61	13.46

资料来源：课题组测算。

目前，"单独两孩"政策已经在全国大部分省区履行完成了法规调整的环节，符合条件的育龄妇女在生育意愿、生育条件和生育行为上的变化还有待观察。这里先依托我们建立的人口预测模型，比较不同政策情境下的人口总量变化，以此提出进一步调整完善生育政策的初步建议。

从人口总量和人口自身可持续发展的角度看，2013年以前的"双独两孩"政策，最突出的政策风险是在人口达到峰值以后会持续大幅下降。与之相比，"单独两孩"政策有一定的优势，既能够把人口峰值的出现后延，又能够降低峰值过后人口下降的幅度。未来择机实施"普遍两孩"政策，则能够进一步优化人口自身的发展。

我们选取"普遍两孩"政策于2015年出台、2016年实施，2017年出台、2018年实施，2020年出台、2021年实施这三个情景进行分析。不难看出，从防止人口到达峰值后骤降的角度,2017方案明显优于2020方案。从这个角度看,2015方案优于2017方案。不过,由于"单独两孩"政策从2014年才正式启动,到2015年不一定会出现明显的政策效果,也就不便于科学合理地评估,需要再观察一段时间才能提出完善政策的可靠意见。因此,我们建议,"普遍两孩"接"单独两孩"政策的时间表宜初步定在2017年。

2. 加快提升人力资本

要从促进人的全面发展、提高人口整体素质的高度,全面研究教育、医疗卫生、文化等领域的发展对策,推动数量型人口红利向以人力资本投入带动劳动力素质和生产率提高的质量型人口新红利转变,进而提升我国在全球产业分工协作中的地位,依靠人力资本打造新的国际竞争力。迫切需要从依靠劳动力大规模、高强度投入的数量型人口红利,向以人力资本投入带动劳动力素质改善和劳动生产率提高的质量型人口新红利转变,加快推动产业结构从劳动密集型向知识密集型转型升级,大力提升我国在全球产业分工协作中的地位,依靠人力资本打造新的国际竞争力,使我国由人口大国向人力资源强国转变。

重中之重是深化教育改革,加快建立现代职业教育体系。培养数以亿计的高素质应用技术技能人才,服务经济转型升级和国家技术技能积累,是增进劳动生产率和产业竞争力的关键。目前,我国产业工人中技师和高级技师的比例仅占5%,远远低于发达国家水平。不改变传统的职教体系和技能人才培养模式,就难以培养出符合中国经济升级版要求的产业工人队伍。因此,必须树立以服务为宗旨、以创新为导向、以人为本的职业教育发展理念,适应现代产业新体系和终身教育新要求,实行工学结合、校企合作、顶岗实习的人才培养模式,加快建立学历教育与职业培训并举、职前教育与在职培训衔接、中职与高职教育贯通、职业教育与其他各类教育融合发展,面向人人的现代职业教育体系。进一步增强开放性和灵活性,打通提升人力资源素质的各个环节,构建人人成才的"立交桥",夯实劳动者基本技能基础,着力培养创新、创造和创意素养,多维度加强人才储备,增强人力资本国际竞争力。

与此同时,要树立人力资源开发的全球视野,加快培养和引进高端人才,带动培养我国创新型人才队伍;从长远看,需要大力发展健康服务业,提高全民健康水平,全面提高健康素质,进一步完善公共财政体制,优化支出结构,加大对教育、卫生、文化和体育等领域的投入,促进人的全面发展,全方位提升人力资本。

（二）完善收入分配结构

1. 完善初次收入分配

收入初次分配的政策取向，主要应该是解决市场扭曲和市场不完善的问题。尤其是，要创造机会公平的竞争环境，完善劳动、资本、技术、管理等要素按贡献参与分配的初次分配机制。具体包括：

一是改革城乡分割的户籍制度和实施全国统一的居住证制度以消除劳动市场中的城乡身份藩篱，减少对低工资就业者的就业歧视、工资歧视和社会保障方面的歧视，建立和完善公平、有效的劳动力市场秩序和环境。

二是允许更多的民间资本进入金融市场，对于中小企业给予一定的政策支持，建立和完善公平、有效的资本市场秩序。

三是推进资源税制度改革，打破行政性垄断，妥善解决资源价格扭曲问题。尤其是要完善资源价格形成机制，推进土地制度改革。

四是推进同工同酬。我国城市劳动力市场内部实际上是二元的劳动力市场——事业单位和国企分为正式的有编制的劳动力队伍，和非正规的无编制劳动力队伍。在单位内部分配上，则是按员工身份进行分配，直接表现就是同工不同酬。因此，要进一步推进同工同酬。

2. 健全收入再分配政策体系

收入再分配政策的政策取向，主要应该是从"兼顾公平"的角度，更多地考虑低收入人群。具体包括：

一是完善税收体制改革，构建促进收入公平分配的税制结构，从多层次、多角度、全方位搭建一个以个人所得税为主体，以其他税种为补充的多税种、立体、全过程的税收调节体系。个人所得税的制度设计应真正体现对低收入者的必要保护，对低收入者可考虑增加家庭赡养、家庭结构、子女教育等专项费用扣除项目。同时，尽快开征财产税，结束财产保有层面的无税状态，从而建立起至少在收入和财产两个层面全方位调节贫富差距的直接税税制体系。

二是加快转移支付的立法进程，推进财政转移支付制度改革。依法调整当前的财政转移支付形式，统一转移支付标准。调整转移支付方式，从单一的纵向逐级转移方式向纵向全面覆盖式转移与横向转移并用方式转换，在我国建立规范的政府间转移支付制度，缩小税收返还和专项转移支付规模，扩大均等化转移支付规模。

三是完善社会保障体系，平衡不同群体间的社保待遇差距，消除城乡壁垒打破城乡二元社会保障结构,推动城乡社会保障制度的有轨衔接。一方面,探索建立农民工养老保险和多种形式的农村养老保险制度,推进新型农村合作医疗制度,研究建立农村老龄人口生活补助制度;继续推进和完善城市以养老、失业、医疗保险为重点的社会保障制度,健全最低生活保障体系。另一方面,扩大社会保障覆盖面,将更多的社会成员特别是中低收入者纳入社会保障体系,尽快把农民工、失地农民、灵活就业人员纳入到社会保障体系中来。

3.完善配套政策

一是完善收入监管制度。收入分配秩序混乱的重要原因在于,收入形式和来源的多样化,各种补贴和工资外收入既成为相关职位、特别是公共部门贪腐的隐患,同时也使得收入监管与调控无法实施。因此,应当改革现有的薪酬体制,简化薪酬构成,简化收入形式,增强收入决定及其来源的透明度。

二是取缔和打击非法收入。在经济转型过程中,由于制度、政策的不完善,通过侵吞公有财产和公共资源、偷税漏税、走私受贿、权钱交易、制售假冒伪劣等破坏市场秩序的非法行为成为谋取暴利的手段,因此应强化法制监管,健全政府权利的监督机制,完善税收监管制度,实行政府官员收入和财产的公示制度。

三是细化、强化、优化收入调查统计。首先,依托现行统计制度开展工资抽样调查,将工资统计与住户调查、劳动统计结合起来,借助现行制度丰富工资统计的内容。其次,加强国有企业薪酬福利及职务消费监测。将国有企业职工工资外收入、非货币福利和管理人员职务消费行为纳入监测体系,并重点监测国有垄断企业和高层管理人员。再次,探索多方合作机制不断提高数据质量。在政府内部,建立上级与下级政府之间、同级政府不同部门之间的数据资源共享机制。建立政府与行业组织工资监测协作机制,监测行业薪酬水平及趋势。委托专业机构对收入数据进行验证,促进薪酬统计数据质量的提高。

(三) 建立现代社会治理结构

1.改进社会治理方式,牢筑经济持续稳定增长的保障网

坚持系统治理,由单中心治理向多元共治转变;坚持依法治理,由管控规制向法治保障转变;坚持综合治理,由单一手段向多手段综合运用转变;坚持源头治理,由事后救急向标本兼治转变。不断丰富和完善社会治理工具库,既要有强制型治理工具(法律、行政等),也要有引导型治理工具(道德规劝、乡规民矩等);既要注重传统型治理工具,也要创新现代化治理工具(信用、信息技术等),为社会治理方式的充分发挥提供保障。通过社会治理方式的改进,做到依法治理、综合治理、科

学治理、多元主体治理。通过社会治理方式的不断完善，社会治理能力的不断提升，确保社会安定有序，为经济持续稳定增长营造良好的社会环境。

2. 激发社会组织活力，打造经济持续稳定增长的助推器

加大社会组织的培育力度。首先，处理好政府与社会之间的关系，明确政府和社会组织在公共事务管理中的作用，适合社会组织提供的服务和解决的事项应交由社会力量承担。培育社会组织参与公共服务的供给，完善促进社会组织发展的相关政策，鼓励和引导社会组织积极参与公共服务的提供、管理和监督。其次，改革和完善社会组织体制，加快形成政社分开、权责明确、依法自治的现代社会组织体制。再次，促进不同社会组织之间良性互动，推进社会组织间功能优势互补，实现资源优化配置，更好的发挥社会组织力量。最后，推动社会工作规范化、专业化、职业化发展，促进社会工作在提供专业服务、化解社会矛盾、促进社会和谐中发挥重要作用。

3. 建立健全跨区域治理机制，护航区域战略顺利实施

一是建立跨区域治理思维理念。打破自家"一亩三分地"思维定式，树立维护区域社会稳定就是维护自身稳定、服务区域发展就是服务自身的理念，更加注重与城市群、经济圈全面协同。二是加强社会治理资源共建共享能力。积极推进城市群基本公共服务和社会管理一体化发展，逐步消除信息壁垒，促进跨区域、跨层级、跨部门的信息数据互联互通和信息资源融合共享。三是提升跨地区、部门协调沟通能力。加强与经济圈城市协调合作，有机整合经济圈社会治理力量，强化重大社会治理事件职能部门之间协作，健全政府间纵向和横向协调机制。建立健全与一带一路相关国家政府部门沟通协作机制。

4. 强化网络治理，推进互联网经济健康发展

一是促进大数据、互联网等在社会治理领域的应用。完善维护社会稳定的信息平台，提升民意智能化分析和应对网络舆情能力，增强通过信息科技提升公共事务决策科学化能力。二是加大网络安全防控，维护良好网络秩序。探索建立协调、规范、有效的网络舆情调控体系，规范网络秩序、打击网络谣言、净化网络空间，营造健康文明的网络环境。健全网络舆论引导机制，规范理性的网络传播秩序，提高网络虚拟社会的管理水平。健全网络舆情监测研判、沟通、发布和反馈机制，及时准确发布重大事件、社会热点问题、重要决策、重点项目的权威信息，加强正面回应和引导疏导。加强网络宣传和评论员队伍建设，及时有效应对网络舆情，正确引导舆论，提升政府公信力。

分报告十：经济持续稳定增长的创新动力

近年来,我国经济增速开始下降,下行压力逐步加大。传统的要素投入、出口增长、资源能源消耗等增长动力开始萎缩,传统动力对经济增长的支撑作用明显弱化,新的创新动力虽然逐步增强,但短期内难以弥补传统动力弱化形成的缺口,迫切需要转换经济发展的动力结构,更多依靠创新动力推动我国经济持续稳定增长。

一、经济持续稳定增长面临创新不足的困扰

（一）传统动力明显弱化

当前,我国经济发展进入新常态,进入到增速换挡、结构转型和动力转换的新阶段。这一阶段的突出矛盾表现为经济下行压力加大,资源能源、人口红利等传统动力持续萎缩,保持经济持续稳定增长的难度越来越大。

一是资源与能源供应的瓶颈加剧。过去30多年来,我国经济的高速增长是以大量的资源与能源消耗为代价的。目前,我国国内的资源拥有量和能源生产能力无法满足我国经济高速增长提出的需求,继续增加资源能源供给,一方面将引发更多环境问题;另一方面也面临国际资源与能源市场供应空间的限制,我国经济持续增长面临的资源能源供应瓶颈将越来越突出。

二是人口红利逐步丧失。我国拥有世界第一的庞大人口规模,长时间以来年轻人口占据人口结构的主体,为我国的高速增长提供了巨大的廉价劳动力增量,使我国享有世界上最大的"人口红利",有力地促进了经济增长。现在,这种"红利"明显萎缩(参见图10-1),劳动力已经由无限供给转向有限供给,所谓的"刘易斯拐点"开始出现,劳动成本上升较快,对经济增长的支撑能力明显弱化。

三是资本回报率下降,继续保持大规模投资难度较大。一定的投资规模是发

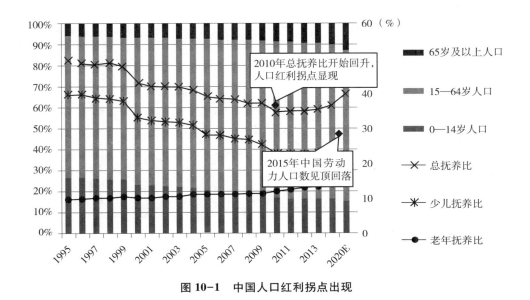

图 10-1　中国人口红利拐点出现

图中标注：
- 2010年总抚养比开始回升，人口红利拐点显现
- 2015年中国劳动力人口数见顶回落

图例：
- 65岁及以上人口
- 15—64岁人口
- 0—14岁人口
- 总抚养比
- 少儿抚养比
- 老年抚养比

月度平均工资（US $）

121	183	197	215	215	391	613	651
2012	2013	2013	2013	2011/2012	2012	2013	2013
柬埔寨	印尼	越南	菲律宾	印度	泰国	中国	马来西亚

图 10-2　中国劳动力成本与有关国家比较

展中国家经济起飞的助推器，投资驱动也已成为我国经济高速增长的主要特点。2000 年以来，特别是金融危机以来，受投资率大幅攀升和政府投资规模持续扩大等因素影响，我国资本回报率呈现大幅下降趋势（见图 10-3）。资本的边际收益率

逐渐下降,导致投资不足等问题,带来经济下行压力加大。此外,经过 30 多年的经济建设,我国基础设施以及工业大规模投资高潮已经过去,继续保持大规模投资难度较大。

（%）

图 10-3　中国历年资本回报率

资料来源:白重恩、张琼:《中国的资本回报率及其影响因素分析》,《世界经济》2014 年第 10 期,第 10 页。

（二）创新动力亟待培育壮大

新的动力主要来自创新驱动,包括技术创新、劳动者素质提高、制度创新和商业模式创新等。其中,最主要的是技术进步,即以新技术的使用来代替劳动和资本要素的投入。近年来,我国研发（R&D）经费投入不断加大,规模已跃居全球第二位。2014 年,全国 R&D 经费已达到 13312 亿元,占 GDP 比重提升至 2.09%,接近发达国家水平。国内专利申请量自 2011 年起持续居全球第一位,PCT 国际专利申请量也于 2013 年超过德国位居世界第三位。2014 年,全国高技术制造业增加值比上年增长 12.3%,占规模以上工业增加值的比重提升至 10.6%。科技和创新基础设施也逐步完善,技术和产业发展水平明显提升,创新驱动发展能力正稳步增强。从国际比较看,根据《欧盟创新排行榜（2014）》报告,2014 年我国创新能力增长 5.8%,综合得分达到 0.275,超过印度、俄罗斯、巴西和南非,居新兴市场国家前列。但整体上与发达国家还存在很大差距,如美国和韩国得分均为 0.74,日本为

0.71,欧盟为0.63。从具体指标看,差距主要表现在市场和法律环境、创意转化为产品、开放程度等方面。

虽然我国创新能力正稳步增强,但总体上看,经济发展仍然主要依靠劳动力和资本投入等要素驱动,创新对经济增长的贡献率不高,真正的技术进步在经济增长中起到的作用较小,且难以弥补传统动力弱化形成的缺口。以经济学界一般通用的全要素生产率(TFP)的增长来衡量技术进步在经济增长中所起到的作用,我国过去30年TFP的增长很少超过2%,对经济增长的贡献度平均不到20%,特别是近年来全要素生产率对经济增长贡献呈下降趋势(见专栏1)。如宏观院投资所测算表明,1978—1999年技术进步贡献总体呈上升趋势,但进入2000年以后受技术引进边际效应下降、改革进入攻坚阶段等因素影响,我国全要素生产率对经济增长的贡献下降。其中,1990—1999年技术进步贡献较高,平均每年拉动经济增长3.3个百分点,2000—2012年技术进步贡献率下降,平均每年拉动经济增长1.5个百分点(见图10-4)。而西方发达国家的TFP对经济增长的贡献率一般都在80%以上[①],我国TFP对经济增长贡献率提升空间还很大。

专栏10-1 近年来全要素生产率对经济增长的贡献呈下降趋势

据国内一些研究机构测算,近年来我国全要素生产率对经济增长的贡献呈下降趋势。如中国社会科学院数量经济与技术经济研究所的钟学义、李平、王宏伟研究测算认为,1978—2009年全要素对经济增长的贡献率为18.30%。其中,1978—1981年为32.32%,1982—1986年为38.47%,1987—1990年为-41.29%,1991—1999年为48.27%,2000—2009年为13.11%。中国科学技术信息研究所的赵志耘等测算认为,技术引进是改革开放以来中国全要素生产率变化的主要原因。虽然近年来我国R&D投入增长迅速,但只是大大增加了技术知识存量,并没有有效转化为全要素生产率的提高。根据其测算,2001—2009年,全要素对我国经济增长的贡献率为17%。北京大学中国经济研究中心的李宾等测算表明,1991—2000年,我国全要素生产率年均增长4.68%,对经济增长的贡献为44%。而2001—2007年,全要素生产率年均增长2.93%,对经济增长的贡献为27.79%。相比1991—2000年,2001—2007年全要素生产率对经济增长的贡献下降了16个百分点。中国社科院工业经济研究所江飞涛等人估算了TFP对工业经济增长的贡献,认为TFP贡献了中国工业经济近1/3的份额,但近年来其贡献率出现了快速下降趋势。1979—2002年期间TFP对中国工业经济增长的贡献率年均高达47.34%,而其后的数年间,这一比例骤降为年均-4.08%。

---

① Xu Tian,Xiaohua Yu.The Enigmas of TFP in China:A Meta-analysis [J].China Economic Review,2012,(23):396-414.

（百分点）

图 10-4　全要素生产率对经济增长的贡献（1978—2012 年）

二、培育创新动力面临的问题和制约因素

为什么创新动力还没有成为经济持续稳定增长的核心动力？究其原因，主要与我国国情、经济发展阶段紧密相关，特别是长期以来制约我国经济发展方式转变的一些深层次体制机制因素依然存在，制约了创新动力的培育壮大。

（一）体制机制不完善

当前，业界流传的比较多的一句话是"不创新是等死，创新是找死"，主要反映的是制约创新的体制机制因素较多，创新的激励机制仍不健全。主要表现在：一是鼓励创新的制度设计和氛围有待增强。在目前主要考核地方 GDP、主要考核国有企业"保值增值"的机制下，地方政府和一些国有企业对创新重视不够，舍不得投入。此外，市场竞争秩序不完善，知识产权保护的法律意识依然淡薄，依靠创新很难获得应有收益。一些基础性行业垄断现象突出，挤占了上下游中小创新型企业的利润，扼杀了创新活力。

二是主要生产要素价格扭曲，形成生产要素价格对创新的倒逼机制还需要时日。长期以来，我国能源、资源、土地和劳动力等生产要素价格偏低，不仅造成资源利用效率低下、环境压力增大、人地关系紧张等问题，给落后产能留了生存空间，导致产业结构、投资结构畸形发展，而且也阻碍了新技术的研发与产业化，抑制企业对先进技术的需求，减弱对企业技术创新的激励。特别是，服务劳动、研发、创新等无形要素价值被低估，也抑制了相关领域服务和研发人员追求创新的动力。

三是创新管理缺乏统筹协调，创新政策难以形成合力。目前我国尚未形成有利于推进创新发展的决策和组织机制，创新链条分割，管理绩效不高，科技创新向产业创新的传导机制不畅，导致研发与应用脱节、科技与经济脱节，难以集中力量办大事。

（二） 企业创新能力薄弱

企业是创新的主体，也是推进我国经济发展由要素驱动向创新驱动转变的先锋。但目前我国企业创新能力较弱，不适应增强创新动力的要求。据统计，2013年，我国规模以上制造业研发（R&D）经费内部支出占主营业务收入之比为0.88%，近70%的企业没有 R&D 活动。高技术制造业 R&D 经费支出为2030.8亿元，占主营收入的比重为1.75%，与发达国家5%以上的水平存在很大差距。有研发活动的企业多数进行模仿创新和引进消化吸收再创新，真正的原始创新不多，企业 R&D 经费支出中基础和应用研究仅占3%左右，远低于主要发达国家20%以上的平均水平。究其原因，有企业投入能力不足等因素，但主要原因是目前我国围绕企业配置创新资源的体制机制没有形成，社会资本支持创新的渠道不畅，企业很难获得政府和社会的研发经费支持。

（三） 技术转移和转化效率低

技术转移和产业化是创新驱动的关键环节。但从我国看，目前技术转移和转化的效率均偏低。据调查，目前我国科技成果转化率不到10%，部分重点大学、科研院所科技成果产业化率不到5%，而发达国家高达40%—50%。主要原因是作为市场主体的企业没有成为科技研发和科技成果产业化的主体，而大量承担国家重大科技计划的高等院校和科研院所缺乏科技成果产业化的能力，加上目前以论文、专利等为导向的考核机制，高等院校、科研院所也缺乏技术转移、科技成果产业化的动力。此外，技术市场不完善，行业协会和联盟支撑作用不足，特别是对创新型中小企业服务不够，也制约了技术转移转化和创新动力的提高。

> **专栏10-2　美国技术转移情况**
>
> 　　为促进财政资金支持的技术成果转移,自20世纪80年代以来,美国政府制定了一系列法案,比较有代表性的有:1980年制定的旨在鼓励大学、科研机构技术转移的"技术创新法案"(史蒂文森-拜杜法案)、1986年制定的旨在鼓励联邦实验室合作研究的"联邦技术转移法案"、1989年制定的"国家竞争力技术转移法案"、2000年制定的"技术转移商业化法案"、2007年制定的"美国竞争法案"等。这些法规对促进美国技术转移和创新发挥了重要作用。据《美国科学和工程技术指标》,2009年美国联邦实验室(包括商业部、能源部、健康和人力资源服务部、航空航天局、农业部)公布的发明数为4422件,专利申请2080件,专利授权1494件。发明许可数为4226件,其他知识产权许可6730件。合作研究与发展协议(CRADA)7733件,其他研究合作16319件。

（四）　人才和职业教育等支撑不足

　　我国创新驱动发展所需要的领军人才、复合人才和专业人才总量不足、质量偏低、结构不合理等问题日益突出,已经成为发展方式转变、产业提质增效和增强创新动力的瓶颈制约。现行基础教育仍未摆脱应试教育,不利于学生创造力的培养。高等教育质量亟待提高,职业教育不发达,学生适应社会和就业的创业能力不强,创新型、实用型、复合型人才紧缺。近年来高校毕业生大量增加,但就业困难有所加剧。与此同时,企业急需的技能型人才和复合型人才缺乏。现行的人才评价制度过于标准化和单一化,严重影响了人才作用发挥。

（五）　政策法规不完善

　　创新驱动是一个从基础研究、应用研究、产品研发到产业化的过程,涉及方方面面,需要在财税、金融、政府采购等方面有一整套推动创新的制度政策安排。但目前我国科技政策与产业政策、投资政策、贸易政策、消费政策之间没有形成有机衔接,甚至存在相互矛盾和抵触的现象,导致创新政策无法落实。比如,在对自主创新产品初期市场的引导和培育方面,虽然国家出台了包括首台(套)采购等一系列的政府采购措施,但落实不够。在财税政策方面,虽然国家出台了企业研发投入所得税抵扣政策,但在许多地方落实不下去。在金融政策方面,目前我国天使投资、创业投资还不发达,有企业家直言"中国的创业投资是保险投资而非风险投资",主要因为我国创业投资主要投向产业化中后期项目较为成熟的企业而非创业早中期企业,创新型中小企业特别是初创企业融资非常困难。

三、培育创新动力的战略思路

未来5—10年是我国实现创新驱动经济转型的战略机遇期,必须在稳定经济增长,防止经济出现较大波动的同时,重点解决创新的主体、动力、重点领域和体制环境等问题,加快构筑经济持续稳定增长的新动力和新基础。

为此,培育创新动力的战略思路是:以推动经济持续稳定增长、打造经济增长新动力为目标,从构建激发创新活力的机制环境入手,按照"改革先行、企业主体、重点突破、人才为基"的原则,做好创新驱动的顶层制度设计,努力构建增强创新动力的体制机制;坚持企业主体,大力推进市场导向的技术创新;坚持重点突破,着力推进新兴产业和重点地区率先实现创新驱动发展;强化领军人才、复合人才和专业人才培养,夯实增强创新动力的科技人才基础。积极发挥政府和行业协会作用,争取用5年左右的时间,在知识产权保护、垄断行业改革等方面取得明显突破,扶持一批创新能力强的骨干企业,争取构建有利于创新驱动的制度框架,到2020年创新驱动对经济增长的贡献率明显提高(达到40%左右),创新驱动对经济增长率的贡献达到2—3个百分点左右,创新动力成为经济持续稳定增长的骨干支撑,基本实现我国经济增长由要素驱动向创新驱动的转变。主要战略路径是:

(一)坚持改革先行,努力构建增强创新动力的体制机制

要利用当前生产要素成本上升和资源环境约束强化的"倒逼"机制,保护和强化市场竞争,促使企业由过去依靠低成本、低价格竞争向依靠创新、差异化竞争转变。一是提高产业发展的安全标准、环境标准和节能环保标准,推进资源要素价格改革攻坚,加强要素市场化改革,建立完善反映稀缺程度和环境成本的资源和资源性产品价格形成机制。二是大力推进电网、电信、药品流通等垄断性行业改革,建立开放、公平竞争的市场环境,改变"创新环节不挣钱、不创新也能挣大钱"的局面。完善市场准入和退出机制,简化行政审批、审核程序,提高审批、审核效率,更多通过产业技术标准、质量管理、环保保护等标准形成优胜劣汰的市场竞争环境。三是建立支持创新的金融体系。加快设立战略性新兴产业板块,实施新兴产业创投计划,对国有商业银行实行股份制改革,将政策性金融体系的功能从支持政府性投资转向搭建中小企业融资平台,设立产业发展基金、支持技术创新等市场失灵领域。

（二）　坚持企业主体，大力推进市场导向的技术创新

要通过大幅增强企业创新能力，以"增量带动存量"改革，加快建设以市场为导向、企业为主体、产学研紧密结合的国家技术创新体系。一是真正建立以企业为主体的产业技术研发体制。以改革科研项目管理体制为突破口，推动科技创新由技术供给导向型为主向市场需求导向型为主转变。二是切实加强需求侧政策对自主创新的拉动作用。制订政府采购政策实施细则，明确政府采购自主品牌的比例，完善招投标机制和政府采购政策实施的跟踪、评价和监督机制。

（三）　坚持重点突破，着力推进新兴产业和重点地区率先实现创新发展

我国人口众多，区域发展差异较大，特殊国情和经济发展的不平衡性，决定了创新发展道路的长期性和复杂性。实现创新驱动发展应该找准突破口，集中优势力量，鼓励先行先试，努力实现重点产业和区域的率先转型发展。在产业领域选择上，应以战略性新兴产业为主，大力推进生物、互联网＋、新能源等领域的体制机制改革，组织实施战略性新兴产业重大工程，统筹技术开发、产业化示范、标准制定、市场应用等创新环节，发展壮大一批新兴产业创新型领军企业。在区域发展重点上，要大力支持部分发达地区率先转型发展。支持有条件的地区在金融体系创新、绩效考核改革、放松市场管制、知识产权保护等方面大胆探索新的体制机制，加快形成创新驱动的经济结构和基础条件。

（四）　坚持人才为基，夯实增强创新动力的科技和人才基础

要建立强大的科学技术研究基础，建立开放创新、具有国际竞争力的教育体系，建设一批具有世界领先水平的创新能力基础设施，大力促进科技、教育与经济发展相结合，为增强创新动力奠定坚实基础。要推进教育体制和人才评价使用体制改革，认真落实教育优先发展战略，借鉴发达国家专业人才队伍建设经验（见专栏3），以职业教育改革为突破口，加快发展职业教育和终身教育。要从战略高度重视领军人才、复合人才和专业人才的引进、培养、开发和使用，瞄准经济社会发展和增强创新动力的需求，牢固树立人才是第一资源的理念，结合研究、教育培训和移民等政策创新，努力形成集聚人才、提升人才、用好人才和有利于人才分层发展的体制机制和政策环境。

专栏10-3　澳大利亚专业人才队伍建设的经验与启示

澳大利亚专业人才队伍建设的经验值得我国借鉴,其主要做法是:一是面向经济社会发展和提高国家竞争力的需求,统筹谋划人才的引进、开发、使用和教育培训的战略与政策;二是通过严格规范的职业资格管理制度,提高劳动力素质和经济社会运行质量;三是重视发展优质的职业教育和终生教育,形成产业引领、能力本位、实用为重和分层发展的人才结构;四是专业技术人员协会等中介服务组织广泛参与,成为提升专业技术人员职业素养、增强国家和产业竞争力的重要支撑;五是平等、自由、开放、包容和鼓励创新的用人环境,为高层次专业人才潜心专业服务国家提供了良好的平台;六是规范有序、信誉优先、法律至上的社会氛围,为各类人才的成长提供了良好的环境和制度保障。

资料来源:国家百千万人才工程澳大利亚培训团,执笔人:姜长云,《澳大利亚专业人才队伍建设的经验与启示》,《全球化》2015年第3期,第98—108页。

四、加快培育创新动力的对策建议

（一）营造良好的创新发展环境

增强创新动力,关键在营造良好的创新发展环境。一是切实加强知识产权保护,实施更加严格的知识产权保护和执法制度,大幅度提高权利人胜诉率、判赔额,从根本上改变目前"侵权易、维权难"的状况,在全社会营造尊重知识产权的氛围和环境。二是实施技术转移行动计划,通过完善知识产权许可和管理、加强技术转移机构建设等政策法规和措施,推进财政资金支持的技术成果转移和产业化,大幅度提高科技成果转化率。三是鼓励企业、行业协会、产业联盟、高等院校和科研机构以产学研结合等形式,共建国家工程(技术)研究中心、国家工程实验室等产业技术开发体系。四是实施灵活高效、人尽其才的选人用人政策。按照创新的规律培养和吸引人才,推动科研成果收益分配、股权激励、产权处置等向优秀人才倾斜,建立充分体现智力劳动和服务劳动价值的分配导向,让科技人员的智力劳动得到合理回报,赋予科研人员更大的科研自主权、人财物支配权和技术路线决策权。

（二）切实增强企业创新动力

目前我国的科技计划和工程主要是围绕提升创新要素的能力来部署的。新时期新阶段,要围绕强化企业创新主体地位,大幅度提高企业创新能力。一是要结合目前结构性减税的税制改革方向,进一步加大研发费用加计扣除、研发仪器加速折旧等税收政策执行力度,逐步提高抵扣力度,探索对中小创新型企业研发投入的直接税收补贴,最终将研发税收补贴额度稳定在企业全部研发投入 20% 的水平。进一步提高企业教育培训费税前列支比例,将培训费占现行工资总额的 2.5% 提高到 5%,调动企业提高业务培训的积极性。二是要建立需求导向、企业牵头、企业采购高校和科研机构研发服务的关键领域产业技术攻关体系。提高企业对国家科技计划、应用导向的科技重大专项方案等决策参与度。强化国家支持研究开发项目全项目资金合理性审核,适度放宽承担单位预算调整权限,增加无形资产和人力资本投资预算额度。三是要突出重点,通过典型示范等方式支持企业创新能力建设,加快培育一批拥有自主知识产权和知名品牌、具有国际影响力的创新型领军企业。争取五到十年时间,使骨干企业真正具备生产一代、研发一代、储备几代的技术创新能力,在若干领域形成颠覆性技术能力。培育一批国际竞争力居世界前列的创新型企业和一大批富有创新活力的中小企业集群。

（三） 推动重点领域和地区率先创新发展

围绕促进重大产业创新发展,提升重点产业核心竞争力,选择健康、新一代电子信息、节能环保、装备制造、新能源、新能源汽车等行业,制定创新驱动发展专项规划,明确创新驱动发展转型的路线图和时间表,着力解决制约产业创新发展的体制、关键核心技术等问题,制定切实的政策保障措施。通过 5 到 10 年的努力,上述领域创新动力明显增强,部分领域的创新能力达到国际先进水平。

在重点区域发展上,要按照中共中央办公厅、国务院办公厅《关于在部分区域系统推进全面创新改革试验的总体方案》的要求,重点推动京津冀、上海市、广东省、安徽省、四川省和武汉市、西安市、沈阳市等地区率先进行全面创新改革试验,率先探索适度宽松的新兴产业准入机制、以创新为纽带的金融资本与产业资本融合机制、开放式创新和人才引进等创新相关的制度创新。力争通过 5 到 10 年的努力,使北京、上海、广东、江苏等部分地区达到韩国等创新驱动型经济体的竞争能力和规模水平,形成新的增长动力,引领、示范和带动全国加快实现创新驱动发展。

（四） 强化国家"产业公地"建设

"产业公地"是美国国家科技委员会在《先进制造业国家战略计划》报告中提出的三大战略任务之一。美国认为,产业公地的缺失和衰落是美国制造业具有很强研发和创新能力,却很难产业化、最终失去竞争力的原因。必须遵循产业规律,强化集基础设施、专业知识、工程制造能力等支撑多个行业发展的关键能力于一体的产业公地建设，支撑美国制造业的未来。当前，我国制造业基础和能力都较强，部分也是得益于东北等老工业基地在关键设备制造、工程建设、人才储备等方面的制造业基础和能力支撑。如今，这些地方经济下行压力较大，一些工厂经营困难或转产，有可能导致这些宝贵的制造能力丧失，建议在东北和其他制造业基础较好的地方建设一批国家"产业公地"，一方面为老工业基地城市产业转型升级提供方向，另一方面为国家实现创新驱动储备重要的生产制造能力，支撑创新动力增长。

（五）建立创新动力增长的考核体系

生产率增长情况是反映创新驱动、经济增长质量的主要指标。但目前在我国统计年鉴中缺乏这方面的指标。应研究设立创新动力增长的考核评价体系，并将其作为经济发展方式转变的考核评价指标。强化对全员劳动生产率、工业增加值率等体现经济效率和创新动力指标的统计、发布和比较分析，引导全社会关注经济发展质量和创新动力增长情况。加强对地方领导干部创新驱动经济转型的绩效考核，弱化 GDP 等规模性指标在经济工作考核体系中的比重。

（六）注重已出台政策措施的落实

党的十八大以来，中共中央和国务院对培育创新动力非常关注，习近平总书记多次就增强创新动力，实施创新驱动发展战略做专题讲话，中共中央和国务院也陆续出台了包括《中共中央、国务院关于深化体制机制改革加快实施创新驱动发展战略的若干意见》《国务院关于大力推进大众创业万众创新若干政策措施的意见》《关于在部分区域系统推进全面创新改革试验的总体方案》和《国务院关于构建大众创业万众创新支撑平台的指导意见》等一系列文件和政策措施。这些政策措施非常好，也非常实，但"一分部署、九分落实"，关键在落实。要强化政策落实情况的评估，做好监督考核和推广应用工作，确保各类重大改革措施落到实处。

分报告十一:经济持续稳定增长的市场基础

我国正处在转换增长动力、优化经济结构的关键时期,当前和未来五年,经济社会发展面临复杂局面,短期与长期矛盾叠加,周期性与结构性因素交织,各种潜在风险与挑战凸显,经济持续稳定增长面临较大挑战与较多不确定性。克服诸多挑战与不确定性的重要途径之一是建立健全统一开放、竞争有序的现代市场体系,营造公平竞争的市场环境,使市场在要素资源配置过程中发挥决定性作用,深入挖掘土地、资本、劳动力等要素供给潜力,切实提高要素配置与使用效率,从而为夯实经济持续稳定增长奠定重要基础。

一、夯实市场基础对经济持续稳定增长的重要意义

市场体系是指由相互联系的各类市场组成的有机体,建立健全现代市场体系,要关注包括市场结构、市场规则和市场机制在内的整个系统运作。党的十八届三中全会《决定》提出,"加快完善统一开放、竞争有序的现代市场体系",这是使市场发挥配置资源决定性作用的前提和基础。

统一开放、竞争有序的市场体系是保障经济持续稳定增长和提升发展质量的重要基础,主要通过影响要素投入和全要素生产率两个渠道发挥作用。一方面是发挥"要素增加效应",通过培育和发展土地、资本、劳动力、技术等要素市场体系,扩大要素供给规模,优化要素供给结构,让要素资源潜力源源不断地迸发出来,从而解决当前制约经济增长的要素资源结构性短缺问题;另一方面是发挥"效率改善效应",通过改革重点领域的市场体制机制,充分释放改革红利,切实提高全要素生产率(TFP),为经济持续稳定增长提供不竭动力。夯实市场基础对经济持续稳定增长的重要意义包括以下几个方面:

有利于提高资源配置效率,增强经济运行协调性。在资源配置过程中,公平竞

争是核心要件，它能有效发现并形成合理价格，引导劳动力和资本等生产要素在经济生活领域自由流动，寻求生产要素最优投入组合，提升资源在不同地区、行业和部门之间的配置效率，从而推动生产力发展和提高经济运行协调性。

有助于释放市场主体活力，激发增长潜能。经济持续稳定增长的动力源泉，在于有效激发、释放市场内生潜力与活力。公平竞争通过优胜劣汰机制，不仅给企业施加了外在压力，还为企业发展提供了一种发展动力，它促使企业为了生存和发展充分发挥积极性和创造性。企业公平参与价格竞争、质量竞争和引入新产品竞争，有较高积极性去降低成本，改善经营管理水平，提高产品质量和劳动生产率，从而增强发展能级。

有助于增强经济发展稳定性与持续性。建构统一开放、竞争有序的市场体系，能够有效减少地方保护与行政权力对市场运行的干预，限制垄断势力与不正当竞争行为，杜绝假冒伪劣产品，提升产品与服务质量，避免价格剧烈波动，促进经济平稳运行。可以激发企业更有效地利用资源，充分反映资源与环境价值，避免资源浪费和生态环境破坏，实现可持续发展。

有益于增强经济发展包容性，提升发展质量。公平竞争可以避免消费者在交易过程中因企业垄断行为或不正当竞争行为而蒙受损失，消费者可以享受更公平的价格，更高质量的产品和服务。从更广范围来看，公平竞争能够真正体现社会公平正义，减少社会分化或分裂，保障更多发展成果为全民共享，从而激发个人潜能，为提升发展质量创造条件。

二、当前经济持续稳定增长的市场基础尚不牢靠

当前，我国要素市场本身的缺陷和扭曲、市场体系的不完善，严重制约市场配置资源决定性作用的有效发挥，造成了资源错配、结构失衡、发展粗放等一系列问题，影响了经济发展的稳定性、协调性、持续性与包容性。

（一）要素市场发育滞后严重影响资源配置效率，阻碍增长潜能释放

不当管制固化体制壁垒，要素资源产权改革严重滞后。大量资源要素依旧被锁定在前计划经济的"条块"格局之中，不能为市场竞争性主体自由选用，不当管制等隐性体制壁垒造成土地、资本、技术、劳动力等要素严重短缺与大量闲置并存。上、下游价格严重扭曲且疏导不利，部分生产要素价格形成依然以"红头文件"而

不是以市场供需为基础。明确产权归属和保障产权收益合理分配是推动生产要素自由流动、市场化配置的关键,是使得所有者权益和外部成本充分体现在要素价格之中的重要前提。但是,现阶段要素资源产权改革涉及既有利益格局的巨大调整,推行起来阻力较大。现有资源产权交易平台是分散和割裂的,交易品种、交易机制设计等方面存在较多问题。

关键要素市场发育存在缺陷和扭曲。金融市场主要为"铁公机"等固定资产投资和制造业服务,以国有大型银行为主,直接融资市场发展滞后,股市和债市服务实体经济的能力较差,金融监管尚不健全。2015年6月中旬以来股市大幅震荡,几度出现"断崖式"下跌,财富效应消失殆尽,导致居民财产性收入大幅缩水,对投资和消费增长产生了较大负面影响。在粗放型发展阶段,我国主要依靠低廉劳动力与资源拉动增长,低工资政策和城乡二元化户籍制度,大幅压低了劳动力价格。现有征地与土地"招拍挂"制度,在高增长时期曾经持续推高商业和住宅用地价格,地方政府竞相效仿以高昂卖地收入弥补财力不足,同时开展了竞相压低土地价格的"引资大战"。科技要素同样无法有序流动和高效配置,不同区域甚至区域内隶属不同行政机构的科技平台之间存在制度藩篱,大量科研经费沉淀在体制僵化的科研机构,很多大型科学实验仪器和试验试制设备常年闲置或空转。

(二) 区域分割破坏统一市场公平竞争秩序,影响市场主体活跃度和资源利用效率

区域分割阻碍要素和商品自由流通、企业跨区经营。据商务部对全国主要省(区、市)调查,有20余个省(区、市)产品或服务均遭受不同程度地区封锁,有的情况还较为严重。地方政府缺乏收入主动权且支出压力巨大,这是导致出现各类地方保护、地区封锁行为的深层次体制根源。地方政府为了克服本级财政困难,有较大冲动千方百计地留住本地税收,表现为要求外来企业在本地成立子公司而非分支机构,要求辖区内企业尽可能在本地缴税,还对外来企业并购本地企业或跨区连锁经营设置了歧视性政策。同时,存在行政"拉郎配"行为,即强迫某企业加入某集团,或者指定经济效益较好的集团"接管"某些经济效益不佳的本地企业。与前述行为的逻辑类似,各地政府为了落实鼓励性、支持性产业政策而配套的各类财政补贴,也倾向于补贴能够成为地方稳定税源的本地企业和项目工程。

公共资源配置和招投标等领域存在暗箱操作和寻租行为。目前,在竞争性领域或环节频现的诸多"垄断",实际上并不是市场优胜劣汰的产物,而是由计划配置资源和行政审批限制准入形成的行政垄断。在部分竞争性领域,排除或限制竞

争的主要力量并非来自企业，而是来自传统体制内的行政权力。目前，这类行政垄断之"恶"有甚于市场垄断，是造成市场体系碎片化、市场监管效能低下的体制顽疾。例如，在公共项目招投标过程中，招标主管机构与个别投标企业或机构的官商合谋是严重的不正当竞争行为，人为设计串标、陪标及各式排他性的"隐形门槛"，部分地方集中招标采购或特许经营权招标前后需要经过多道确认或审批程序，为权力寻租留有较大空间。

（三）市场扩大对外开放的同时脆弱性与风险性明显增强

近年来，我国经济发展的外部环境不确定性增大，输入性风险明显加剧。美国经济复苏步伐先于欧洲和其他新兴经济体，美元指数持续走强，使得本就疲弱的国际大宗商品市场"雪上加霜"，主要商品价格一度出现大幅跳水，路透 CRB 大宗商品指数创 30 年来的低值。近期全球股市出现普跌，加重了资本避险情绪，部分资金由股市转入商品市场，支撑做空力量走强，更是加剧了大宗商品价格下挫幅度。

我国石油、金属、铁矿石等工业原材料对外依存度很高，国外输入性风险传导较为直接，加之国内市场体制机制不健全，也放大了输入性因素影响价格波动的幅度，加剧了国内相关市场的脆弱性和风险性。2014 年以来，输入性因素加剧了国内的结构性通缩风险，工业生产者价格指数（PPI）持续 40 多个月走低，直接抑制了工业企业投资需求。同期，物价总水平同比降幅明显大于名义利率降幅，已导致实际利率水平提升，增大了工业企业实际投资成本，降低了预期收益，导致部分投资项目被推迟或取消。近年来，工业生产者价格指数（PPI）与消费者价格指数（CPI）的开口快速扩大，说明工业领域产能过剩与服务业领域结构性供求矛盾未能有效缓解，随着工业品价格零增长或负增长和劳动力成本继续上涨，企业利润减少甚至已发生较大面积亏损。工业企业为了维持运行，通过裁员缩减成本，失业增加引起收入水平下降和终端消费萎缩，传导回上游导致企业生产进一步萎缩。此外，工业企业经营状况持续恶化，银行惜贷、抽贷情况十分普遍，信贷紧缩又加剧了企业债务负担，陷入了恶性循环。

（四）信用体系尚未健全，信息不对称等市场失灵加大经济运行成本

由于诚信不足、自律意识淡漠，制度性惩戒机制尚不健全，加剧了信息不对称等市场失灵问题。近年来，假冒伪劣食品药品屡禁不止，食源性、药源性疾病较大规模爆发，生态安全也在持续恶化，以污染范围广、危害程度大、跨区域发生为特征

的环境污染进入集中爆发期。矿山、建筑施工等行业发生的安全责任事故也屡禁不止,尤其是 2015 年发生的天津港爆炸重特大事故更是造成了极其恶劣的影响。

信用信息统一评价标准与管理体系尚不完善。目前,各部门信用信息资料互联互通远不到位,企业及个人信用信息广泛分散在工商、税务、公安、金融等职能部门,缺少互联互通和共享机制。涉及信用信息的管理部门有各自的信用等级评价标准和评定办法,缺乏统一的评价规则与评定程序。

地方政府公信力不足也加大了民间投资进入和运行成本。在地方公用事业通过特许经营方式引入民营企业参与竞争的过程中,由于地方政府政策变化太快而导致民营企业经营不善,产品或服务质量大幅下滑,甚至恶意退出的情况时有发生。例如,民营主体投资公路遭遇取消收费,预期收益中断,合同终止;投资污水、垃圾处理,因政府承诺的配套管网建设不到位,收费政策调整不及时,而造成处理能力闲置,长期亏损。

三、未来五年夯实经济持续稳定增长的市场基础的思路与对策

完善统一开放、竞争有序的现代市场体系是保障经济持续稳定增长的重要基础,是推进国家治理体系和治理能力现代化的题中之义与重要支撑。一方面,要加快重点领域要素市场建设,完善竞争性市场体系,拓展土地、资本、劳动力、资源等要素供给规模,优化供给结构,提高要素投入与利用效率。另一方面,要大刀阔斧地改革市场体制机制,削弱信息不对称、负外部性等市场失灵引致的负面影响,节约市场交易成本,提高市场体系运行效率,夯实经济增长后劲,提高增长质量与包容性。

(一)加快重点要素市场建设,完善竞争性要素市场体系,提高要素资源优化配置效率

以完善产权制度为基础,加快推进要素市场化改革,保障各类所有制市场主体有序进入、平等使用生产要素,加快要素资源市场化配置,增强市场主体活力与竞争力。

建立健全公共资源与产权交易共同市场。整合各地分散的工程项目招投标、土地使用权和矿产权出让、国有产权交易、政府采购等公共平台,建设统一的公共资源交易平台,适时整合房地产、人力资源、金融证券等要素和国有企业实物资产、

知识产权、农村产权、环境产权等各类权属交易平台，推动建立多品种、多层次融合发展的全国公共资源与产权交易共同市场。制定统一交易规则和交易保障机制，抓紧出台电子交易公共服务系统技术的国家标准。吸引更多市场主体和公共资源管理部门参与公共资源交易平台建设、运行与维护，建立主要区域和省（市）符合地方实际的公共资源和产权交易子市场和子平台，鼓励交易主体跨区域自主选择交易市场或平台。

将沉淀的土地资产变成流动资本。统筹城镇建设用地与农村集体建设用地和宅基地，统筹增量与存量建设用地，加快健全城乡统一建设用地市场。落实农村集体建设用地的用益物权，保障土地所有者和使用者合法权益，规范集体经营性建设用地流转行为，合理提高土地利用效率。坚持宅基地集体所有性质不变，探索转户进城农民在本集体内部以自愿有偿方式退出原宅基地的激励补偿机制。加快建立城乡建设用地统一登记和信息系统，培育土地市场信息咨询、登记代理、地价评估、纠纷仲裁等服务机构，提高土地市场运行效率。

建立安全高效的多层次资本市场。推动股票发行注册制改革，加快形成市场化定价的新股发行制度，规范主板市场发展，完善风险投资和创业板市场规则，健全适应不同层次市场需求的交易制度和转板机制。把发展债市作为提升直接融资功能的主攻方向，实行企业债发行注册制，降低发债门槛，优化发行主体结构。规范地方政府举债程序和债务风险防范机制，加快债券市场信用体系建设。积极推进交易所和银行间证券市场互联互通，建立健全统一登记、交易和结算体系。

破除阻碍劳动力自由流动的双轨制。消除城乡、行业、身份、性别等一切影响平等就业的制度壁垒，废除一切对外来务工者的歧视性规定，实行城乡平等的就业准入制度和同工同酬的劳动报酬制度。加快剥离户籍制度的福利分配职能，建立以常住人口为分配依据的基本公共服务获取机制。健全多层次社保体系，提高统筹层次，完善兼顾各类人群的社保待遇常态化调整机制，推动更广范围的医疗和养老保险异地报销，解除劳动力流动的后顾之忧。

建立健全统一的技术交易市场。建立健全综合性和专业性相结合的技术交易大市场，推动市场组织结构合理化和市场功能集成化，借助互联网平台打造动态实时、信息对称、交易透明的多层次技术交易平台。健全统一的技术市场交易规则和标准，建立客观公正的技术要素价格评估体系，规范技术交易行为和市场秩序。采取政府资助、民间自筹等多种方式，发展壮大符合不同层次需求的兼顾公益性和盈利性的技术中介服务机构，建立统一的技术经纪人从业资格认证体系。

推动信息数据资源自由流动。大力推进信息基础设施建设和信息技术升级，提升信息采集、传递和使用专业化程度,提高全国公共数据网络利用率与用户联网数量,促进信息资源高效传递与有偿共享。建立健全信息和大数据交易服务平台,盘活全国数据信息资源,推动数据交易相关法律法规和行业规范确立,建立一套安全可信、公开透明的隐私保护、定价与交易规则,提升数据信息市场交易的监管水平和效率,实现数据信息资源高效利用。

(二) 加快全国统一市场建设营造公平竞争市场环境,提高市场投资活力和使用效率

引导和激励各种所有制企业自主经营、自愿选择参与旨在提高市场经济运行效率的兼并重组。取消限制企业兼并重组和增加企业兼并重组负担的不合理规定,禁止违背企业意愿的"拉郎配"行为。支持企业根据市场情况跨区域迁移,切实解决跨地区经营企业汇总纳税问题。各地方政府及所属部门不得以任何形式要求在本地经营的外地企业必须设立独立的法人机构,限制或排斥外地企业在本地设立分支机构。清理围绕籍贯、规模、资产、资质、资格设置阻碍跨区开展正常连锁经营的限制性条款。严格执行《招标法》《合同法》《政府采购法》,加强对政府采购、工程招标等活动的规范化管理,纠正公共部门在集中采购、工程招投标过程中的失范行为,确保各类市场主体公开平等地参与竞争。纠正工商、交通、建设、环保、文化等领域存在的各类"三乱"问题,对行政部门非税收入管理及落实收支两条线情况开展专项检查,重点纠正监管执法部门以罚代管、滥用自由裁量权、利用工作之便"搭车"收费等违规行为。全面清理和规范行政审批相关前置有偿中介服务事项,废除各类"红顶中介",完善中介市场竞争和监管机制,规范中介机构市场行为。

(三) 加强监测预警以防范输入性风险,为经济平稳运行创造良好环境

加强重点市场的监测、分析与预测工作,运用政策工具引导企业及时调整采购与生产计划,做好重点品种增加储备或释放储备的应急预案。审慎引导企业参与国际大宗商品相关衍生品交易,引导能源、资源消耗量较大的企业合理运用期货交易对冲价格波动带来的成本大幅变化风险,严格监控资源类大中型企业金融衍生品支出预算,要求企业完善相关交易信息披露机制。评估贸易壁垒和货币摩擦可能对我国大宗商品进出口贸易产生的不利影响,鼓励国内企业组团联合采购,以增强与国际卖家的议价能力。加强对跨国公司及其关联资本通过控制我国能源、资

源、粮食上游产业环节从而增强对我国产业链渗透情况的研判与对策研究。完善能源、矿产、粮农产品进口代理制度，压缩国内贸易商、投机商加价空间。

四、推动健全现代市场体系的配套制度建设

（一）健全市场信用体系，夯实市场经济的"基石"

加快推进全国统一信用信息平台和征信系统建设。推进统一的信用信息数据库标准、征信技术、数据交换和信息安全等标准化工作，为信用信息市场的互联互通夯实基础。发挥"信用中国"推进社会信用体系建设的重要窗口作用，鼓励各部门和各级政府，将公共数据库中的部分可公开内容提供给信用中介机构或与信用中介机构共享，制定共享准则和服务标准，在行政许可、政府采购、公共资金申请等各环节优先使用信用信息产品，探索通过PPP、特许经营等方式成立市场化征信评级机构，建立公共征信机构和市场化征信机构协调发展机制，大力引导和培育信用信息服务市场。

强化失信行为联合惩戒机制。重点推进在工商、税务、金融、环保、社保、安全生产、食品安全等监管部门之间的信用奖惩联动机制，建立市场主体和行业信用分类管理和信用监督机制。各部门和各级政府在征信体系建设中应主动创建技术平台接受社会公众监督。将政府纳入征信评价体系，建立公共部门信用档案和信用公示制度，将地方政府机构和负责人员失信行为记录在案，以提醒社会公众和民间投资者。

（二）建立健全市场监管体系，强化纵横联动协同监管机制，为经济持续稳定增长提供制度保障

推动反行政垄断不当行为的法治进程。适时修订《反垄断法》，赋予反垄断执法机构以反行政垄断合法机构的法律身份和地位，规定涉嫌行政垄断的行政机构的上级单位有责任和义务配合反行政垄断调查、取证、立案、侦办和处罚工作。建议修改《行政法》当中相关条款，如"抽象行政行为不可诉"的相关规定，为反行政垄断立案和处罚提供条件。

以问题为导向深化简政放权改革。按整个权力链条取消或下放妨碍市场主体自由进入、自主经营的审批权，所涉及的部门都要同步取消审批或下放权力，以便地方和基层通过一个整合的公共服务平台承接权力。为避免出现表面上将多个部

门合成一个、实际上将部门之间的推诿变成内设机构之间的扯皮情况。监管机构和职能合并后要进行统一的流程再造,按现代监管业务内在联系而非部门之间原有分工来确定工作流程。

建立健全市场监管工作推进机制。加强中央统一领导和顶层设计,协调分领域设置的高层次议事协调机构(如食品安全委员会、反垄断委员会、安全生产委员会等)联合开展工作,制定部门间监管决策信息共享准则和执法联合行动方案。地方政府成立相应工作协调推进机构,直接向省委、省政府负责,以反对地方保护为重点加强统一的市场监管,重点清理各种与公共安全目标相违背的地方"土政策"及干扰统一执法的"保护伞"行为。

切实拓宽社会组织和公众参与渠道。无论是由立法机构颁布的法律、政府部门发布的实施规则还是由监管机构制定的执法细则,都必须有实质性公众参与,需经过相关利益方充分讨论方可实施。监管机构要公开选聘具备专业知识的资深人士或社团代表,定期参加现场抽查、安全监督会议并反馈民众关心的环保和食品安全等问题。

分报告十二：经济持续稳定增长的金融支撑条件

一、金融尚不能有效发挥对经济持续稳定增长的支撑功能

随着要素条件变化，我国经济发展进入新常态，新旧动能转换是当前和未来一段时间的核心议题。由于劳动年龄人口减少、劳动力成本上升，以及资源环境约束强化等原因，经济发展的传统动能已经开始弱化，部分产业产能过剩已经较为严重。新动能的培育需要更多依靠创新，以技术创新、商业模式创新等，引领新兴产业加快发展，实现结构优化升级，发挥新的要素优势，形成创新驱动发展的局面。这就要求增强金融对创新的支撑力，通过提高金融资源的配置效率，解决新兴产业、创业企业的融资瓶颈问题，促进全要素生产率提高，以使潜在增长率持续保持在中高速水平。当然，由于货币政策和金融监管关系着经济短期平稳运行和防范系统性金融风险冲击，因此需要适应新形势持续完善这两方面功能，以保障经济稳定增长。对照新形势下经济持续稳定增长对金融支撑的要求，当前金融领域仍存在以下问题。

（一）金融市场结构不合理，影响金融资源配置效率

我国金融发展已经走出了金融抑制阶段，当前金融领域的突出问题不是金融资源供给不足，而是金融错配造成的资金配置效率低下问题。提高金融资源配置效率也就是提高资本要素的配置效率，有利于提高全要素生产率，进而能够对经济潜在增长率形成支撑。我国金融体制市场化改革进程还没有完成，仍然存在制约金融资源配置效率提高的因素。

一是资本市场发展缓慢影响金融资源配置效率。资本市场在金融资源配置中

的"去中介化"特征及可为实体经济提供长期资本的功能,使得其发展对提供金融资源配置效率能起到重要作用。在股票和债券市场上,企业投资价值主导资本流向,借助市场价格信号,既可以迅速聚集大量资金,又可以有效引导各种生产要素、经济资源向核心区域和政策扶持区域集聚。证券交易的二级市场提供了证券持有人转让证券获得流动性的平台,形成不同投资者之间流动性调剂的便利,而融资企业则能够长期拥有筹集到的资金。

尽管我国股票市场和债券市场近年来在制度和体系建设方面加快完善,已经形成由交易所市场、银行间债券市场、新三板市场、区域股权交易市场等共同组成的多层次资本市场体系,交易品种更加丰富,机构投资者群体显著扩大。但是,由于股票发行环节仍实行核准制,供给不足导致供需矛盾,既制约股票市场筹资功能的充分发挥,又导致了市场投机性强,投机交易干扰资本定价功能的有效发挥进而弱化市场引导资源配置的能力。因此,相对于庞大的银行主导的传统间接融资渠道,我国股票市场这一配置资源的"池子"仍然较小,融资结构长期维持间接融资为主的状态。这种融资结构影响到金融资源的长期稳定供应和配置效率,从未来经济持续增长的要求看,需要通过提高直接融资的规模和比重,更大程度上发挥资本市场稳定且高效配置资源的作用,从而提高金融资源整体配置和使用效率。

二是银行体系结构不合理,影响信贷资源配置效率。我国银行体系聚集了大规模的金融资源,截至 2015 年 8 月末,银行业总资产规模已达到 187.9 万亿元,总负债规模达到 173.7 万亿元。而由于银行业组织结构不合理,影响银行体系资源配置效率。经过改革开放以来 30 多年的改革,尽管大型银行在整个银行体系占比不断下降,但截至 8 月末的数据显示,大型商业银行的资产和负债总额占银行体系比重仍接近 40%,股份制银行、城市商业银行和农村金融机构占比则分别约为19%、11%和 13%。导致这种高集中度行业组织结构的根本原因是银行业"对内开放"不够,对民间资本进入金融业设置了过高的准入门槛,结果则是行业内竞争不充分,市场机制对金融服务供给适应需求调整、提高、完善、创新的激励作用不能充分发挥出来,由此影响了金融资源配置的效率。要挖掘银行体系金融资源配置效率提升的潜力,提高银行适应实体经济需要提供金融服务的水平,为潜在增长率保持在一定水平提供支撑,就需要进一步推进市场化改革,通过机构、资本来源等的进一步多元化,完善银行体系内部的竞争机制,提高市场机制在信贷资源配置中的决定性作用。

三是新型金融服务发育不足影响金融资源配置效率。互联网金融所具有的独特交易模式,通过信息处理技术的应用降低了信息不对称程度,由此减少了市场摩擦,使资金供求双方的匹配更快速、更精准,同时,由于互联网金融能够大幅降低金融交易成本,因此可以调动更大范围的金融资源,服务传统金融不能覆盖的融资主体,这些都意味着发展互联网金融在提高金融资源配置效率进而支撑经济持续增长方面能产生积极作用。但我国新型金融服务刚刚起步,且监管制度尚未跟上,发展的规范程度不足,存在潜在风险因素。这种状况导致新型金融服务优势的发挥还受到制约。

（二）利率和汇率未实现市场化,价格杠杆引导资源配置的作用不充分

利率和汇率是金融市场主要的价格指标,与商品市场的价格指标一样,它们具有引导金融市场资源配置的杠杆作用。但是,只有在利率和汇率真实、准确反映市场供求的情况下,才能发挥出优化资源配置的效应。我国利率和汇率市场化进程还没有完成,对于利率和汇率发挥其价格杠杆作用提高金融资源配置效率仍存在一定阻碍。

一是利率尚未实现市场化。尽管十八届三中全会以来,利率市场化改革加快推进,目前贷款利率和一年期以上存款利率均已放开管制,从制度层面,利率市场化水平已经较高。但是,从制度上的放松管制,到利率实现真正意义的市场化,使市场机制在金融资源配置中发挥决定性作用,还需要完善配套制度和疏通传导渠道。当前我国利率市场化程度仍然不足主要表现在,货币市场的短期利率变化向信贷利率的传导不畅,存贷利差仍然偏大,小微企业贷款难较贷款贵问题更加突出。未来要使利率真正发挥出引导金融资源高效配置的杠杆作用,形成对经济持续增长的有效支撑,还需要进一步完善相关制度,理顺利率运行和发挥作用的机制。

二是人民币汇率形成机制仍不完善。人民币汇率形成机制自2005年改革至今,通过逐步完善中间价报价机制,扩大浮动区间,增强了汇率市场化的程度。但是,当前的人民币汇率形成机制还远未达到国际上通行的浮动汇率制要求,央行对外汇市场交易的干预仍然较强较频繁,汇率对真实市场供求的反映仍然有限。人民币汇率对于我国对外贸易投资等会产生直接影响,是影响资本跨境流动的重要因素,经济持续增长需要汇率水平反映真实市场状况,从而使资源在市场机制作用下有效配置,减少扭曲,提高效率。

（三）针对创新的专业化金融发展滞后，尚不能对技术创新提供有力支撑

为创新活动提供更有效的金融支持，促进技术创新水平提高，能够通过提高全要素生产率助力经济持续增长。实际上，由于创新活动和创新型企业通常具有风险高、规模小、轻资产等特点，传统的贷款等金融工具很难满足其融资需求，导致融资问题成为影响技术创新的一大因素。要提高金融服务创新的能力，需要充分发挥资本市场特别是柜台市场的作用，以及发展专门服务于创新型企业的创业投资、科技金融等服务。

一是创业板、新三板和区域性股权交易市场支持创新的能力仍显不足。在为创新企业提供融资方面，资本市场比银行体系具有更重要的作用。这主要是因为，资本市场的资金供给方采用分散行动模式，而不是间接融资中由银行作为中介的集体行动模式，这提高了资本市场对风险的容忍程度，降低了接纳创新的门槛。此外，资本市场还使企业并购重组更为便利，有利于充分发挥市场机制作用，发现、培育、筛选创新企业乃至新兴行业。近年来，我国创业板、新三板的设立和快速发展，以及区域性股权交易市场的发展，已经大大拓宽了创新型企业的融资渠道，为创新提供了一定的金融支持。但创业板上市门槛与主板差距没有拉开，新三板容量有限且与创业板间没有建立连通机制，都制约着其支持创新的作用提升。"十三五"时期，为了发挥创新作为经济持续增长新引擎的作用，有必要进一步完善资本市场制度和体系，加强服务创新的能力。

二是创业投资、科技金融服务等发展不足，尚不能有效支撑技术创新。传统金融服务难以适应创新的融资需求，是由创新融资的独特特点决定的。从国际经验来看，发展适应创新融资需求特点的专业机构和工具很有必要，典型的支持创新的金融工具是创业投资。创业投资在我国已发展多年，但行业规模仍然有限，在较长时期里存在投资偏重后期、支持创新作用不强等问题，同时发展仍受政策引导力度不足、退出渠道不畅等因素制约。另外，发展专业化的科技金融服务模式，如投贷联动、知识产权质押融资、证券化融资等，也对增强金融支持创新的能力有重要作用。

（四）货币政策和金融监管制度不完善，影响经济稳定增长

货币政策是宏观调控的主要手段之一，一般通过调节货币供给、利率等方式，对总需求产生扩张或紧缩的影响，从而促进总供求平衡、平抑经济短期波动，可以说是实现经济稳定增长的必需手段。金融监管以防范金融风险、维持金融体系稳健运行为主要目的的，是避免金融风险过度累积以及系统性风险爆发引致金融危机的主要手段，同样对经济稳定起着关键性作用。要实现经济稳定增长，需要这两类手段发挥积极的作用。

一是货币政策尚不能很好发挥短期调控作用。我国在20世纪90年代初步建立起现行的货币政策框架，其后在实践中不断完善制度框架、丰富政策工具，近几年适应宏观调控定向、精准的要求，启用了定向降准、中期借贷便利（MLF）、常规借贷便利（SLF）、抵押补充贷款（PSL）等创新型工具。但是，从过去的政策实践和效果来看，我国的货币调控机制仍有一些有待完善的方面。鉴于货币调控在宏观调控中的重要性，为了要实现经济稳定增长，有必要加快货币政策机制的完善，以增强货币政策的有效性。

二是金融监管尚不能适应金融体系发展和风险防范的需要。金融监管不适应金融体系发展的需要，主要表现在对通过事前严把"准入关"来抑制金融风险的方式仍存在依赖，制约了金融发展和改革创新的进程，使金融发展尤其是新型金融工具发展滞后于其他国家，国内实体经济发展不能得到新型金融工具的有效支持。金融监管不适应风险防范的需要，首先体现在监管体系由"一行三会"组成，仍是典型的分业监管模式，随着近年来金融业在国际趋势、竞争和盈利目标等的驱使下，以各种变通方式进行混业经营的趋势越来越明显，分业监管框架面临来自混业经营的现实挑战。其次，国际金融危机后发达国家、国际金融组织广泛讨论宏观审慎监管的议题，并在此基础上引入宏观审慎监管实践，我国金融监管适应这一金融监管理论和实践方面的重要变化，已经做出了一些调整，但这方面的探索和调整未来还需继续。平衡好金融促发展与防风险两方面要求，在增强金融支撑实体经济发展能力的同时有效防范金融风险、避免系统性风险爆发，对于经济持续稳定增长意义重大，这意味着未来做好金融监管理念的调整，并不断完善金融监管制度。

二、对增强经济持续稳定增长金融支撑的总体思路和相关建议

"十三五"时期，应围绕提高金融资源的配置和利用效率，按照直接融资与间接融资并行、扩大增量与盘活存量并重的思路，加快体制改革与政策调整，以适应培育经济发展新动能的要求为重点，实现金融对经济持续稳定增长的良好支撑。通过加快股票和债券市场发展，提高直接融资规模和比例，更好地发挥直

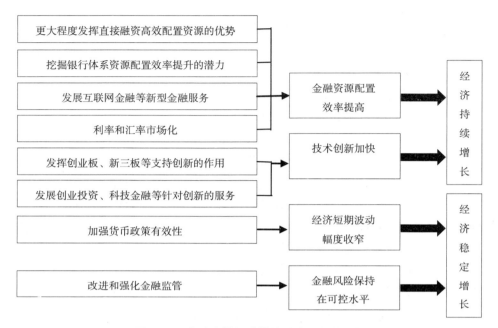

图 12-1　金融支撑经济持续稳定增长的路径

接融资高效配置资源的效应;通过银行体系改革发展,强化市场机制作用,释放资源配置效率提升的潜力;通过规范发展新型金融服务,调动更多金融资源,发挥低成本、高效率配置资源的优势;通过进一步推进利率和汇率市场化改革,增强市场机制在金融资源配置中的决定性作用,促进配置效率提升;通过强化以创业板、新三板等主要平台功能,提高资本市场对创新的支持力度;提高发展专门服务于创新的新型金融服务,弥补传统金融对创新的服务缺失,从提高资本要素配置效率和促进创新发展两方面,促进经济持续增长。通过完善货币政策机制,加强政策逆周期调控的有效性;通过改进和加强金融监管,防范金融风险过度积累,避免系统性风险爆发,从平抑经济短期波动和防控金融风险两方面,维护经济稳定增长。

以下按照不同领域提出围绕支撑经济持续稳定增长的任务和相关建议。

（一）大力发展资本市场

通过发展股票市场和债券市场,扩大直接融资规模,提高直接融资占比,促进金融资源配置效率的提高。

一是发展股票市场。实施股票发行注册制，加快提高企业直接融资规模和比例，优化融资结构，实现降低企业上市门槛、上市成本和提高市场效率，支持具有高成长性的创新企业获得直接融资支持。修改调整目前明显不公平、不合理的股市交易制度，促进股票市场健康发展。探索逐步取消涨跌停板交易机制，考虑利用上证交易所推出新兴产业板的契机在新板试行暂停交易和熔断机制。将股票期现交易制度逐步统一为"T+0"，通过资金跨市场有效套保风险，起到鼓励投资、限制投机、遏制做空的作用。建立新三板与创业板之间的转板机制，加强股票市场支持创新的功能。

二是发展债券市场。进一步改革债券市场制度，完善债券的市场化发行机制。引导债券市场结构调整，着力扩大企业债券规模。丰富创新企业债券品种，支持各类企业特别是中小微企业利用债券市场融资。在试点基础上尽快推开地方政府自主发行债券模式，在完善分类管理和风险监测的基础上，放松年度规模限制，给予地方政府更大自主权。

（二）优化银行体系

围绕促进银行业竞争、强化市场机制配置信贷资源的作用，推进放宽民营银行准入和政策性银行回归政策性职能等改革，探索盘活存量信贷资源的有效方式。

一是加快民营银行发展。从政策上降低民间资本进入银行业的门槛，减少民营银行设立的障碍，允许各类民间资本发起设立自担风险的民营银行。对不同类型银行业金融机构在经营地域和业务范围上实行差别化准入管理，并以差别化监管为民营银行发展提供合理的空间和外部环境。

二是推进政策性银行改革。从实体经济对政策性金融支持的需要出发，以一行一策、分类推进的方式实施政策性银行改革，明晰业务范围，强化政策性职能，完善内部治理和外部监管，规范管理运营。国家开发银行改革主要从事中长期信贷和投资业务，重点围绕新型城镇化和扩大对外投资等方面发挥作用。进出口银行主要履行支持出口、服务对外投资及人民币国际化的职能，发挥调整改善对外经济关系的作用。农业发展银行主要履行为"三农"服务的职能，改革重点为政策性与商业性业务彻底分离及调整为地方主导的金融机构。

三是发展信贷资产证券化。推进信贷资产证券化的常态化发展，提高信贷资产流动性，盘活优质存量资产，增加可用于信贷投放的金融资源，释放银行体系提高资源配置效率的潜力。

（三）发展新型金融服务

通过发展新型金融服务,调动更多金融资源并提高资源配置效率,特别要发挥新型金融服务为创业、创新提供金融支持的作用,服务于经济持续增长。

一是加快发展创业投资。实施普惠性更强的税收等扶持政策,引导创业投资加快发展并进一步向早期投资转移。丰富创业投资类型,积极培育天使投资和种子基金,鼓励大企业设立公司创投基金。放松对保险基金、社保基金等金融机构参与创业投资的限制,拓宽创业投资资金来源。大力培育合格投资者队伍。疏通创业投资通过上市、并购、转让等方式实现退出的渠道。

二是发展科技金融服务。借鉴其他国家成功经验,积极发展金融支持创新的投贷联动模式,推动银行与其他金融机构加强合作,对创业创新活动给予有针对性的股权和债权融资支持。探索设立专门服务于创业创新的、兼有股权投资、信贷等功能的金融机构。加快发展知识产权质押贷款、专利许可费收益权证券化、专利保险等金融服务。

三是规范发展互联网金融。在促进互联网支付结算业务规范发展基础上,加大对互联网融资类业务的规范和支持力度,发挥互联网融资对传统融资的补充作用,调动更多金融资源,支撑资本要素供给扩大和配置效率提升。推进网络征信体系的建立和互联互通,构建内部风险控制、行业自律、外部监管共同发挥作用的多层次监管机制,防控风险和违法违规行为。

（四）进一步推进利率和汇率市场化改革

通过推进利率和汇率市场化改革,真正确立利率和汇率的市场化形成机制及其对金融市场资源配置的杠杆作用,提升市场机制在金融领域资源配置中的地位,提高资源配置效率。

一是推进实现利率市场化。重视配套制度建设与改革进程的协调配合,尽快形成中央银行对市场基准利率更有效的调控机制,通过推进银行体系改革加快利率传导渠道的疏通,切实发挥存款保险制度的作用,抓紧完善信用评级体系,推动存贷款利率实现真正意义的市场化。建立针对小微企业的政策性担保体系,弥补利率市场化导致小微企业融资成本上升的负面影响。

二是进一步推进人民币汇率形成机制改革。继续完善人民币中间价形成机制,稳步扩大汇率浮动区间直至取消汇率浮动区间限制,建立起基于市场供求状况的自由浮动汇率制度。配套推进外汇市场建设和央行外汇市场干预方式改革,将干预重点转向有效的风险防控,灵活运用金融交易税、临时性资本管制等宏观审慎措施防范系统性风险。

(五) 完善货币政策机制

完善货币政策决策、传导等机制,提高政策有效性,充分发挥货币政策调节需求的作用,促进经济增长稳定。

一是进一步完善货币政策委员会制度。延长专家委员任期至6—10年,减少政府短期目标对专家委员货币政策决策建议的干扰,激励专家委员提出独立意见,并促进专家委员责任性增强。提高委员会在货币政策决策中的地位,推动委员会由决策咨询机构向决策机构过渡,以此促进货币政策独立性提升。

二是探索价格规则的运用。以利率市场化改革为基础,逐步强化利率作为货币调控中间变量的职能。构建以 Shibor 为核心的市场基准利率调节机制,完善数量型工具和价格型工具结合运用的基础。探索建立适应我国稳定经济增长实际需要的利率规则。

三是加强货币政策透明度。建立货币政策委员会决策信息定期公开机制,多渠道发布决策信息,增强决策透明度。调整货币政策信息表述,增加国际通用的表述方式。通过政策透明度的提高,促进形成对公众预期的引导作用。

(六) 加强金融监管

适应金融混业经营趋势、互联网金融发展的新要求,改进金融监管,不断加强微观审慎监管和宏观审慎监管,防范系统性风险。

一是适应混业经营要求,完善监管协调机制。改进监管手段和工具,对业务交叉产生的新风险及相应防范措施进行研究,对金融控股公司实施有效的并表监管等,构建混业经营条件下有效的金融风险防控体系。

二是加强金融风险监测预警。健全金融风险监测预警体系,加强对跨行业、跨市场、跨境金融风险的监测评估。构筑分层次的预警系统,健全金融稳定动态评估机制,对金融机构各类风险进行分析、预警和预测,有效发现潜在金融风险。

三是加强宏观审慎监管。进一步完善宏观审慎监管制度,形成逆周期调节作用,在单个金融机构稳健运营基础上,增强金融体系整体的资本缓冲和抵御风险的能力,以保持金融体系稳健。

四是制定必要的互联网金融监管规则。以业务的性质及对应的风险特征为基础,充分考虑互联网金融带来的金融风险的变化和新特点,确定互联网金融的监管原则、方式、标准。注意在有效防范金融风险与发挥互联网金融优势间进行合理权衡,避免过度监管抑制互联网金融积极作用的发挥。构建多层次监管机制,重点提高对互联网金融风险的监测、识别和防控能力。

分报告十三：经济持续稳定增长的能源动力

——加快能源转型促进经济持续稳定增长

一、节能和提高能效部分

保持经济持续稳定增长，对于我国全面建成小康社会目标实现、跨越中等收入陷阱进入高收入国家行列至关重要。保持经济持续稳定增长，必须要在更大程度上立足内需，顺应人民收入水平提高、消费档次升级的内在规律，为广大人民提供更高品质的产品和服务。人民群众内需的升级再转换成生产力，将形成拉动国家经济持续稳定发展的长效动力。

（一）走低能耗、高效益的发展道路，应作为我国未来经济持续稳定增长的努力方向

进入 21 世纪的前十年中，我国工业化、城镇化速度加快，高耗能工业发展迅速，能源消费明显加速，拉动了我国经济进入高速增长阶段，同时能源资源保障的压力不断加大。从发达国家的发展历史看，工业化、城镇化快速发展是具有比较明显的阶段性特征的，在这个阶段结束后，经济增长的内生驱动力将从高耗能为主，逐步转入高加工度产业和服务业为主，经济发展对能源消费的依赖程度逐渐降低，单位 GDP 能耗将加快下降。

目前，发达国家的能源消费基本已达到峰值，并开始逐步下降，但美国、德国等发达国家的经济仍保持持续、稳定的增长态势。这说明，走出一条低能耗、高效益的发展道路，是一条持续、稳定的发展道路。目前，我国单位 GDP 能耗已经是日本的 2.9 倍，美国的 2.2 倍。再继续走本世纪前 10 年以高耗能工业为主的发展道路，必将背离经济发展的普遍规律，使我国与发达国家在发展可持续性方面的差距越来越大，制约我国经济发展转型升级的步伐，走入一条不可持续的发展道路。

目前我国已经走到经济发展增速调整和经济结构调整的十字路口，有一些地

方领导在实际决策中继续将发展钢铁、水泥、电力等高耗能工业作为拉动经济增长的"救命稻草",把节能作为阻碍经济发展的绊脚石,说起来重要,但做起来不重要。这种短期行为既与中央加快生态文明建设的要求相违背,又很难形成促进当地经济持续稳定增长的长效机制。

在思想认识上,要注意破除"节能会约束经济发展"、把节能与经济发展对立起来的错误认识。从经济发展宏观方向的把握上,要把节能作为衡量我国经济发展质量高低的重要标准,把降低单位 GDP 能耗作为提升我国经济持续稳定发展能力的努力方向。特别是在经济下滑比较严重的地区,更要防止为了刺激短期经济增长而盲目扩大高耗能产品生产能力的"短视"行为。

（二）节能和提高能效是能源体系转型升级不可或缺的重要组成部分

随着我国经济发展进入"新常态",经济发展已逐步从重视数量扩张为主,向着重视质量提高为主的新阶段迈进。与之相伴的是,我国能源生产和消费体系也将从重视能源供需规模扩大为主,向重视能源服务品质提升为主的新阶段转型。

能源体系发展质量的提高,必须要从能源供应侧和能源消费侧同时入手,二者缺一不可。必须要改变过去"敞开口子"消费能源,无论能源消费是否合理,能源供应必须要无条件满足的陈旧观念。要把能源消费革命放在提升能源体系发展质量的首要位置,把节能作为"第一能源",把大幅提高能源利用效率提到重要议事日程。

值得注意的是,节能并不是节衣缩食,要求工业企业降低生产效率、强制人民群众降低生活品质。随着经济发展进入"新常态",节能理念必须要与推进经济持续稳定增长的要求相匹配,与居民消费档次提升的要求相匹配,与能源服务品质提升的要求相匹配,把高能效产品作为"高档产品"、"高品质服务"的重要特征加以鼓励,使高效节能产品与提高产品附加值更好地结合在一起。

为了实现这一目标,必须要在以下三个方面加大投资力度,推动能源消费革命:第一,推动用能设备的更新换代,用高能效设备/装备/产品替代低能效产品;第二,推动能源管控方式的更新换代,用基于大数据的自动化、智能化、动态化的能源管控模式代替传统的以人为主的能源管控方式;第三,推动用能品种的更新换代,利用天然气、电力等更清洁、高效的能源品种代替污染重、效率低的能源品种。

2016—2020 年期间,我国将在以下几个领域大有可为,例如:

● 建筑节能领域:以节能、节水、节地、节材和环保(简称四节一环保)为特征的绿色建筑，能源消耗比目前节能建筑标准再降低 70% 左右的超低能耗建筑，地源热泵、水源热泵等新一代建筑采暖技术，以小型储热装置、储电装置等为代表的民用储能系统，显著降低大型集中空调系统电耗的太阳能空调系统等。

● 交通节能领域：以电力作为驱动力的纯电动汽车，以地铁、轨道交通等为骨干网络的城市公共交通基础设施，以加强城市圈内城际快速交通为目的的城际高速列车，以降低货车空载率为目的的公路货运信息交换平台等。

● 工业节能领域：以实现工业企业能源智能化管控为目的的工业能源管控中心，节能环保性能更高的小型煤粉锅炉，高效电机拖动系统，高效变压器，以提高可再生能源消纳为目的的智能电网技术，以电力负荷中心调峰为目的的燃气轮机发电机组等。

（三）节能环保产业是"十三五"经济持续稳定增长的新动力

目前我国能源消费总量位居世界第一，能源供应安全加大，环境污染问题突出，不少地区已经超过当地的环境承载力。为了破解日趋严峻的资源环境问题，必须要把发展节能环保产业作为"十三五"时期的重要任务，加以高度重视。

节能环保产业可以分为节能装备制造业、节能服务产业、环保装备制造业和环保服务业四个类别。为推进节能环保产业发展，国务院先后发布了《国务院关于加快培育和发展战略性新兴产业的决定》《"十二五"国家战略性新兴产业发展规划》《"十二五"节能环保产业发展规划》等多个文件，把节能环保产业视为七大战略性新兴产业之首，给予高度重视。

据测算，2010 年，我国节能环保产业总产值为 2 万亿元，从业人数为 2800万人；其中节能服务产业总产值为 830 亿元。预计 2015 年我国节能环保产业从业人数将提高到 4.5 万人以上，年均增长速度达到 17.6% 甚至更高。在全国经济增长速度普遍下滑的形势下，节能环保产业能够保持相对较高的增长速度，成为经济增长的亮点，为经济持续稳定增长提供新动力，为经济提质增效提供新技术。

值得注意的是，节能环保产业具有比较明显的政策驱动特点。其中，国家对节能和环保的强制性标准要求，是推动节能环保产业发展的外在因素；能源价格上涨和环境税的征收，是推动节能环保产业发展的内部因素。在内因、外因两种驱动因素的共同作用下，节能环保产业的市场活力才能被充分激发出来。

总之，从经济发展的宏观层面上，要把降低单位 GDP 能耗作为提升经济持续稳定增长能力的努力方向，长期坚持、永不放松，不能因为短期的"保增长"或者为能源供应企业的局部利益不顾长期方向和全局利益；在能源体系发展的中观层面，要把节能作为能源生产消费革命的重要组成部分统筹考虑，把节能作为第一能源，加强能源供需互动；在节能环保产业发展的微观层面，要把能源价格税收改革作为重要任务，打造有利于节能的激励约束机制。

二、能源产业发展部分

能源是国民经济的基础。同时，能源勘探开发、加工转换、输送配置与高效利用领域投资规模大，对经济发展拉动力强。当前在经济下行压力依然较大的背景下，要充分重视能源转型发展对经济发展的拉动作用。但是，我国能源行业已处于全面产能过剩状态，能源领域的投资应聚焦到能源转型发展上来，推动能源发展由量扩张向质的提升转变，更加注重能源高效、清洁、低碳发展，为推动能源生产与消费革命打下坚实的基础。

（一）加大安全高效绿色矿山投资改造力度

"十二五"以来，随着我国经济进入新常态，重化工业需求已接近饱和，煤炭需求增速大幅趋缓，甚至出现负增长。与此同时，煤炭产业投资规模依然巨大，"十二五"前4年年均投资额超过5000亿元，全国煤炭建成及在建产能已近50亿吨，其中，晋陕蒙宁甘新六省区超过30亿吨，远远超过需求。但另一方面，我国煤炭科学生产水平依然较低，科学产能严重不足。当前我国煤炭产量中有2/3产能或存在较大安全风险、或粗放低效、或环境破坏严重，甚至兼而有之。因此，控总量、调结构、提质量、增效益应是"十三五"煤炭产业建设投资的着力点。

严格控制并削减煤炭产能。要解决煤炭开发利用产生的生态环境问题，需要从源头上实现煤炭科学生产。按照资源与环境双因素，重新制定煤炭产业布局和产能调整，原则上不再新批煤炭项目，核准而未开工的项目应暂缓建设，采取"等量替代"原则新批煤炭项目。加大落后产能淘汰力度，"十三五"期间应淘汰2亿吨以上，缓解产能过剩压力。

加大安全高效绿色矿山投资改造力度。要大力推广保水开采、充填开采等新技术，减轻采空区土地塌陷，做到绿色开发。要加大土地复垦投入和工作力度，采用采空区生态恢复与治理技术，实现矿区生态修复、环境治理和土地复垦利用。要大力推广煤炭提质加工技术，加大煤炭洗选能力建设。到2020年，土地复垦率和原煤入洗率均达到90%，2030年，均达到100%。建立相关安全高效绿色矿山投资改造的收益分配机制，推动政府、矿山企业主和社会投资主体共同参与改造、共同获取收益。通过吸引各方资金加强全高效绿色矿山改造，力争到 2020 年将煤炭科学产能比例提高到 55% 以上。

加快推动煤炭市场兼并重组。严格贯彻市场优胜劣汰原则，推动有竞争优势的煤炭企业以及下游链条企业开展兼并重组，整合煤炭资源，提高煤炭产业效益，做强做优煤炭企业。对煤炭企业重组给予一定的财税支持，特别是对被重组对象加强安全、效率、环境相关的改造可以享受到相关补贴。加强对煤炭企业重组的金融支持，特别是被重组对象经营困难而资产负债率又很高，通过重组盘活这些资产应享受到一定的贷款或利息方面的优惠。力争到 2020 年全国煤矿不良资产比例大幅减少，煤炭企业市场活力显著增加，煤炭产业效益及增加值有较大幅度提高。

合理控制现代煤化工项目上马规模。2020 年前应坚持示范发展原则，尤其是煤制天然气项目耗水依然较高，废气和废水排放量较大，技术也并不完全成熟，在煤质适应性、装置大型化方面均缺乏实践检验，应坚持审慎示范态度。基于水资源红线约束，综合考虑环境容量、技术成熟度、经济性、市场需求等因素，建议仍可示范一些煤制油、煤制气、煤制烯烃等项目，但总量不宜超过 3000—4000 万吨油当量。

（二）努力打造石油行业发展新动力

受世界经济复苏缓慢的影响，全球石油需求增长乏力。另一方面，非常规和深海油气资源勘探开发的技术突破，极大地提升世界石油天然气供应潜力。主要油气生产大国为了维护本身的市场份额，不断提高自身的油气产量，全球油气供过于求，油价格处于低位运行。综合来看，这一态势还将维持一段时期。国际低油价对我国油气行业产生显著的影响。我国东部地区油田进入衰减和枯竭期，稳产压力大，成本高。国内炼油产能严重过剩，炼化企业的市场竞争将愈发激烈。环保对油品质量的要求愈发严格，油品升级需要投入大量的工艺改造资金。石油输送管网不断拓展，既有管道设施老化，带来安全隐患。走低成本绿色发展之路是我国油气行业转型发展的战略需要，应努力打造石油发展的新动力。

大力推进非常规与"两深"油气战略。勘探成果表明：我国非常规油气资源、深海与深层油气资源十分丰富。在常规油气资源可动用储量越来越少的情形下，必须对我国油气勘探开发战略做出重大的调整，由以常规资源为主转向常规与非常规资源并重，由以陆上资源为主转向陆上与海上资源并举，由以中浅层资源为主转向中浅层与深层超深层资源并行，努力增加国内油气储量，确保国内原油产量保持稳定。为此,应在非常规和深层、深海石油资源勘探开发领域加大投入,布局一批重点工程。

加快推进油品质量升级。应在经济基础好的地区尽快推广第五阶段标准油品。结合油品质量升级,严格行业准入管理,推进企业兼并重组,进一步提高产业集中度,加快淘汰落后产能。同时,进一步提高重质原油的综合加工和利用水平,扩大加氢裂化、加氢精制的规模水平,推广各项节能技术,努力降低能耗和污染物排放量。

完善优化石油储运设施。目前全国石油基干管网架构逐步形成,但成品油、原油主干管网系统互联互通尚不完善,部分地区尚未覆盖,区域性输配管网不发达。要重点完善石油战略通道和骨干网络建设,强化区域管网。近期重点加强西北、东北成品油外输管道建设,完善华北、华东、华南、华中和西南等主要消费地区的区域管网,适时推进与俄罗斯、哈萨克斯坦及缅甸的跨国原油管道建设。此外,要对已到服役期限和存在安全隐患的石油管道进行彻底排查和全面整修,进行必要的升级,彻底杜绝安全隐患。

(三) 加快天然气管网和储气基础设施建设

扩大天然气利用规模是我国近中期调整和优化能源结构的战略举措。本世纪以来,我国天然气消费一直保持两位数字增长速度,但是,这样的态势在经济新常态和国际油价持续低位的情形发生重大改变,我国天然气市场发展进入瓶颈期。此外,季节性峰谷差与储备调峰能力不足的矛盾依然突出,北方采暖地区的冬夏峰谷差更为明显。伴随取暖用气和发电用气比例增加,日调峰和小时调峰等一系列问题也已出现。由于投资主体单一,天然气管网建设严重滞后。

加快天然气长输管道、联络线和各级输配管网建设。"十三五"时期,建成西气东输四线、西气东输五线西段、陕京四线、新疆煤制甲烷管道、鄂尔多斯煤制甲烷管道、沿海大动脉、川渝鄂湘天然气管道等重点长输管道,新增干线、支干线 5 万公里,按照每公里造价 1000 万元计算,可增加投资 5000 亿元。同时,加强省、市、县各级输配管网以及相邻省市之间的区域性网络,形成畅通互补的供气格局。

加快天然气调峰应急储备设施建设。加快建设满足季节调峰和日调峰的储气库和 LNG 储罐,构建合理的储气价格机制,出台差别化峰谷气价。建立和完善包括法律法规、组织机构、决策机制、信息采集与发布、分级预警和国际互助的天然气应急体系。推动建设主体和投资多元化,鼓励、支持各类资本参与投资建设纳入统一规划的天然气基础设施。尽快剥离油企的管输与销售业务,制定合理、公开透明的管输价格,吸引民间资本参与管道建设。

强化非常规天然气资源勘探开发。进一步加大政策扶持力度,通过进口仪器税收优惠、勘探费用冲抵上缴税费、适当减免企业所得税等方式,加快致密气、页岩气和煤层气勘探开发步伐,到 2020 年,力争使我国非常规天然气产量达到 1400 亿立方米,2030 年达到 2000 亿立方米。强化基础研究和核心技术攻关,构建非常规天然气勘探开发的低成本技术体系和管理体系。放宽非常规资源勘探开发准入条件,推动形成完全市场化的矿权交易制度和油田技术服务竞争体系,通过有效竞争减低成本。

(四) 加快建设灵活智能的电力新系统

灵活智能的电力系统是构建智能物联网的基础,也是支撑新一轮能源革命的重要支撑。经过多年的快速发展,电力供应保障能力不断增强,全国电力供需总体处于相对宽松局面。火电小时数不断降低、弃风弃光弃水矛盾突出、跨区送电量增速下降。如果仍延续规模扩张发展之路,将会严重影响整个行业的健康发展。因此,当前和今后几年,我国电力行业发展重点要放在提质增效,转变发展方式上。

严格控制火电发展规模。综合判断"十三五"期间,我国电力需求增速将难以超过 5%。扣除非化石能源发电量后,留给火电增长的空间不足 1 万亿千瓦时,新增火电装机最多可达到 2.1 亿千瓦。然而,目前我国核准在建火电规模已达到1.9 亿千瓦,已发路条约 2 亿千瓦。如果不采取坚决措施,控制火电发展规模,将进一步加剧电力过剩,影响行业健康发展。应严格控制电力富余地区的新开工电源项目,在雾霾较为严重区域停止建设常规燃煤发电项目。

稳步推进输电通道建设。建设远距离大规模输电通道是基于我国具体能情战略选择。按照有关规划,我国将建设 12 条重点输电通道,陆续于 2017 年前投产。然而,东中部地区电力需求增长空间有限。随着分布式能源和微电网供能方式推广应用,对于跨区输电通道的需求规模减小。到 2020 年东中部电力市场接受和消纳这 12 条输电通道输送的电力也非易事。如果一味扩大输电通道能力,必将带来输电通道资源的浪费。要充分挖掘现有电力系统潜力,避免粗放决策,大建快上跨区输电通道。对于电力市场尚未落实,建设必要性不充分的跨区输电通道,应严格控制、暂缓建设。

积极加快配电网建设改造。随着新型城镇化的推进、智能城市的建设、分布式能源和微电网的发展、"互联网+"示范应用等,配电网的地位和作用日益提升。需要加快推进配电网建设改造,打造城乡统筹、安全可靠、经济高效、技术先进、环境优化的配电网络。结合国家新型城镇化发展需要,加快城镇化配电网建设,实现中心城市区高可靠供电。进一步实施农村配电网改造,提升农村供电能力和质量。加大边远贫困地区配电网投资力度,切实解决边远贫困地区用电问题。结合电动汽车发展,做好配电网规划与充换电设施规划的衔接,加强充换电设施配电电网建设与改造,实现城市及城际间充电设施的互联互通。提升配电网智能化、自动化水平,实现配电网可观可控。有序建设主动配电网、分布式多能源互补等示范工程,推广应用分布式电源即插即用并网设备等技术,促进新能源及分布式电源并网。在城市供电可靠性要求较高区域和偏远地区,有序开展微电网示范工程。探索以配电网为支撑平台,构建多种能源优化互补的综合能源供应网络,实现能源、信息双向流动,促进能源与信息的深度融合。

促进电网向能源信息深度融合的配置平台转型。智能电网是我国发展智能能源网的重要引擎和突破口,是联系能源生产和能源消费的纽带和桥梁。通过构建高效、灵活、智能的电力平台整合能源系统的优化配置,进一步与信息网整合。加大短距离无线通信、无线局域网络、电力载波接入、无源光网络等通信接入技术的突破及关键通信设备的研发,将能更好地满足智能采集装置的数据传输要求,为智能电网提供可靠快速的信息通信平台。要加快实现现代低成本储能系统在电力系统中的全面应用。进一步拓展智能电网范围和功能,全面推动智能电网、智能燃气网、智能热力网、智能交通、智能建筑等基础设施建设,建设智能能源网,实现多网融合、互动。通过"智能建筑"作为终端载体将能源生产、消费、存储进行整合,以光伏、风机和微型热电联产机组作为微供电源,以储热设施、储电设施,作为能源缓冲,通过上亿用户的独立控制,最大优化能源供需平衡。

（五）大力发展核电装备制造业、推动中国制造升级

核电装备制造业是典型的技术密集型和资本密集型行业,汇集了大量前沿技术,代表了一国的技术创新能力和制造业水平。目前,我国核电装备技术和制造能力正处在技术自主化及装备国产化的关键阶段,在核级泵、大锻件、控制棒、大型阀门、主回路管道、自控系统等方面正处在技术和制造能力形成过程中。这些领域的突破,对提升装备制造业的整体水平也有极大的推动作用。大力发展核电装备制造业,实现技术和装备国产化、自主化,对于推动产业结构升级,培育和提升自主创新能力,转变工业发展方式具有重大意义。此外,测算结果表明在核电投资建设期,1元投资可以产出3元GDP。在核电生产运行期,每生产1元的电力可产生2.2元GDP。核电对经济增长的带动作用强。

伴随着我国核电发展，我国核电行业在引进、消化吸收基础上进行自主研发再创新，形成了 ACP1000 和 ACPR1000+ 自主品牌百万千瓦级三代压水堆核电技术。加快核电装备"走出去"。开展国际产能合作，推动产业转型升级，推动中国经济从中低端向中高端迈进。

三、可再生能源发展部分

我国经济面临下行压力，维持经济持续稳定增长成为国家宏观调控工作的重点，其主要途径就是采取措施保持相关产业继续维持一定的规模并保持一定的增长速度。可再生能源是我国战略性新兴产业之一，获得了长足进步，包括水电、风电、太阳能和生物质能等已开始在保障能源安全、减少温室气体排放、改善生态环境、拉动地区经济等方面发挥重要作用。未来在维持经济持续稳定增长中也必将发挥不可替代的作用。为完成这一使命，需要在对可再生能源发展趋势做出明确的判断，对已有的发展基础进行评估，对发展面临的问题做出较清醒认识的基础上，针对维持经济持续稳定增长的目标提出明确的发展思路，并提出政策建议。

按照上述研究思路，本文分析了可再生能源发展趋势，回顾了可再生能源发展基础，分析了产业发展存在的问题，提出了为稳定经济增长实现可再生能源规模化具体思路，并提出了保障可再生能源规模化发展和提质增效的政策建议。主要观点包括：

（1）"十三五"期间要维持经济持续稳定增长需要维持一定的投资规模，而可再生能源规模化发展能够带来巨大的投资增长，能够为经济的持续稳定增长提供支持；

（2）全球能源转型和我国能源生产和消费革命的新形势要求我们必须加快发展可再生能源，实现建立绿色、低碳、清洁、智能的新型能源体系的目标；

（3）完成 2020 年 15% 非化石能源发展目标要求，我国应继续推动可再生能源的规模化发展；

（4）"十三五"期间，我国可再生能源发展进入了新的发展阶段，实现规模化发展和提质增效是这一阶段可再生能源必须完成的双重任务；

（5）为稳定经济增长提供支持，可再生能源发展必须达到一定规模，从而可以直接拉动投资规模的增长；

（6）随着低碳清洁的可再生能源在能源消费总量中所占比例的提高，将大幅度降低温室气体排放量，提高能源安全，改善生态环境，从而为我国经济的可持续发展提供有利条件。

(7)"十三五"期间,可再生能源应选择技术成熟、产业已实现或接近商业化的领域进行重点扶持,加快其规模化发展。

（一） 发展趋势

1. 全球的能源转型

为应对全球能源发展面临的挑战,世界各国特别是发达国家,纷纷制定能源转型战略,明确转型目标,并积极采取有效行动,着力构建以清洁低碳的可再生能源为主的新型能源体系。各国的能源转型行动呈现出几个明显的特征,一是各自都根据各自的国情制定相应的国家能源转型战略,二是都提出了明确具体的能源转型目标,三是均选择技术创新来推动各自的能源转型进程,四是着力构建新型制度来为能源转型保驾护航。在全球经济低迷,全球对传统大宗商品需求下降,中国整体出口受阻的情况下,全球能源转型可能会为清洁能源相关产品提供巨大市场需求空间,也将为我国可再生能源产业发展带来新的机遇。

2. 能源生产和消费革命

我国在经济快速发展过程中,由于高强度的化石能源开发和过度的能源消费导致了生态环境不断恶化,全国大部地区出现了高强度、大面积雾霾现象影响范围广泛。此外,我国已成为世界上最大温室气体排放国,其中超过80%由能源消费所致,面临巨大的碳减排的现实压力。因此十八大报告中明确提出要推动能源生产和消费革命,目标是建立清洁、低碳和高效的新型能源系统,而优先发展可再生能源将成为有限可选路径之一。

3. 经济发展进入"新常态"

在"新常态"阶段,经济增长速度比过去有所降低,但与全球范围其他经济体特别是发达经济体相比,仍然有望保持较高水平。推动经济增长的主要力量将转向主要依靠转型升级、生产率提升和多元的创新。经济结构将会发生新的变化,投资比重会达到峰值并缓慢降低。经济"新常态"。未来5到8年,随着经济减速,工业尤其重化工业结构调整会较大,发达的东部地区电力需求增速将不如以前旺盛,这也将对可再生能源进一步发展形成制约。

4. 可再生能源发展进入量、质并重的新阶段

过去几年,我国可再生能源产业经历了快速的规模扩张,水电和风电总装机容量,光伏新增装机容量都已达到世界第一,但在发展质量和发展效益方面却存在有明显不足,具体表现为"产能过剩"、"双反危机"、技术创新力不够、发电利用小时

数偏低，机组不能得到充分利用，开发企业的经济效益得不到保证。因此，可再生能源产业未来发展模式必须做出调整，将由以前单一的数量扩张转向数量增长和质量提升并重的新阶段。之所以继续推动数量（规模）的增长，主要为了完成国家非化石能源增长目标。强调质量的提升，是要在保持合理增长速度的前提下，更加重视增长的效益，不仅包括产业规模扩张和产出，还包括产业结构优化、技术创新、资源节约、环境改善、惠及民生等方面的内容。

（二）发展基础

我国可再生能源发电总装机容量从 2010 年的 2.54 亿千瓦增加到 2014 年底的 4.36 亿千瓦，在全国总发电装机中的比重从 2010 年 26.0% 增加到 2014 年的 32.0%；2014 年可再生能源总发电量比 2010 年增长近一倍，在全部发电量中的比重也从 2010 年 19.8% 增加到 2014 年的 23.2%。截止到 2014 年，我国商品化可再生能源的供应总量（各类发电和生物液体燃料）约合 3.9 亿吨标准煤，约占全部能源消费比重的 9.3%。如果将太阳能热利用、生物质沼气、生物质成型颗粒、地热等非商品化利用的可再生能源考虑在内，则全部可再生能源年利用量从 2010 年的 2.9 亿吨标准煤增长到 2014 年的 4.3 亿吨标准煤，在全国能源消费中的比重达到约 10.4%，比 2010 年提高了 1.5 个百分点，有力支撑了我国能源系统的低碳化转型行动。

1. 水电装机稳步增长，成为电力系统清洁能源的主力

截至 2014 年年底，我国水电装机（含抽水蓄能）新增 2185 万千瓦，水电累计装机达到 3 亿千瓦，较上年增长 7.9%，提前一年完成"十二五"发展目标。年发电量首次超过了 1 万亿千瓦时，年折合约 2.9 亿吨标准煤，占全部能源消费总量的 7.8%，已经成为我国电力系统中清洁能源的主力。

2. 风电装机量继续提升，技术装备水平提高

"十二五"期间，在全球范围内我国连续多年保持了每年新增和累计风电装机容量世界第一的位置，风电发展举世瞩目。随着规模化发展，2012 年风电超过核电成为我国第三大电源。到 2014 年年底，全国风电并网装机 9637 万千瓦，年发电量达到 1563 亿千瓦时，在全社会用电量的比重达到 2.8%。经过激烈的市场竞争，风电制造业落后产能大幅被淘汰，行业整体技术水平明显提升，零部件基本国产化，多家企业已有 6MW 大型风电设备产品下线，满足海上风电开发建设需要。

3. 太阳能技术取得显著进展，市场应用呈现多元化格局

光伏电池技术创新能力大幅提升，技术快速进步。与"十二五"初期相比，电池组件价格下降80%以上,光伏发电应用经济性显著改善。从2013年开始,我国成为全球最大的新增光伏应用市场。到2014年底,全国光伏并网装机2805万千瓦,其中分布式并网光伏发电容量467万千瓦。太阳能热利用稳步推进,在热水应用的基础上,开始向太阳能采暖、空调和工农业应用领域扩展。到2014年年底,全国热利用面积达到4.1亿平方米,应用规模仍居全球首位。太阳能热发电应用取得重大突破,建成和在运行的示范或试验聚光小型光热项目已超过20个。

4. 生物质能向多元化方向发展,综合利用效益显著

农林废弃物直燃发电项目得到因地制宜地发展,垃圾发电项目随城镇化进程的加快也逐步增多,全部生物质发电装机达到948万千瓦,发电量416亿千瓦时。生物质成型燃料在京津冀、长三角和珠三角等区域快速应用,成为燃煤小锅炉的重要替代燃料,到2014年年底的应用规模已达到850万吨。以陈化粮为主的非粮生物乙醇产能达到210万吨,以城市餐饮废油生产的生物柴油产量约50万吨。沼气应用从户用为主,向大中型工业沼气应用扩展,全部利用规模约165亿立方米。到2014年年底,我国各类生物质能利用规模共约3500万吨标准煤。

5. 地热能和海洋能利用技术不断发展,应用范围不断扩大

浅层地热能在建筑领域的开发利用稳步发展,中低温地热直接利用规模也不断扩大,到2014年年底,全国地热供热建筑面积约4亿平方米。潮汐能利用技术基本成熟,已为启动一批新项目做好准备。波浪能、潮流能等技术研发和小型示范应用取得进展,开发利用工作开始起步。

(三) 面临的问题

尽管我国可再生能源发展取得了积极进展,但未来我国新能源规模化发展仍将面临技术、产业、体制机制等方面的瓶颈问题。

1. 技术问题

我国新能源发展面临的技术问题主要表现在技术研发和创新能力薄弱方面,具体表现在:一是缺乏强有力的研究技术支撑平台。在非水可再生能源方面,我国科研院所目前大多数改制成为企业或企业化管理,和国外可再生能源发展的大国相比,没有建立国家主导的可再生能源实验室和公共研究平台,用于支持科技基础研究和提供公共技术服务;二是技术发展缺乏清晰的指导思路。我国至今在可再生能源领域尚无清晰的技术发展路线和长期的发展思路,许多领域技术仍处于跟在国际社会后面模仿的状况,没有制定自主研发和创新的方向。相比之下,美国、欧盟、日本等国家这方面的工作比较超前,例如上述国家都编制和修订了各自的可再生能源发展技术路线图,对相关研究机构和企业的发展起到了明确的引导作用;三是用于技术创新的资金支持明显不足。资金投入是长期的问题,国家投入不足是可再生能源技术进步不够快的主要原因之一,虽然近年来投入逐渐加大,但无法和技术领先的发达国家相比,尤其是在专业人才的培养方面投入过少。

2. 产业问题

我国非化石能源产业发展基础不均衡,目前只有部分技术初步具备了比较好的产业发展基础,而大部分产业则显得薄弱,还存在各种各样的问题。如我国风电和光伏发电产业在生产规模上已实现世界领先,但一些核心技术和装备没有实现自主创新,普遍处于"加工"状态。因此和国外相比,我国发展非化石能源的产业基础并不稳固,综合表现在:一是产业基础弱。国外可再生能源产业通常有20—30年的技术积累和企业界发展的经验,如日本的光伏制造业和丹麦的风机制造业,有厚积薄发的基础。我国近年来产业的快速发展建立在国内外资金快速投入的基础之上,没有长期、持续的基础性技术研发为后盾,尤其是光伏产业和大型风电制造业,缺乏自主知识产权,相关企业在参与国际竞争和抗风险能力方面处于弱势;二是缺乏完整的产业链条。除了技术研发滞后之外,在设计技术、关键设备制造以及原材料供应等方面,我国也存在着严重的发展瓶颈。例如大型风电设备的设计技术、风机叶片所需的碳纤维、生物质发电关键设备、新型生物液体燃料所需要的生物酶等核心技术等。

3. 政策机制问题

虽然我国已颁布了《可再生能源法》和几十项相应的政策,制度建设较为全面,但是由于能源发展形势的快速变化,这些政策的制定对实现非化石能源目标的政策需求考虑不足,主要表现是:一是缺乏统一协调机制。目前虽然提出了可再生能源发展的占比目标,但长期以来,我国可再生能源的管理、战略、规划和政策被割裂,可再生能源的规划、项目审批、专项资金安排、重大科技项目和示范等政府职能涉及了包括国家能源局、国家发改委、财政部、科技部等多个部门。其中,没有哪个部门能够统筹可再生能源的行政管理,统一负责和协调有关资源普查、规划,统一负责重大科技研究、技术示范和推广,统一负责扶持产业发展、项目审批、价格制定等事项,这在某种程度上使得可再生能源量发展目标、配套措施与其实施之间发生脱节;二是决策机制和法律体系有待进一步完善。目前一些规划、政策制定和项目决策仍缺乏科学性和公开透明性,导致在发展战略制定、技术路线选择、体制机制改革等重大事项上认识不统一。可再生能源涉及的各项法律出台的时间差距较大,法律法规之间存在相互矛盾和不协调的情况;三是能源体制和机制不能适应发展需要。可再生能源发电一直以来是靠电网分配的发电小时数获取收入,靠政府的扶持政策获得动力,如果完全进入自由竞争的市场,同时失去政府保护,则该产业将毫无竞争力,必然面临出局的宿命。为配合可再生能源的发展,需要对现有的整个能源系统在技术、管理和机制上进行多种创新,如需要重新调整可再生能源发电定价机制,需要调整电力系统运行方式、管理体制,需要调整垄断企业的责任、权利和义务等,需要增加能源和电力市场监管内容和调整机制等。政策机制问题的存在,说明可再生能源发展体制存在障碍,这也正是导致我国风电和太阳能发电规模化发展过程中出现的"弃水"、"弃风"、"弃光"等现象的深层次原因。

(四) 发展思路

1. 总体发展思路

顺应全球能源转型大趋势,按照推动能源生产和消费规模的总体要求,大幅增加可再生能源在能源生产和消费中的比重,继续推进可再生能源规模化发展,为完成 2020 年 15% 和 2030 年 20% 的非化石能源发展目标提供支撑,为保持经济持续增长提供创造条件。同时强调提升可再生能源发展的质量和效益,实现产业结构优化、技术创新、资源节约、环境改善、惠及民生等多元化发展目标。为此,应坚持优先开发利用可再生能源,调整优化能源生产力布局;坚持集中开发与分散利用相结合,推进可再生能源资源优化配置;坚持技术创新和体制机制创新相结合,为可再生能源高比例应用创造条件;坚持国内发展与国际合作相结合,提高我国可再生能源产业在全球竞争力等基本原则。

2. 重点领域发展思路

从保持经济稳定增长的角度出发,可再生能源发展重点应选择那些已形成一定规模,技术成熟,并已经或基本接近商业化的领域加快发展,目的是在保证提质增效的基础上继续扩大规模,进而带动投资规模的增长。水电、风电、太阳能和生物质能基本符合上述要求。

(1)合理进行水电开发

——大型水电项目。在西南水能资源丰富、分布集中的河流,建设千万千瓦级大型水电基地,形成西南水电千万千瓦基地集群。以乌东德、白鹤滩、龙盘等水电站为重点,到 2020 年累计建成 3300 万千瓦金沙江中下游大型水电基地;以黄登、托巴、古水等水电站为重点,累计建成 2100 万千瓦澜沧江中下游大型水电基地;以两河口、牙根、杨房沟等水电站为重点,累计建成 1500 万千瓦雅砻江大型水电基地;以双江口、金川、安宁等水电站为重点,累计建成 1800 万千瓦大渡河大型水电基地。在大型水电项目建设的同时，应重点关注移民和环保问题。此外，应加快建设西电东送中线和南线电网通道工程，完善水电调度机制，显著降低"弃水"比例，保障西南清洁水电输送到东部和南方用电负荷地区。

——小水电项目。统筹好干支流开发与生态环境保护关系，科学规划梯级布局，合理确定开发方式，保障河流基本生态功能。支持边远缺电离网地区中小水电开发，解决无电地区人口用电问题及实施小水电代燃料工程。应强调对小水电项目开发过程中的环境保护，对水土流失问题突出的小水电项目，应开展相应的生态修复工程。

——抽水蓄能项目。重点建设三北地区抽水蓄能项目建设，注意与当地风电、太阳能发电项目统筹布局，满足可再生能源调峰、调频需求。

（2）继续推进风电规模化发展

——大型风电基地建设。进一步优化开发"三北"地区丰富的风能资源，通过新输电通道建设，抽水蓄能电站建设，加强需求侧管理，提高本地消纳能力等多种途径，深度挖掘系统调峰能力，提高风电外送电量。

——低风速风能资源开发。充分考虑中东部和内陆低风速风电资源临近用电负荷区的优势，积极开展低风速风能资源的勘查工作。加大对低风速风电机组研发的技术支持，完善相关技术标准，形成我国风电集中与分散开发相结合的产业格局。

——海上风电开发。加快海上风电开发，在江苏、山东、河北、上海、广东、浙江、福建等沿海省份，建成若干"百万千瓦级"海上风电项目。在合适的近海海岛，建设海上风电与海洋能发电等综合可再生能源协调运行示范项目。由于在大型海上机组制造方面，国内厂商无论是整机设计、零部件研发制造，还是运行管理等仍较落后，因此，国家应加大对相关企业的支持，持续提升海上风电装备制造能力和海上风电建设配套能力。随着海上风电的发展，可以有力带动升压站、海底电缆、大型海上施工装备制造业（如大型海上起重船舶或风机专用吊装船）等的发展。

（3）推动太阳能的多元化利用

——大型光伏地面电站。大型集中式太阳能光伏地面电站仍将是我国太阳能利用的重要方式之一，对于促进西部丰富的太阳能资源开发利用，带动地区经济增长具有重要意义。"十三五"期间太阳能光伏地面电站建设，应按照"合理布局、就近接入、当地消纳、有序推进"的原则进行，特别是要协调光伏电站与配套电网规划和建设，保证光伏电站发电及时并网和有效利用。

——分布式光伏。分布式光伏的推广应用对改善光伏产业布局，解决太阳能发电并网消纳问题,启动国内光伏市场具有重要作用。"十三五"期间,应结合我国新型城市化建设、绿色能源示范县建设、新农村建设和重点工业园区建设进行合理布局,推进光伏建筑一体化发展,扩大太阳能光伏推广应用。

——太阳能热发电。尽管太阳能热发电技术还不成熟,但其具有巨大的发展潜力,可以作为未来新的经济增长点进行谋划和布局。"十三五"期间应积极开展太阳能热发电场址资源普查,进行关键技术和设备的研究与开发,同时选择合适的地区开展商业化、规模化示范项目。

——太阳能热利用。在我国,太阳能能热利用是比较成熟的技术,制造企业有1000多家,应用规模达到4亿平方米以上,正处于进一步规模化发展的时期。"十三五"期间,太阳能热利用除为家庭提供热水外,应积极进行太阳能供暖、制冷和工农业生产领域方面的应用。

（4）因地制宜发展生物质能产业

我国生物质产业发展具有巨大潜力,具有巨大的潜在市场优势,但生物质产业存在的问题与风电和太阳能发电不同,其利益相关者不仅来自于政府、能源企业和用户,还牵扯到农业、林业、畜牧业等行业的发展,异常复杂,因此遵循因地制宜的原则非常重要。"十三五"期间,生物质规模化发展重点仍然要选择有市场潜力、技术成熟、可以规模化发展的技术。应强调生物质产业发展与城乡生态环境保护和解决民生问题相结合。

按照上述思路,直燃发电和垃圾发电应该成为重点支持领域。通过生物质发电项目的布局,达到充分利用农村地区的农林废弃物,有效处理城镇垃圾的目的。"十三五"期间,生物质发电站发展方式上应作出调整,改变单一发电模式,应注意采用生物质热电联产的方式进行项目建设,除发电外,可以实现对工业园区、大型工业企业、居民区进行集中供热和供暖。

3. 重点产业规模

（1）水电发展规模

我国水电资源丰富。根据历次水能资源调查评估结果（见表13-1）,我国单站装机容量100千瓦及以上水电站技术可开发装机容量达到6.61亿千瓦,年发电量达到2.99万亿千瓦时。其中单站装机容量5万千瓦及以下的小水电资源技术可开发量1.28亿千瓦,年发电量5350亿千瓦时,广泛分布在全国30个省（区、市）的1715个山区县。截至2014年年底,我国水电累计装机已达到3亿千瓦（包括抽水蓄能装机）,按已建电站总装机容量占技术可开发量比重计算,我国水电开发程度约45%左右,远低于发达国家80%左右的平均水平,还有很大发展潜力。但是,我国剩余水电资源的开发越来越受到生态保护和移民问题的制约,一些计划开工的项目如怒江中下游、金沙江上游和黄河上游项目的建设速度缓慢。因此,"十三五"期间的水电开发首先考虑生态环境保护,引入新的开发性移民机制,重点开发西南和西北地区的水电资源,平均每年新增水电装机1000万千瓦左右,2020年争取完成3.5亿千瓦的水电(包括抽水蓄能)目标。这意味着,"十三五"期间我国水电项目建设可以带来至少5000亿的投资。

表13-1 我国水能资源技术可开发量

技术可开发量	2003年水利资源复查成果	雅鲁藏布江下游考察及西南两省复核后	农村水能资源调查评价后
装机容量(亿千瓦)	5.42	5.98	6.61
年发电量(万亿千瓦时)	2.47	2.74	2.99

(2)风电发展规模

我国风能资源丰富,陆上和海上技术可开发量共30.8亿千瓦。70米高度陆上风能资源技术可开发量达到25.7亿千瓦,主要分布在东北、华北、西北地区,"三北"地区风能资源量占全国的90%以上。滩涂和近海海域海上风能资源技术可开发量为5.1亿千瓦,主要分布在东南沿海(见图13-1,表13-2)。

表13-2 全国陆地50、70、100米高度风能资源储量

高度(米)	潜在开发量(亿千瓦)	技术开发量(亿千瓦)	技术开发面积(万平方公里)
50	25.6	20.5	56.6
70	30.6	25.7	70.5
100	39.2	33.7	94.8

我国风电设备制造业已建立完备的产业体系。目前2兆瓦风机已成为陆上风电主流机型,并向5兆瓦以上大型风机发展;海上大功率风机装备制造水平不断提升,5兆瓦以上风机于近期陆续下线;低风速风机启动风速不断下降,叶片长度、塔架高度不断提高;风机及关键零部件生产完全满足国内市场需要。我国已有风电机组下线并保持运营生产的企业约为30家左右,产能在3000万千瓦以上。完全可以满足国内风电的规模化发展。我国风电成本下降明显,兆瓦级机组单位价格

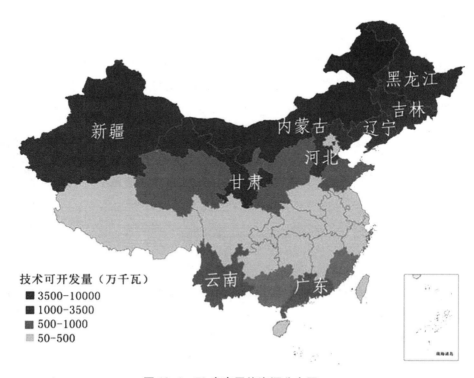

图 13-1　70 米高风能资源分布图

图片来源:中国气象局

从 2009 年的 5500 元/千瓦下降到目前的 4000 元/千瓦左右,风电场投资从 1 万元/千瓦下降到 8000—9000 元/千瓦左右。从完成非化石能源发展目标的现实需求来看,到 2020 年风电累计装机将达到 2.5 亿千瓦以上,风电每年装机量至少要达到 2000 万千瓦。"十三五"期间将直接拉动至少 8000 亿的投资量。

(3)太阳能产业

我国太阳资源十分丰富,三分之二的国土面积年辐射量在 2200 小时以上,年辐射总量约为 3340—8380 兆焦耳/平米(见图 13-2)。我国太阳能辐射资源总体呈"高原大于平原、西部干燥区大于东部湿润区"的分布特点。其中,青藏高原最为丰富,年总辐射量超过 1800 千瓦时/平方米,部分地区甚至超过 2000 千瓦时/平方米。四川盆地资源相对较低,部分地区的年太阳能辐射量低于 1000 千瓦时/平方米。仅以戈壁地区的太阳能开发利用为例,全国戈壁地区面积合计 57 万平方公里,按 1 平方公里安装 50 兆瓦光伏电站计算,如果开发 5% 的戈壁面积,光伏装机规模即可达到 1400 吉瓦(见图 13-3)。由此可见,我国拥有支撑大规模开发建设太阳能电站资源基础。

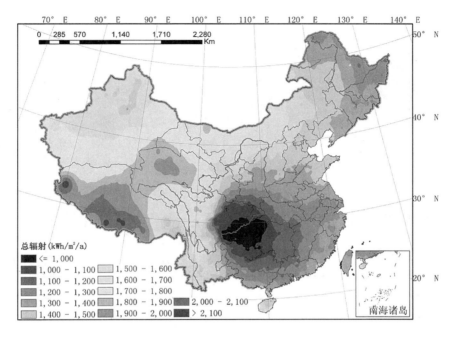

图 13-2 全国水平面太阳总辐射分布

我国目前已经成为光伏制造大国。根据光伏产业联盟对全国 206 家光伏组件企业统计,2014 年我国组件产能约为 63GW,产量约为 35.6GW,同比增长 30%,约占全球光伏组件产量 70%。我国组件生产以晶硅电池组件为主,其产量约为 35.3GW,占总产量的 99%,薄膜电池产量约为 260MW,另外聚光组件产量约有 100MW,完全能满足国内光伏发展的要求(见图 13-4)。从发展来看,从目前开始我国每年光伏将新增装机至少 1800 万千瓦,到 2020 年累计装机将达到 1.5 亿千瓦以上,"十三五"期间将总计拉动 7200 亿的投资量。

"十三五"期间,我国太阳能热发电产业也将开始起步,技术逐步成熟。基于我国当前技术与产业条件、并结合国内外厂家进行现行市场价格询价。目前,太阳能热发电站单位造价在 3 万元/千瓦。如果支持政策到位,"十三五"期间,太阳能热发电装机规模将达到 1000 万千瓦,可以带来 3000 亿元的投资需求。

此外,我国太阳能热利用技术成熟,已实现了产业化和市场化发展,性价比高,应用广泛,适合我国大部分地区应用。目前我国太阳能热水器应用重点是小城镇、

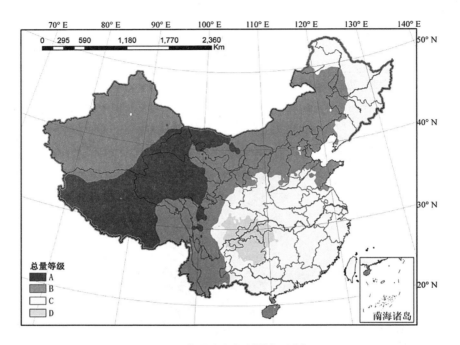

图 13-3　全国太阳辐射等级区划

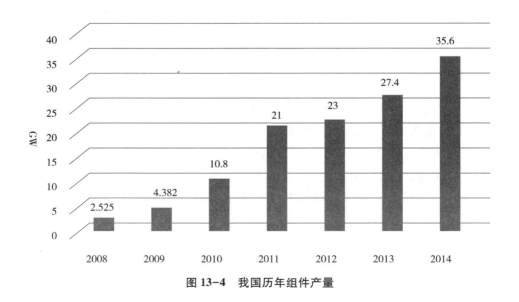

图 13-4　我国历年组件产量

城乡结合部和广大的农村地区。太阳能集中热水系统的应用重点在中大型城市的学校、浴室、体育馆等公共设施和大型居住建筑。近几年,随着太阳能集热技术的提高,太阳能热利用的应用范围逐渐由家庭、公共建筑用热水、扩展到工业应用领域和建筑物的供暖、制冷。太阳能供热、取暖系统技术成熟,集热器投资在1000—3000元/平方米。"十三五"期间,我国太阳能热利用规模将在"十二五"基础上增加一倍,达到8亿m²,将直接带动至少6000亿的投资。

(4)生物质能产业

我国生物质能资源种类繁多,主要包括农作物秸秆及农产品加工剩余物、林木采伐及森林抚育剩余物、木材加工剩余物、畜禽养殖剩余物、城市生活垃圾和生活污水、工业有机废弃物和高浓度有机废水等,资源潜力每年约折合4.6亿吨标准煤(表13-3)。

表13-3 我国生物质能源资源利用潜力

资源种类	实物量(亿吨)	折合标煤量(亿吨)
农作物秸秆	3.4	1.7
农产品加工剩余物	0.6	0.3
林业木质剩余物	3.5	20
畜禽粪便	8.4	0.28
城市生活垃圾	0.75	0.12
有机废水	43.5	0.16
有机废渣	9.5	0.04
合计	—	4.6

我国生物质能具有数量多、分布广、总量大的特点,在开发利用上应遵循因地制宜、多元化利用的原则,"十三五"期间应重点利用成熟技术推进生物质能的规模化发展,重点发展直燃发电和生物燃气。在秸秆资源丰富的粮食主产区,可以有序发展秸秆直燃发电。在林业资源丰富地区,利用林业和相关产品加工剩余物发展林业生物质直燃发电。在城镇地区,利用城市生活垃圾发展垃圾发电。目前,农林生物质发电项目的单位千瓦投资在9000元左右,垃圾焚烧发电单位千瓦的投资成本约为18000元。"十三五"期间,我国生物质发电装机预计将增加500多万千

瓦,总规模达到 1500 万千瓦,直接拉动 500 亿元左右的投资量。

（五）重要举措

1. 技术创新

风电、光伏、生物质能等产业是资本和技术密集型产业,技术创新能力是保障产业发展质量的重要支撑。近些年来,我国在风电和光伏等产业的技术创新能力方面有了显著增强,一些新技术研究开发并成功得到应用与实践,但与世界先进国家相比仍有差距,属于资金的原始创新和理论创新不多,核心专利更少,难以保证产业后续持续发展。因此必须大力加强新技术、新产品的研发和推广力度,提升技术创新能力。另外,更要注重知识产权保护,形成保护创新、提倡创新的氛围,并通过技术创新和知识产权保护加快行业内的优胜劣汰,进一步优化产业结构。

2. 优化结构

目前来看,风机制造和光伏电池制造业在我国风电和光伏产业链整体份额中所占比例较高。根据微笑曲线理论,处于产业链中间环节的制造业附加值较低,单靠这部分的发展将难以形成比较强的整体竞争力。因此应进一步优化产业结构。具体措施:一是加大对上游行业,例如光伏设备制造业的布局力度,形成我国在相关领域的话语权。二是积极拓展国内应用市场,特别是注意低风速风机、分布式光伏的应用推广,将现有闲置产能消化掉,同时减少对国外市场的依赖,降低国外的"双反"给我国可再生能源产业带来的制约。

3. 完善政策

决策部门应放眼长远、谋划全局,增强政策的科学性和延续性,从而进一步优化产业发展的公共服务环境,提升产业发展的质量。采取的措施包括:一是加强可再生能源相关立法。根据修订后的《可再生能源法》,为具体落实全额保障性收购制度,应尽快出台《可再生能源全额保障性收购管理办法》,明确全额保障性收购的义务承担主体、考核监管机构,义务执行情况跟踪和报告制度、义务考核监管制度、信息公告制度和奖励惩罚制度等。二是整合各相关政府部门的可再生能源管理职能。顺应当前我国深化国家管理体制改革,建立大部制的有利时机,将分散在发改、科技、财政、农林、水利等部门与可再生能源管理相关的职能统一整合到国务院能源主管部门,改变"九龙治水"的局面,形成合力促进可再生能源规模化发展。同时,在能源主管部门内部强化对可再生能源的监管力度。三是提高规划出台的时效性和与相关规划的协调性。针对以前可再生能源规划制定过程中对规划目标的调整频繁和审批程序复杂等问题,应加强对可再生能源发展目标的市场预测研究工作,强调相关部门的"事前"协调,缩短规划的制定周期,保证规划颁布的及时性。此外,还需加强中央规划与地方规划之间的协调和配合,避免中央规划与地方规划目标差距过大和措施方面的脱节,加强可再生能源规划和其他相关行业规划,特别是与电网规划的有效衔接等。四是拓宽可再生能源资金渠道。近期应加大中央财政资金在可再生能源基金中的比重。中期来看,根据可再生能源规模化发展情况,适时调高可再生能源电价附加标准。长期来看,可以结合征收环境税、碳税等反映环境外部性损害的税收政策,按一定比例把环境税和碳税的部分收入统一纳入可再生能源基金管理,拓宽支持可再生能源发展的资金来源渠道,保证可再生能源发展有充裕的资金支持。

4. 绿色低碳发展

中国可再生能源产业在其发展过程中也饱受争议,公众提出了许多问题,比如水电开发是否引发地震和干旱,是否导致下游湖泊干涸等。风电发展是否降低风速从而加重雾霾。多晶硅是否是高能耗、高污染行业等,这些问题给产业发展带来了沉重的外部压力,对这一战略新兴产业的定位造成不利影响。因此,"十三五"期间,可再生能源发展应注意将产业发展引导到清洁发展道路上来,一是出台政策,支持项目周边生态环境的保护,解决水电移民问题。支持新技术的推广应用,降低能耗并减少污染。二是进一步完善准入和淘汰机制,通过建立健全法律法规,完善约束督导机制,净化行业发展环境,形成绿色低碳发展。

（六）小结

当前,我国可再生能源发展面临全球能源转型和推动能源生产和消费革命的新形势,建立绿色、低碳、清洁、智能的新型能源体系是其主要目标。国内经济进入"新常态",保持经济持续稳定增长也成为可再生能源发展的重要任务。同时,"十三五"可再生能源的发展也进入了新的发展阶段,面临规模化发展和提质增效双重发展目标。一方面,完成2020年15%非化石能源发展目标,要求我们应继续推动可再生能源的规模化发展,另一方面,还要解决可再生能源发展水平和发展效益偏低问题,必须强调提质和增效。为稳定经济增长提供支持,可再生能源发展必须达到一定规模,应选择那些技术成熟、产业已实现或接近商业化的领域进行重点扶持,加快发展。"十三五"期间可再生能源发展的重点领域包括水电、风电、太阳能和生物质能,其中水电累计装机要达到3.5亿千瓦,风电累计装机2.5亿千瓦,太阳能光伏累计装机1.5亿千瓦,太阳能热发电装机1000万千瓦,太阳能热利用累计 8 亿 m^2,生物质能发电装机累计 1500 万千瓦。"十三五"期间,四大重点领域发展能直接拉动 2.97 万亿元以上的投资,可为经济稳定增长作出贡献。特别是,随着低碳清洁的可再生能源在能源消费总量中所占比例的提高,将大幅度降低温室气体排放量,提高能源安全,改善生态环境,从而为我国经济的可持续发展提供有利条件。

分报告十四：经济持续稳定增长的交通运输支撑引领条件

一、交通在经济持续稳定增长中具有重要的支撑和引领作用

（一）创造条件，为经济持续稳定增长提供基础动力

交通运输是社会生产生活的基本条件，根据发达国家的历史经验和我国的发展历程，对交通运输进行超前建设和弥补短板，能够为经济社会发展提供强有力的支撑，助推经济快速增长。美国经济的崛起伴随着一轮大规模的交通基础设施投资建设，19世纪初以来的近百年时间里，美国开凿了沟通东西部的伊利运河，修筑了近40万公里的铁路，开启了最早的收费道路建设高潮，为美国国土资源开发和产业革命构建了强大的交通支撑条件，助美国一跃成为世界第一大经济强国。日本战后50年间制定并实施了5次"全国综合开发规划"，交通均被列为规划的重要内容，通过交通基础设施建设，促进新的开发极点与原有产业基地之间的有机联系和相互影响，扩大地区间交流，使日本在国家整体相对平衡发展的基础上，实现了战后复兴。"要想富，先修路"，我国的经济社会发展同样以交通建设为先导。实施改革开放后，作为对外开放门户的港口被列入国家重点建设项目，得到快速发展，随后，我国又启动了大规模的高速公路、机场、铁路等建设，在西部大开发、新农村建设等国家战略推进过程中，弥补交通发展的薄弱环节成为战略实施的重要前提。如今，"适度超前"已成为我国交通发展的基本原则，交通先行，为经济社会发展、要素自由流动和国际贸易及产业分工合作创造基础条件，这是经济持续稳定增长的基本规律。

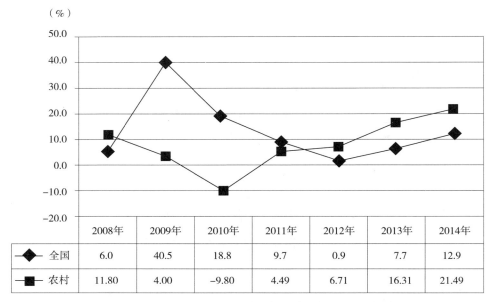

图 14-1　2008 年以来全国公路和农村公路建设投资增速变化情况

数据来源：历年《公路水路统计公报》《交通运输统计公报》。

	2008年	2009年	2010年	2011年	2012年	2013年	2014年
全国	6.0	40.5	18.8	9.7	0.9	7.7	12.9
农村	11.80	4.00	-9.80	4.49	6.71	16.31	21.49

（二）壮大产业，为经济持续稳定增长发掘原生动力

　　交通运输是国民经济的重要基础性产业，投资规模大、建设周期长、关联产业多，在开启新的经济发展阶段和经济周期波动中，具有拉动经济增长的直接效应，并能触发经济振兴的连锁反应。二战后，美国极力推动州际高速公路建设，带动钢铁、水泥、沥青等产业快速发展。据测算，州际高速公路每 10 亿美元的投资，每年为美国创造 4.2 万个工作机会，而创造的社会经济效益是建设成本的 3 倍。日本二战后确定了"倾斜生产方式"的经济恢复战略，把交通运输同煤炭、钢铁等并列为"超重点"的"倾斜"投资对象，优先发展高速公路和新干线高速铁路，实现了经济的高速增长。我国在最近两次国际金融危机中，也把加大投资力度作为稳定经济增长的重要手段，交通建设兼具短期与长期、经济与社会效益，成为投资的重点领域。1998 年和 2009 年，我国交通投资同比分别上涨48%和46.7%，投资率两创新高，为稳定经济增长作出巨大贡献（图 14-1）。1980 年至 2014 年，我国交通基础设施建设共计投资近 30 万亿元，占全社会固定资产投资的 10%左右，交通基础设施年投资额占 GDP 比重已由 80 年代初的 1%左右提高到 2014 年的 6.7%。

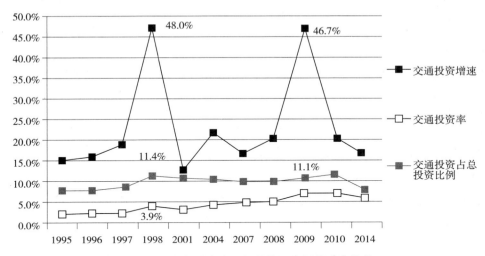

图 14-2　1995 年以来主要年份我国交通投资变化情况

数据来源：根据历年《中国统计年鉴》整理计算而得。

不仅如此，交通领域的科技革命与产业升级也是提升国家和地区综合竞争力、推动经济长期可持续发展的重要力量。第一次工业革命以来，蒸汽机车、汽船、汽车、飞机等交通运输领域每一次科技发明与技术创新，都极大促进了生产力的提升和社会文明进步。20 世纪，日本新干线、欧洲空中客车等交通新技术的发展均以成套的技术体系和产业链，带动了相关国家经济的快速发展。2008 年金融危机后，韩国发布"新增长动力规划及发展战略"，将绿色交通系统作为新增长动力之一，也是出于其前后产业波及效应以及在全球市场上发展前景的考虑。近年来，我国交通运输逐步构建起相对完善的产业体系，尤其在高速铁路、高速公路、港口建造、船舶制造等领域已建立了较为明显的国际比较优势，这些产业关联产业众多，覆盖了战略性新兴产业的绝大多数领域。交通运输业正在成为实现我国经济有质量的增长和产业"走出去"的中坚力量之一。

（三）诱发需求，为经济持续稳定增长释放潜在动力

交通运输对于全社会消费需求的扩展具有重要作用，特别是随着运输服务可达性、时效性的不断提升，改变了区域时空距离，拓展了人们的活动空间和交往频次，进而诱发诸多关联性消费活动。20 世纪 60 年代日本新干线的开通，极大地诱发了沿线旅游、休闲、购物、商务等需求。近年来，随着我国交通基础设施网络的完善、装备的升级和科技的发展，交通运输领域服务产品与商业模式创新不断，跨区

域和城际高速客运服务、自驾车、快递快运等成为新的消费热点,为经济增长注入新活力。与此同时,运输服务能力的增强也激活了相关领域的投资与消费需求,物流、商贸、旅游等产业在运输服务的供给保障之下,蓬勃发展。近年来出现的交通运输与相关产业融合发展,进一步培育了新的需求,创造了更高的产业附加值。如现代航运中心整合了运输、金融、贸易等相关产业,通过功能拓展和服务增值,更好地满足了国际经贸合作需求;国际枢纽机场通过综合服务能力建设,成为"国际会客厅",带动了高端商务、会展业大发展;快递与电子商务融合发展,大大激发了全社会尤其是中小城市与农村地区的消费潜能,据统计,2013 年,我国网购消费每100 元中有 39 元属于新增消费,而在三四线城市,则高达 57 元。经济社会的发展已经使交通运输由单纯的、被动的派生性需求演变出更多的原生动力,甚至发挥出对其他需求的促进与带动作用,成为经济增长的潜在动力。

二、经济新常态下要转变交通运输支撑引领条件和动力方式

（一）我国交通运输整体步入发展新阶段

新中国成立之初,我国交通运输条件十分薄弱,严重制约经济社会发展。改革开放之后,在交通运输优先发展、开放发展、适度超前发展等一系列战略指导下,我国交通运输面貌整体改善,基础设施网络初步形成,区域城乡发展渐趋协调,运输服务质量明显改善,技术装备水平大幅提升,总体适应经济社会发展。

截至 2014 年,我国铁路营业里程达到 11.2 万公里,高速铁路 1.6 万公里,分别位居世界第二和第一位;公路通车里程 446.4 万公里,高速公路通车里程 11.2万公里,分别位居世界第二和第一位;内河航道里程 12.4,高等级航道 1.2 万公里,其中,长江干线航道年通过量 20 亿吨,位居世界第一,分别是密西西比河的 4倍和莱茵河的 10 倍。沿海港口万吨级及以上泊位 1704 个,货物吞吐量 80 亿吨,集装箱吞吐量 2 亿 TEU,均位居世界第一。全球货物吞吐量和集装箱吞吐量前 10位的港口,我国分占据 8 席和 6 席。22 个城市开通城市轨道交通线路,运营里程2800 公里,世界第一。民用运输机场 202 个,其中旅客吞吐量过 3000 万的 7 个、过2000 万的 11 个、过 1000 万的 24 个,北京首都机场旅客吞吐量 8613 万人,连续 5年世界第二;上海浦东机场货邮吞吐量 318 万吨,连续 7 年世界第三。陆上输油气管道总里程已达 12 万公里,其中,天然气管道 7.6 万公里。铁路"和谐号"动车组

1411 组、1.4 万辆,地铁车辆 1.6 万辆,运输飞机 2370 架,水上运输船舶 17.2 万艘,民用汽车保有量达到 1.5 亿辆,私人汽车保有量 1.3 亿辆,35 个城市的汽车保有量超百万辆。

表 14-1 2014 年我国交通基础设施情况

类别		单位	水平	世界排名
交通基础设施	铁路营业里程	万公里	11.2	2
	高速铁路营业里程	万公里	1.6	1
	公路通车里程	万公里	446.4	2
	高速公路通车里程	万公里	11.2	1
	内河航道通航里程	万公里	12.6	1
	城市轨道运营里程	公里	2800	1
	港口深水泊位数量	个	2110	1
	沿海港口深水泊位数量	个	1704	1
全球港口货物吞吐量排名前 10 位的中国港口(8 个)		宁波—舟山港(第 1 位)、上海港、天津港、广州港、苏州港、青岛港、唐山港、大连港		
全球港口集装箱吞吐量排名前 10 位的中国港口(6 个)		上海港(第 1 位)、深圳港、宁波—舟山港、青岛港、广州港、天津港		
全球机场旅客吞吐量前 10 位的中国机场(1 个)		北京首都国际机场(第 2 位)		
全球机场货邮吞吐量前 10 位的中国机场(1 个)		上海浦东国际机场(第 3 位)		

数据来源:《中国统计年鉴 2014》《2014 年交通运输统计公报》。

交通运输全面卓越的发展成绩,特别是基础设施和服务能力的整体改善,为我国经济社会高效运行以及国际国内资源要素便捷流动提供了良好基础条件,有力保障了我国 64 万亿元 GDP 经济总量、26 万亿元进出口贸易、13.7 亿人口生产生活以及 54%城镇化水平的人员物资流动需要,也为改革开放 30 年来经济持续快速增长提供了坚实支撑。

(二) 加快推进我国交通运输战略性转型

随着世界经济深度调整分化和我国经济进入新常态,交通运输发展面临的环境与形势错综复杂,由经济社会发展所派生出的运输需求与结构将发生重大调整,经济持续稳定增长也对交通运输在发展方向、承载功能、任务重点等方面提出新的要求。新常态下我国产业结构快步调整,新业态、新模式蜂拥而现,个性化、多样化运输需求日益增多。统筹"四大板块",实施三大战略,重点区域重点领域交通需要加快发展、取得突破。推进以人为核心的新型城镇化,特别是城市群和都市圈的快速发展,要求一体化、通勤化交通予以保障。全面建成小康社会的战略部署,需要强化交通运输的扶贫攻坚,完善交通基本公共服务和交通安全保障体系。全面深化改革,要求深入推进交通运输体制改革,释放市场活力。全方位对外新格局,开放型经济新体系的建设,要求综合国际国内两个市场、两种资源,加快交通"走出去"步伐。资源环境约束日益强化,需要交通运输秉持绿色发展的理念,加强资源节约和环境友好。

面对新的形势和要求,交通运输传统的粗放型发展模式与习惯性发展路径已经难以适应,部分领域和环节存在的结构性、功能性短板,特别是由此在局部区域和领域引发的"结构性供给过剩"矛盾将进一步凸显。这就要求交通运输通过自身的转型发展,突破发展瓶颈制约,有效缓解自身"产能过剩",实现健康持续发展。同时,也要求交通运输通过创新发展,形成支撑和引领经济持续稳定增长的新动力和新模式,为我国经济向更高层级迈进提供坚实基础和保障。

因此,这就要求作为基础和先导的交通运输,打破传统模式的惯性思维,及时响应新的环境形势、新的战略需求、新的生产方式和新的业态模式,围绕"设施支撑、服务保障、需求培育、技术引领、方式创新、联动增长"的总体思路,统筹把握既有存量与新兴增量、传统动力与新式引擎之间的关系,加快转变交通运输发展方式及其对经济增长的动力支撑和引导模式,以弥补设施短板促进区域协调发展,以优化网络布局引导经济结构调整,以加大有效投资拓展内需空间,以创新服务模式培育新兴市场需求,以技术升级进步提高整体运行效率,以联动融合发展带动产业转型升级,以"走出去、引进来"高效配置国际资源要素,以改革体制机制增强发展制度保障,促进交通运输由"基础性"向"战略性"、"支撑性"向"引领性"的根本性转变,为更好支撑和引领经济持续稳定增长提供永续的动力保障。

三、完善交通网络,弥补设施短板,
构筑经济持续增长新支撑

交通基础设施是支撑运输服务供给、保障经济社会运行的基础要件,也是拉动投资、促进经济增长的重要领域。当前,我国交通基础设施网络已经达到一定规模,总体上能够满足产业、城镇、开放等发展基本需要。但基础设施结构性供给不

足问题仍然十分突出，中西部地区、广大的农村偏远地区、人口密集的城市群以及特大城市等重点区域、重点领域的交通基础设施"短板"仍然严重制约着综合交通网络效能的充分发挥，难以有效适应新常态下经济发展方式转变、产业转型升级、需求结构调整、全方位对外开放等要求，也难以更好支撑和引领经济社会发展。未来我国交通基础设施需要建设和完善的工作还很多、任务还很重，也表明近中期交通基础设施在拉动投资、扩大内需、支撑经济持续稳定增长等方面的作用和动力空间仍然很大。

但必须清醒地认识到，在交通基础设施存在结构性过剩的情况下，能够发挥经济增长正向带动效益的交通设施范围及其作用空间与效果已经发生变化，只有投向那些真正结构性缺失的"短板"领域，才能在保证投资效率和运营效益的前提下，实现拉动经济增长的预期目标。

因此，在新的发展环境和形势下，要立足重点区域、重点领域交通基础设施"短板弥补"，围绕实施"一带一路"、京津冀协同发展、长江经济带、新型城镇化等国家重大战略，系统谋划基础设施布局和建设，以重大项目、重大工程为依托，打造支撑引领经济持续稳定增长的新引擎。初步估算，"十三五"时期，我国重点领域、短板领域交通基础设施投资需求超过12万亿元。

（一）尽快建成"内优外畅"的国家综合交通网络

1. 优化国家综合运输通道主骨架布局。在加快形成"五纵五横"综合运输大通道的基础上，有序推进东北至西南、西北至东南方向的运输大通道建设，形成"横贯东西、纵贯南北、对角联通"的大能力、高效率综合运输大通道。"十三五"时期，重点推进北京—深圳、济南—昆明综合运输大通道建设。规划研究重庆—广州、西安—福州等斜向综合运输大通道建设。远期，推进沿江综合运输大通道延伸至拉萨，研究推进乌鲁木齐—格尔木—成都、乌鲁木齐—拉萨等综合运输大通道建设。

2. 构建层级清晰的交通基础设施网络。一是建设广覆盖的基础运输网。强化区际铁路干线功能，加快国省道提质升级和空白路段建设，提高农村公路通达深度和通畅水平，推进支线、通用航空发展，加强邮政基础设施建设。二是建设高品质的快速运输网。加快高速铁路建设，推进国家高速公路建设，有序发展地方高速公路，完善干线机场布局。三是建设大能力的专业货运网。优化布局铁路重载运输通道，建设通江达海、经济高效的水运系统，完善港口集疏运系统，推进油气管道区域互联。探索建设专业货运机场，鼓励快递物流企业、航空公司等各类企业投资建设和运营货运机场,打造具有综合竞争力的航空物流节点。

(二) 战略推进引领"三大战略"的交通廊道建设

1. 构筑"一带一路"交通走廊。推进互联互通交通基础设施建设,打造一批具有重点示范作用的标志性工程。重点推进中巴、中国—中亚—西亚、新亚欧等重点方向陆路对外运输通道建设。依托京津冀、长江三角洲、珠江三角洲等主要沿海港口,强化瓜达尔港、吉布提港等国际港口支点的建设布局,构建海上丝绸之路走廊。加强我国机场与国际机场的联动协调,形成"一带一路"空中走廊。"十三五"时期,重点推动中巴铁路和油气管道建设,适时推进中塔及中阿等铁路以及中俄黑河跨境大桥等建设。

2. 加快京津冀协同发展交通一体化。加快北京新机场建设,配套建设北京新机场临空经济区,推进北京至霸州铁路、北京新机场轨道交通快线等配套工程。建设北京至唐山城际铁路,规划研究天津至石家庄、天津至承德铁路,打造"轨道上的京津冀"。建设首都地区环线高速公路,开工国家高速公路"断头路",改造普通国道"瓶颈路段"。

3. 建设长江经济带综合立体交通走廊。推进黄金水道系统治理,开工建设南京以下 12.5 米深水航道二期工程,加快建设荆江河段航道整治工程,研究三峡水运新通道建设方案,推进长江船型标准化,加强沿江港口集疏运体系建设,重点解决"最后一公里"问题。研究建设沿江高速铁路,建设商丘经合肥至杭州、徐州至盐城等铁路,香格里拉至丽江、六盘水至威宁(黔滇界)等公路。实施武汉、长沙、重庆、贵阳机场扩建,建设成都新机场。

(三) 重点弥补中西部以及偏远贫困地区交通短板

1. 加快建设中西部及东北交通重大项目。加快中西部干线铁路、普通国省干线公路、支线机场以及西部干线机场建设。重点加强成都—格尔木—库尔勒铁路、成都—林芝—拉萨铁路、拉萨—阿里—和田铁路、额济纳旗—哈密铁路和公路等进出疆、出入藏公路和铁路建设。加快东北地区交通网络升级改造。强化新疆、云南等内部交通网络,打造新疆丝绸之路核心区交通枢纽中心和云南面向南亚东南亚的交通辐射中心。加快建设环绕我国陆路边境的沿边公路,推进沿边铁路重点路段建设。

2. 加强偏远贫困地区民生性交通项目建设。实施扶贫开发超常规政策举措,加强贫困地区特别是集中连片特困地区农村交通建设。加快推进建制村通沥青

（水泥）路,加强农村公路安保工程建设,强化农村渡口改造和溜索改桥。加强邮政基础设施建设,提升邮政普遍服务能力。完善重要牧区、林区、农场以及自然旅游区的交通基础设施网络。

（四）构筑支撑新型城镇化发展的城市群交通网络

1. 推进城市群综合交通网建设。加快推进以轨道交通、高速公路为骨干的城市群城际交通网建设。加快城际铁路建设,推进部分路网加密线、外围延长线及内部联络线的建设,基本形成广覆盖、大能力、经济高效绿色的城际轨道交通网络,逐步构建以公共运输为主导的城市群交通模式。加快构建围绕北京、上海等超大城市、连接周边中小城市和小城镇的都市圈通勤化交通网。"十三五"时期,重点推进京津冀、长三角、珠三角三大城市群城际交通网建设。加快推进成渝、长江中游等城市群交通主骨架建设。充分利用既有通道资源满足城际需求。

2. 提升大型城市交通网络能力。全面实施公共交通优先发展战略,分类推进城市公共交通发展,构建多层次的公共交通体系。合理发展城市轨道交通,按照国家批准规划积极稳妥推进城市轨道交通项目建设,有序发展现代有轨电车。积极推进北京、上海、广州等超大城市市郊（域）铁路发展,建立中心城区与周边卫星城的快速通道。改扩建城市道路、立交桥,采用交通控制、运输组织等手段,缓解大城市对外干线公路与城市道路衔接路段拥堵状况,尽快消除"进出城难"问题。加快建设铁路枢纽货运外绕线。

3. 完善城市交通配套设施建设。加快建设城市停车场,采取有效措施和政策,鼓励引导社会资本投资建设立体停车场,同时配建电动汽车充电位。在有条件的城市探索推进围绕近郊枢纽的"P+R"交通模式。重点在北京、杭州、郑州等已出台相关政策的城市加快推进落实,率先取得示范效应。有序建设超大城市、大城市的地下综合管廊,配套实施地下空间综合开发。

（五）打造具有国际国内辐射作用的综合交通枢纽

1. 战略打造国家综合交通枢纽。按照国际、国家、区域、地区四个层次,优化调整综合交通枢纽节点城市功能和布局。顺应"一带一路"战略,打造新疆、福建等枢纽核心区,重点提升西部地区以及重要口岸的枢纽作用。"十三五"时期,着力提升北京、上海、重庆、广州、深圳、武汉、大连、成都、西安、乌鲁木齐、兰州、哈尔滨等国际性枢纽辐射功能,强化库尔勒、格尔木等西部枢纽集散能级,推进霍尔果斯、阿拉山口、满洲里重要口岸的枢纽建设。

2.探索实施枢纽站场综合开发。依托综合交通枢纽,加强铁路、公路、民航、水运与城市轨道交通、地面公共交通等交通方式的衔接,完善集疏运系统与配送系统,强化客运"零距离"换乘和货运"无缝化"衔接。有效拓展枢纽功能,按照城市综合体、产业综合体发展理念,有序实施围绕枢纽的综合开发,在保证其交通功能的基础上,强化与城市、产业功能的融合,形成"枢纽经济"效应。"十三五"时期,加快推进上海、天津北方、大连东北亚等国际航运中心和重庆长江上游、武汉长江中游航运中心,以及南京区域性航运物流中心、宁波舟山江海联运服务中心等建设,加快北京新机场、成都新机场建设。实施枢纽站点综合开发试点工程,围绕高铁车站和城际铁路车站,推动一批综合客运枢纽向城市综合体和港口、物流园区等向产业综合区的转型升级。

四、提升服务水平,培育新兴需求, 打造经济持续增长新引擎

在进一步提升运输服务能力水平,为经济社会发展构建良好交通环境,为区域经济增长和产业梯度转移、拓展升级创造支撑性与先导性运输条件的基础上,顺应消费个性化、多样化的主流趋势,创新运输服务供给方式,用新业态、新模式改造传统运输服务,为产业发展注入新元素,为激发培育新消费需求创造新条件,更好满足内需外需变化、产业结构调整、生产组织变革和生活方式升级对运输服务的新需求,有效支撑和引领经济持续稳定增长。

(一) 优化提升运输服务能级水平

1.全面推进客货联程联运。推进交通基础设施、运输装备的标准化,以综合交通枢纽为载体,加强设施一体化和运营组织衔接。抓住产业向内陆地区梯度转移和沿"一带一路"、长江经济带布局的发展契机,推进集装箱铁水联运,在京津冀地区先行试点并逐步推广高铁与航空旅客联程,推行客运"一票式"和货运"一单制"联程服务。

2.提升城市群都市圈快捷客运水平。适应城镇化地区高强度、多样化、高频次、强时效旅客运输需求的快速增长,加快发展城市群、都市圈快捷旅客运输服务。近期利用干线铁路开行城际列车,远期随着东部沿海地区城际轨道交通网络和国家高速公路网的建成,构建更加完善的、多元化的城际客运系统。推动国有铁路按照市场化原则向社会资本开放"路权",鼓励城市政府与铁路企业合

作,充分利用既有铁路线路、站点资源,采用政府购买服务等方式,开行市域(郊)快铁。

3.着力降低社会物流成本。优化市场环境,鼓励各类物流企业兼并重组,引导物流资源向高效率地区、领域和企业流动。进一步简政放权,切实降低企业负担,研究实行跨区域合并纳税政策和扩大仓储设施用地税收减半政策适用范围。推广物流标准规划与先进装备技术应用,提高物流组织化水平,提升行业发展效率和服务水平,有效降低经济社会运行的物流成本。

(二) 创新交通运输服务组织模式

1.优化铁路非大宗货物运输组织方式。在继续稳定大宗物资运输市场的同时,发挥准时、低成本、通道性、枢纽性等技术经济优势,创新运输组织方式和营销模式,积极开辟适合铁路运输的城际、跨区域非大宗商品的"集合运输市场"。扩大快运班列开行范围,提高班次密度,积极开拓3C、汽车、果蔬等消费旺盛产品的零担运输市场,大力开发铁路快运、高铁快递、电商班列等附加值高、市场潜力大、具备跨区域集合运输的运输服务产品。

2.完善城乡快递递送服务模式。利用网络购物等新型消费方式向县域、农村地区下沉和城市便利化生活方式渐进普及的发展机遇,鼓励城乡快递递送服务拓展服务范围和业务领域,创新服务方式。引导快递企业协同电商企业共同推动销售与服务网络向西拓展、向下延伸,推进网点共建共享,完善末端物流投递网络,实现配送网络覆盖乡村。推广O2O商业模式,支持物流与餐饮、零售企业战略合作,利用互联网平台开展餐饮、生鲜及其他生活消费品的限时递送服务,大力发展城市共同配送。

专栏14-1 同城、县域快递业务成为增长最快领域

2015年上半年,快递业务量同比增长43.3%,是同期GDP增速的6.2倍,明显高于服务业增加值、全社会货运量、实物网上零售额等相关指标的增幅。快递业务收入占GDP的比重超过4‰。

快递服务普惠程度大幅提升,网点的乡镇覆盖率已经超过60%,其中12个省(区、市)覆盖率已超过70%。2015年上半年,全国1600多个县共完成快递业务量5.7亿件,同比增幅达到67.6%,同城快递业务量累计完成22.4亿件,同比增长50.9%,分别超出整体快递业务增长24.2和7.6个百分点。

资料来源:国家邮政局

专栏 14-2　农村网购快递服务市场潜力巨大

截至 2014 年 12 月,农村网民网络购物用户规模为 7714 万,年增长率高达 40.6%。2014 年,我国农村网络消费总额约为 1800 亿元,预计 2016 年将达到 4600 亿元。从 2013 年第一季度到 2015 年第一季度,淘宝网(含天猫)发往农村地区的订单金额占全网的比例由 8.65% 上升至 9.64%,提高了 1 个百分点。

资料来源:阿里研究院

---

3. 积极发展共享众包服务。在交通运输领域,推广"共享经济"模式与理念,集合碎片化的供给与需求,推行服务众包,提高社会资源的利用效率,加快非规模经济特征的运输需求的规模化发展。借助移动互联网等信息技术手段,依托网络化运营的物流园区,整合公路货运资源,鼓励行业龙头企业发展"公路港"、"卡车航班"等运输服务产品。调整市场准入政策,创新监管模式,完善社会诚信体系,在出租车、快递等领域稳妥推进众包服务,稳步发展利用社会车辆、个人停车位等私有闲置资源提供公共服务的共享商业模式。鼓励衍生金融等增值服务。

(三)着力培育新兴运输服务市场

1. 鼓励发展邮轮游艇休闲旅游。合理规划沿海沿江公共旅游和私人游艇码头,有序推进邮轮母港和停靠港建设。引导社会资本投向邮轮、游艇产业,鼓励企业增开国际、国内邮轮航线和发展内河游轮业务,适时组建国有大型邮轮公司。统筹国家相关免签政策,完善邮轮出入境政策,研究出台邮轮消费退税等过渡性政策。加强安全监管,健全应急体系,为邮轮游艇产业发展提供有力保障和创造优良环境。

2. 大力发展通用航空产业。加快落实国务院、中央军委《关于深化我国低空空域管理改革的意见》,逐步有序放开低空空域,建立完善通用航空设施、保障和服务体系,提升通航飞行器制造水平,促进通用航空产业发展。

3. 探索高端定制运输服务。利用互联网、大数据等先进技术手段,针对不同需求的特定人群,发展交通运输领域的高端个性化与定制服务。根据老龄化社会发展特征,新建和改建各类交通基础设施,开发满足老年人无陪伴日常出行、外出旅游、走亲访友等需求的运输服务。适应城市空间格局调整和城乡生活方式改变,鼓励企业发展城市定制公交、农村定制班车、约租车等新型服务方式。

4. 支持发展跨境运输服务。结合"一带一路"战略实施,构建国际运输服务系统,推进跨境运输便利化,创新方式整合扶持中欧班列等国际联运发展,为我国扩大对外贸易和国际产能合作提供支撑。鼓励运输企业"走出去"，投资海外运输与物流市场，参与国际竞争。适应跨境电商迅猛发展，支持企业积极开拓国际快递与物流市场。

五、加快技术引领，强化联动融合，培育经济持续增长新动力

顺应交通运输低碳、绿色、智能、安全等发展趋势，加快先进技术手段和运输装备在交通运输领域的应用，强化交通运输与关联产业特别是战略性新兴产业的联动发展，广泛推进先进技术与交通运输融合发展，依托交通运输提供广袤平台拓展自主化技术应用产业链，提升技术自主化、装备国产化、军品民用化水平，形成支撑引领经济持续稳定增长的新的内生动力源。

（一）提升交通运输信息化智能化水平

1. 开发利用运输服务大数据。支持对货物运输、旅客出行、交通工具运行过程中形成的大数据进行商业化开发，服务于相关产业发展。鼓励运输企业与制造、商贸、旅游、互联网等企业开展战略合作，推进大数据平台共建共用。加强政府与企业合作，通过购买服务方式推动数据面向社会开放和共享。建立健全信息安全保障机制。

2. 加快建设综合交通信息服务平台。围绕更好服务人民群众出行，开展新一代国家交通控制网示范工程，建设集成车辆电子身份系统、识别系统、道路监控系统以及卫星定位的联合平台，完成广域车路协同联网。在城市交通信息控制平台基础上，推进城市并行交通仿真系统研发和应用，实现由交通监控向交通预测预警转型升级。鼓励应用互联网技术，推进不同运输方式信息整合，建设综合交通大数据服务平台，满足不同层面和类别的交通决策指挥需求，全面提升交通管控水平，实现交通管理精细化。依托企业主体，通过政府购买服务形式推动货运物流公共信息平台互联互通和开放共享。

3. 加大智慧港口建设力度。推进现代信息技术与传统设施融合，建设智慧港口和数字航道，提高港口生产效率、保障船舶运行效率和安全。引导企业进行港口信息化和自动化改造，积极应用新技术装备，实施在船舶、集卡、堆场之间自动调度，实现集装箱自动装卸和码头自动化生产管理控制。加大航道通信终端设备建设，实现对航道基础数据及交通航运信息实时采集、实时分析。建设综合信息服务

平台和决策支撑系统,实现航道信息和船舶信息的联动,强化船舶监控。

4. 积极推进自动驾驶技术研发应用。将自动驾驶汽车作为未来人们交通驾驶出行的重要发展方向,实现道路交通和汽车装备领域的革命性突破。按照辅助驾驶、部分自动化、高度自动化、完全自动化发展次序稳步推进交通运输领域自动驾驶研发应用,加快推动环境感知、导航定位、路径规划、决策控制等关键技术研发,多措并举,营造良好应用环境,提高车辆利用效率,逐步缩小与德国、日本和美国等国家的技术水平差距。

（二）强化交通运输绿色安全发展能力

1. 加快新能源汽车及其配套技术研发应用。破除技术瓶颈,加快建设充换电及配套设施,加强法规制度和标准规范建设。推动新能源汽车在城市公交、出租汽车、城市物流配送、汽车租赁和邮政快递等领域实现规模化应用。鼓励新能源汽车与"分布式"能源供给系统结合的集成技术与应用创新,拓展充换电供应网络,扩大新能源汽车应用。

2. 强化交通运输安全应急技术保障能力。加大安全应急技术装备的配套应用力度,提升传统与非传统交通安全风险防范和应对能力,保障重大国民经济运输活动安全。通过现代化信息技术手段,加强日常交通运行状态和突发事件监测系统建设,重点强化对危险品货物运输的安全监督管理,以及山区、河谷以及其他自然条件恶劣地区的人员安全和应急保障能力。

（三）引导交通运输与关联产业融合发展

1. 积极引导交通运输"跨界"融合。鼓励运输企业主动对接装备制造业需求,加强功能整合、标准对接与服务延伸,建立战略联盟,支撑我国由制造业大国迈向制造业强国。支持运输企业与商贸业协同合作,满足多元化服务需求,提高定制化、个性化服务水平。引导交通运输与电商、旅游等产业跨界融合,提高服务效率和保障能力,研究建设自驾游和房车营地等服务系统。

2. 推动军工科技率先在交通领域民用化。加强军民融合,积极推动军工技术率先在交通领域的民用化。推广北斗卫星导航在交通运输行业的应用,依托道路运输、应急搜救、内河航运、海上运输、公众出行等具体领域开展示范。结合低空空域改革,积极探索无人机在交通运输领域的应用,加快实现无人机快递等新型业务。加强军工科技在北极航道专用运输船舶等重要交通装备领域的融合应用。

六、优化协调机制，创新政策方式，夯实交通运输发展制度保障

围绕制约交通运输健康持续发展的重点领域，进一步深化改革，破除行业垄断和行政壁垒，构建高效的跨部门、跨区域协调机制，创新交通运输发展模式和路径，提供精准性政策支持，形成有效的制度性保障。

（一）构建部门和区域协调机制

强化中央与地方、地方与地方、部门与部门、军队与政府之间的协调联动，共同及时解决跨区域、跨领域的重大交通基础设施建设以及配套装备和服务等发展中的重点难点问题。进一步优化审批程序，强化部门、地区之间的衔接，对事关经济持续稳定增长且看得准、把得住的重大交通项目，建立高效的"绿色通道"，最大程度地缩短审批时间，保证重大项目对于稳定经济增长的时效性与准确性。

（二）构筑精准性政策支持体系

根据交通基础设施属性特点，有效发挥政府与市场的积极作用，重点强化政府对战略性、公益性设施的精准性政策支持。充分发挥政府资金的引导作用，加大中央预算内投资对交通基础设施，特别是三大战略交通重大项目建设的支持力度，重点投向中西部铁路、城际铁路、长江等内河高等级航道、中西部支线机场和西部干线机场等重大项目。地方政府强化财政性资金支持力度，重点向城际铁路、城市轨道交通、普通国省道、农村公路、机场等领域倾斜，同时做好干线铁路等项目建设资金配套。

（三）改革创新交通投融资模式

探索设立交通运输发展基金等政策，推广政府与社会资本合作模式（PPP）。研究进一步支持铁路发展基金的相关政策。研究改革政府专项建设资金使用方式，对经营性项目由直接投资项目改为与社会资本共同设立交通投资基金，降低社会资本投资风险，改善投资预期，放大政府投资效应，优先投资国家重大项目。研究设立长江经济带交通发展基金，支持区域交通建设。借鉴京津冀地区建立城际铁路投资协同机制等做法，研究出台投资、土地等优惠政策，鼓励民间资本设立交通产业投资基金，投资城际铁路等资产界面清晰的项目。允许符合条件的、以新建

项目设立的企业为主体发行项目收益债,支持交通重大项目发行永续期债券。规范和清理交通运输领域收费,减轻运输企业经营负担。探索采用网运分离、放开竞争性业务等思路,综合考虑投资成本、价格变动、服务质量、规划调整等因素,清晰界定项目投资风险边界,采取特许经营、购买服务、股权合作等多种形式,给社会资本清晰的参与路径、合理的投资回报预期,切实推动PPP项目落地。

附录1:关于潜在增长率的预测方法

要实现经济增长的持续稳定,需要使得实际经济增长速度保持在潜在增长速度附近,太高则出现经济过热,太低则造成资源的浪费。当前,不同研究机构对"十三五"时期我国经济潜在增长率的测算结果存在差异,原因在于,一是测算方法不同。主要使用的方法有生产函数法、大型计量模型法、简单滤波法以及典型样本国家的经验分析。二是对基本投入要素的估计不同,主要是劳动力投入的增速,资本投入的增速等。三是对改革红利的估计不同。

考虑到生产函数法是国际国内使用最多的方法,且其更适用于我国的经济情况,因此我们采用生产函数法估计我国"十三五"时期的经济潜在增长率,但与以往常用的统一生产函数法不同的是,我们使用分产业生产函数方法。主要基于以下两方面考虑:首先,数据方面的限制使得估计潜在产出的整体方程非常困难。工业部门的数据较为齐全,但其他部门的数据不是很完整。这就会约束所采用的生产函数的形式,使估计结果可能出现较大偏差。第二,考虑到我国经济的二元特征,不同产业增长的动力来源存在很大差别,有些部门的增长重点依赖于资本存量增加,有些部门更加依赖于劳动力投入。因此不同部门所采用的生产函数的形式也应该不同,劳动边际产出和资本边际产出的值也会存在不同。因此我们采用了分部门生产函数来估计潜在产出。第三,同一产业部门内,如第一、二产业内部的差异性相对较小,因此生产函数的形式可以比较统一,而第三产业内部不同部门之间的差异较大,因此我们进一步构造了第三产业内部各部门的生产函数。国民经济核算中第三产业包含 14 个部门,这 14 个部门之间的投入结构差别较大,并且数据的可得性和数据质量也存在较大差别。从各部门增加值占第三产业的比重来看,批发和零售业,金融业、房地产业和交通运输、仓储和邮政业占比明显高于其他部门,这四个部门的增加值占第三产业增加值比重近 60%,且数据的可得性和质量较好。因此我们使用这四个部门的潜在增长率代表第三产业的潜在增速。

第二产业生产函数的构造是整个潜在产出估计的核心部分。第二产业的生产函数是在标准新古典生产函数的基础上构造,投入要素包括劳动投入、资本投入和全要素生产率三部分。形式如下:

$$Q_{si} = AL^\alpha K^\beta \tag{1}$$

其中,Q_{si} = 第二产业的实际产出(调整为 1992 年价格)

A = 第二产业全要素生产率

L = 第二产业劳动力投入

K = 第二产业资本存量

在第一产业劳动力供给充裕的假设下,构造第一产业生产函数时,我们假定劳动的边际产出为 0,用地面积成为影响第一产业产值最为关键的因素。因此第一产业生产函数可用如下形式表示:

$$Q_{pi} = ALand \tag{2}$$

其中,Q_{pi} = 第一产业的实际产出(调整为 1992 年价格)

Land = 第一产业中投入生产的土地面积

A = 第一产业全要素生产率

第三产业中,交通运输业生产函数是在标准的新古典生产函数的基础上构造,投入要素包括劳动投入、资本投入和全要素生产率三部分。形式如下:

$$Q_{tsp} = AL^\alpha K^\beta \tag{3}$$

其中,Q_{tsp} = 交通运输业的实际产出(调整为 2002 年价格)

A = 交通运输业全要素生产率

L = 交通运输业劳动力投入

K = 交通运输业资本存量

近年来,我国批发零售业蓬勃兴起,批发零售业增加值由 2005 年的 13966.2 亿元上升为 2013 年的 55671.9 亿元(当年价),就业人数从 565.9 万人上升到 754.4 万人。与交通运输业生产函数相似,我们也在新古典生产函数的基础上构造了批发零售业的生产函数,投入要素包括劳动投入、资本投入和全要素生产率三部分。形式如下:

$$Q_{wr} = AL^\alpha K^\beta \tag{4}$$

其中,Q_{wr} = 批发零售业的实际产出(调整为 2002 年价格)

A = 批发零售业全要素生产率

L = 批发零售业劳动力投入

K = 批发零售业资本存量

金融业的生产函数是第三产业中最特殊的,从投入产出表中可以看出,与其他第三产业相比,金融部门的固定资产折旧非常低,单位资本的产出比则非常高,是其他部门的十分之一到五分之一。而 2002 年到 2013 年金融行业就业人数和金融业增加值的相关系数达到 0.99,和金融业总资产的相关系数也达到了 0.99。因此我们在构建金融的生产函数时,资本投入不是按照经典生产函数中的固定资本存量进行设置,而是使用金融业的总资产规模数据替代。

金融业的生产函数可表示如下:

$$Q_f = AL^{\alpha}K^{\beta} \tag{5}$$

其中,Q_f=金融业的实际产出(调整为 2002 年价格)

A=金融业全要素生产率

L=金融业劳动力投入

K=金融业的总资产规模

房地产业的产出应该是房屋存量所提供的全部租金收入,基本不包含劳动投入的贡献。因此,我们在构造房地产业的生产函数时不包含劳动投入变量,如下所示:

$$Q_r = AK^{\beta} \tag{6}$$

其中,Q_r=房地产业的实际产出(调整为 2002 年价格)

A=房地产业全要素生产率

K=房地产业的总资产规模

附录 2：关于经济持续稳定增长的理论沿革

理论界对经济持续稳定增长的认识主要来自于持续发展理论和经济波动理论，这两个层次的理论认识也经历了一个逐步深化的过程，成为现代经济持续稳定增长认识的重要理论基础。

一、经济持续发展理论

全球经济出现持续快速增长是最近两百多年以来的事情。然而，在这个过程中，经济长期健康发展越来越受到社会公平、资源环境等因素的制约，由此引发了人们对经济持续增长的深入思考，归结起来大致经历了三个阶段。

第一阶段为纯增长观。20 世纪 70 年代以前，绝大多数人认为人类经济活动的根本目的是尽可能积累国民财富。评判经济活动的基本标准则是，将有限的稀缺资源进行有效配置和促进技术进步，实现国民财富最优和最快增长。因此，保持经济持续增长，一方面要加快劳动、资本等要素积累，另一方面要通过要素优化配置和使用效率提高，同时通过干中学、研发投入、人力资本积累等实现技术进步，从而促进经济长期增长。

第二阶段为包容增长观。20 世纪 80 年代初开始，研究者开始关注贫富差距以及社会发展滞后对经济增长的约束。一方面，贫富差距过大，不利于消费需求扩大和消费升级，阻碍人力资本积累，导致社会动荡因素累积，从而制约经济长期增长；另一方面，如果随着国民财富积累和人均收入水平提高，人类生产方式、就业格局、教育卫生状况、婴儿死亡率等却没有得到相应改善，可能会出现"没有发展的增长"的现象。因此，要通过包容性增长，不断缩小贫富差距，大力发展社会事业并实现公共服务均等，才能促进经济长期持续增长。

第三阶段为可持续发展观。20 世纪 80 年代后，在资源短缺、人口剧增、快速城市化、生态破坏等压力下,经济持续增长遇到了资源环境约束,人们开始反思经济持续增长。1987 年世界环境与发展委员会向联合国提交了一份名为《我们共同的未来》的报告,正式提出了"可持续发展"的概念,指出"可持续发展是既满足当代人的需要,又不对后代人满足需要的能力构成危害"。可持续发展观强调,环境和生态的承载力是有限的,自然资源的总量也是有限的,经济和社会发展不可能长期超过自然资源的承载力,只有建立在资源节约和环境友好基础上的增长才能保证长期持续增长。

可以看到,从长期增长的角度出发,持续发展经历了纯增长、包容增长和可持续增长三个阶段,各个阶段强调的重点则构成现代持续增长理论的三个重要层次。

二、经济波动理论

由经济波动大起大落造成的社会资源与财富浪费,不断冲击着人们对经济稳定增长的认识,追求经济稳定运行引起了研究者的关注,并随经济增长实践而不断丰富和发展。

第一阶段为经济波动理论萌芽阶段。自 1825 年英国爆发了资本主义历史上的第一次生产过剩危机以来,每隔 10 年资本主义国家就会爆发周期性的经济危机。古典经济学家基于供给视角,提出"供给会自动创造需求",过剩危机只是经济运行的偶然反常现象,经济体可以自行调节,不需要政策干预。因此,减少政府对自由市场干预,充分利用市场机制调节,是经济迅速恢复到平稳水平的唯一路径。

第二阶段为现代经济波动理论形成阶段。20 世纪 30 年代经济大危机之后,经济自我调节作用受到质疑,以凯恩斯为首的经济学家认为经济体系内在的消费需求、投资需求不足,将导致全社会有效需求不足,引起失业和萧条,危及经济稳定运行,需要国家采取财政金融政策,增加政府支出、降低利率刺激投资和消费等来弥补社会有效需求不足,实现充分就业。

第三阶段为现代经济波动理论发展阶段。20 世纪 60、70 年代,有学者从供给角度提出,技术创新冲击、石油供给冲击等也构成经济波动的来源,从而不断丰富着经济波动理论。

综上可见,人们对经济稳定增长的理解经历了一个从纯市场调节到政府适度干预的过程,现代经济波动理论将市场因素和政府干预有效结合,并注重对预期管理,形成了一套完备的理论和政策体系。

附录3:经济和投资增长估计

一、储蓄率与经济增速、投资增速之间的关系

1. 储蓄率与经济增速之间的关系

由 Goldsmith 的永续盘存资本存量计算公式可知,资本存量的增长依赖于投资的增长和折旧率。投资或储蓄是收入的一部分,投资增长取决于储蓄率和收入增长的变动。上述几个变量间的关系构成一个联立方程组,基本形式如下:

由资本存量计算公式可知,t 年资本存量的增加(ΔK)为:

$$\Delta K_t = I_t - \rho_t K_{t-1} \tag{1}$$

式中 K_t 为 t 年资本存量,I_t 为 t 年资本增量(投资额),ρ_t 为折旧率。那么,t 年资本存量的增长速度为:

$$\frac{\Delta K_t}{K_{t-1}} = \frac{I_t}{K_{t-1}} - \rho_t \tag{2}$$

投资 I_t 与收入 Y_t 存在如下关系:

$$I_t = \xi_t Y_t \tag{3}$$

$$Y_t = (1 + \lambda_t) Y_{t-1} \tag{4}$$

λ_t 为 t 年经济增长率;ξ_t 为 t 年投资率(或储蓄率),将式(3)和式(4)代入式(2)有:

$$\frac{\Delta K_t}{K_{t-1}} = \frac{\xi_t (1 + \lambda_t) Y_{t-1}}{K_{t-1}} - \rho_t \tag{5}$$

式(6)中的 Y_{t-1}/K_{t-1} 为 t-1 年的产出资本率,它是一个已知数,这里我们用 π_{t-1} 来表示。一般来说,折旧率 ρ_t 是一个常数。这样可知,某一年资本存量增长率就取决于投资率和经济增长率,即,

$$\frac{\Delta K_t}{K_{t-1}} = \xi_t (1+\lambda_t) \pi_{t-1} - \rho_t = \xi_t \lambda_t \pi_{t-1} - \rho_t \tag{6}$$

新古典增长模型之柯布-道格拉斯(CD)生产函数的形式是:

$$Y_t = Ae^{\gamma t} K_t^\beta L_t^\alpha$$

上式 Y_t 表示 t 期的实际产出(实际 GDP),K_t 表示 t 期末的资本存量,L_t 表示 t 期劳动力,β 和 α 分别表示资本和劳动的产出弹性,γ 为平均全要素生产率。

由上述 CD 生产函数可知,t 年的经济增长率 λ_t 可由下式决定,

$$\lambda_t = \frac{\Delta Y_t}{Y_{t-1}} = \alpha \frac{\Delta L_t}{L_{t-1}} + \beta \frac{\Delta K_t}{K_{t-1}} + \gamma \tag{7}$$

将式(7)代入式(8),t 年劳动增长率用 μ_t 表示。有:

$$\lambda_t = \alpha \mu_t + \beta \xi_t \lambda_t \pi_{t-1} + \beta \xi_t \pi_{t-1} - \beta \rho_t + \gamma \tag{8}$$

整理式(8),求出经济增长率,有:

$$\lambda_t = \frac{1}{1 - \beta \xi_t \pi_{t-1}} (\alpha \mu_t + \beta \xi_t \pi_{t-1} - \beta \rho_t + \gamma) \tag{9}$$

上式中,α、β、γ 为已知参数,π_{t-1} 为前定已知参数。因此,t 年经济增长率就取决于 t 年的投资率(或储蓄率)ξ_t 和劳动力增长率 μ_t。

2. 储蓄率与投资增速的关系

投资或储蓄是收入的一部分,储蓄率(ξ_t)和收入(Y_t)之间有如下关系:

$$I_t = \xi_t Y_t \tag{10}$$

某一年的收入(或 GDP)与经济增长率(λ_t)之间的关系:

$$Y_t = (1+\lambda_t) Y_{t-1} \tag{11}$$

t 年的投资(I_t)与投资增速(σ_t)有如下关系:

$$I_t = (1+\sigma_t) I_{t-1} 或$$

$$\sigma_t = I_t / I_{t-1} - 1 \tag{12}$$

由(10)式和(11)式带入(12)式,整理得:

$$\sigma_t = \frac{\xi_t}{\xi_{t-1}} (\lambda_t + 1) - 1 \tag{13}$$

由上式可知,投资增速(σ_t)是经济增速和储蓄率变化率的函数。如果储蓄率下降,则投资增速将小于经济增速;反之则相反。

二、中国 CD 生产函数估计

1. 资本存量估计

20 世纪 90 年代初以来,国内外许多学者对中国历年资本存量进行了估算。绝大多数学者的估算采用 Goldsmith 在 1951 年提出的永续盘存法(PIM)。本文也采用这一常用方法对 1978—2012 年中国资本存量进行估计。

永续盘存法计算资本存量的基本公式为:

$K_t = I_t + (1-\rho_t) K_{t-1}$

式中 K_t 为 t 年资本存量,I_t 为 t 年资本增量(投资额),ρ_t 为折旧率。

按照永续盘存法估计历年资本存量需要确定的变量是初始年资本存量(K_0)、年度投资额(I_t)和折旧率(ρ_t)。现有研究文献对这三个变量(以及投资价格指数)的选取不尽相同,因而估算的结果也有所不同。具有代表性的研究有邹志庄(1993,2005),张军和章元(2003),何枫等(2003),德怀特·帕金斯(2005),王小鲁等(2009)等。这些文献基本上都采用 PIM 法估计资本存量,只是统计指标的选取和处理有所不同。邹志庄(1993,2005)采用过去统计中的积累数据来估算资本增量,因而避免了折旧率的选取。尽管这些资本存量估计由于基础数据指标的选用和折旧率的不同,资本存量估算结果存在差异,但资本存量增长率的变动趋势基本上是一致的。

现有采用 PIM 方法估计资本存量的主要差别是折旧率、初始年资本存量和每年资本增量(或投资)数据的采用不同。德怀特·帕金斯(2005)的研究表明,初始资本存量和折旧率对近期资本存量增速的影响较大,而对较远时期资本存量增速的影响不大。多数文献在估计中折旧率取 5%。这里我们采用 PIM 方法对我国 1952—2012 年的资本存量进行估算。估算中折旧率取 5%,基期为 1952 年,投资数据采用资本形成额(按发展速度计算,剔除了价格因素)。本文估计的结果介于上述 5 个估计的中间。

2. 劳动力数据的选取

现有研究文献基本上都采用统计年鉴中的历年就业人数指标来表示中国劳动力状况,本文也使用这一指标来反映劳动力的状况。该指标显示,1952—2012 年中国劳动力增长大致经历了三个阶段:1953—1972 年快速上升期(除去 1959—1961 年"大跃进"运动导致的负增长时期);1973—1985 年加速上升期;1985—2012 年增速逐渐下降。

3. CD 生产函数估计

柯布-道格拉斯(CD)生产函数的形式是:

$$Y_t = Ae^{\gamma t}K_t^{\beta}L_t^{\alpha}$$

上式中 Y_t 表示 t 期的实际产出(实际 GDP),K_t 表示 t 期末的资本存量,L_t 表示 t 期劳动力,β 和 α 分别表示资本和劳动的产出弹性。上述方程两边取对数,并用人均的形式表示,有:

$$Ln(y_t) = Ln(A) + \beta Ln(k_t) + \gamma t$$

上式中 y_t 表示 t 期的人均产出,k_t 表示 t 期末人均资本存量。我们利用估计出的不同时期数据分别对上述生产函数进行了回归。经比较,我们采用 1970—2012 年数据所得出的结果,即,

$$Ln(y_t) = 1.8141 + 0.6112Ln(k_t) + 0.02851t$$
$$(0.4034)\quad(0.0057)\quad(0.00454)$$

Adjusted $R^2 = 0.999$

三、2015—2030 年经济增长趋势

根据上述长期经济增长率的计算公式,以及储蓄率的变动,我们可以判断未来中国经济增长的几种可能情景。

首先,参照日本和韩国的经验[①],假定中国投资率 2014—2030 年下降 9 个百分点,2020 年投资率由 2014 年的峰值 46% 下降到 43% 左右,2030 年下降到 37% 左右。在这一假设下,根据未来 TFP 对经济增长的可能贡献,提出三种情景。

情景一:假定未来 TFP 对经济增长的贡献为零,即上述公式中 γ=0%;

情景二:假定未来 TFP 对经济增长贡献 1 个百分点,即上述公式中 γ=1%;

情景三:假定未来 TFP 对经济增长贡献 2 个百分点,即上述公式中 γ=2%。

根据本文估计的中国生产函数测算上述三种情景的经济和投资增长趋势,结果见表1。

---

① 日本 1970 年投资率达到峰值 39%,随后总体上呈下降趋势,1986 年下降到 27.7%,为阶段性谷底,16 年间下降约 13 个百分点;韩国 1991 年投资率达到历史峰值 39.7%,随后开始下降,2001 年下降到 29.2%,以后基本平稳。10 年间下降了 10 多个百分点。

表 1　经济和投资增速趋势情景分析（%）

	时期	GDP 增长率	固定资本形成实际增速	固定资产投资实际增速
情景 1	2016—2020	5.1	3.6	6.5
	2021—2030	3.1	1.7	3.1
情景 2	2016—2020	6.5	5.0	9.0
	2021—2030	4.7	3.2	5.8
情景 3	2016—2020	7.9	6.4	11.5
	2021—2030	6.3	4.9	8.8

结果显示,在储蓄率逐渐下降的情况下,如若 TFP 对经济增长没有贡献,"十三五"时期中国经济增速将大幅下降到 5.1%,固定资本形成实际增长 3.6%;2021—2030 年经济增速下降到 3.1%,固定资本形成增速下降至 1.7%;如若 TFP 拉动经济增长 1 个百分点,那么"十三五"时期经济增速年均在 6.5%,固定资本形成增速在 5%。2021—2030 年经济增速 4.7%,固定资本形成增速为 3.2%;若 TFP 拉动经济增长 2 个百分点,"十三五"时期年均经济增速为 7.9%,固定资本形成增速为 6.4%。2021—2030 年经济增速为 6.3%,固定资本形成增速为 4.9%。

固定资本形成增速与固定资产投资增速有一些差距。根据近几年的经验,后者是前者的 1.8 倍左右。根据这一经验数据,我们可大致估计出不同时期的固定资产投资的实际增速。具体结果见表 1 的最后一列。

上述结果表明,TFP 对经济增长和投资增长长期趋势的影响非常显著。如果转变经济增长方式顺利进行,表现为 2016—2030 年 TFP 对经济增长的贡献为年均 1 个百分点以上,即情景二的情况,这种可能性较大。因此,我们判断,"十三五"时期经济增长率在 6.5% 左右,固定资产投资实际增速在 9% 左右,2021—2030 年经济增长率在 4.7% 左右,相应的固定资产投资实际增长在 5.8% 左右。

附录4：投入产出需求分解模型

开放经济中，一国经济中的最终需求可分为内部需求和外部需求，内部需求按用途可分为消费需求和投资需求，其中既包括对国内产品需求也包括进口品需求。外部需求是指净出口（出口-进口），用公式表示如下：

最终需求＝内部需求+外部需求＝消费+投资+（出口-进口）

根据消费与投资的关系，将投资进行分类，即分为由消费牵动的投资和由出口牵动的投资两大部分。上式可写为：

最终需求＝[消费需求+消费牵动的投资]+[出口牵动的投资+出口-进口]

将上式中前一项消费需求和消费牵动的投资，称为"综合消费需求"，相应的，后一项称为"综合外部需求"。即，

综合消费需求＝消费需求+消费牵动的投资

综合外部需求＝出口+出口牵动的投资-进口

上述各种概念存在如下关系：

最终需求＝内部需求+外部需求＝综合消费需求+综合外部需求

内部需求＝综合消费需求+出口牵动的投资＝消费需求+投资需求

外部需求＝综合外部需求-出口牵动的投资＝出口-进口

一、投入产出基本模型

投入产出模型一般采用竞争型投入产出表，即每个部门的投入或产出既包括国内产品也包括进口产品。本课题采用非竞争型投入产出表来建模，即将国内产品和进口产品分开，这样便于我们从内、外需的角度来考察和分析各种需求对国民经济的影响。

非竞争型投入产出表的基本形式如下：

			中间使用			最终需求				总产值
			部门1	部门2	…	消费	投资	出口	合计	
中间投入	国内产品	部门1								
		部门2	x_{ij}			c_i	k_i	e_i	y_i	x_i
	进口产品	部门1								
		部门2	f_{ij}			f_i^c	f_i^k			f_i
增加值			v_j							
总产值			x_j							

上表中 X_{ij} 表示第 j 部门投入第 i 部门国内产品量；c_i、k_i、e_i 分别表示第 i 部门的总产值、消费、投资和出口；f_i 表示第 i 部门进口总额；f_{ij}、f_i^c、f_i^k 分别表示中间投入、消费和投资中进口产品；v_j 表示第 j 部门增加值。投入产出模型中最终需求与总产值之间的关系如下：

$$x_i = \sum_{j=1}^{m} \alpha_{ij} x_j + c_i + k_i + e_i \quad (i = 1, 2, \cdots, m) \tag{1}$$

其中 m 为部门个数；直接消耗系数 a_{ij} 的计算公式为：

$$\alpha_{ij} = \frac{x_{ij}}{x_j} (i = 1, 2, \cdots, m; j = 1, 2, \cdots, m)$$

各种进口品之间的关系如下：

$$f_i = \sum_{j}^{m} f_{ij} + f_i^c + f_i^k$$

（1）式写成矩阵形式，有：

$X = AX + C + K + E$ ；或

$$X = (I - A)^{-1}(C + K + E) \tag{2}$$

式中 A 为直接消耗系数矩阵；X、C、K 和 E 分别表示总产值、消费、投资和出口向量；$(I-A)^{-1}$ 为列昂惕夫逆矩阵。

二、投资分解模型

消费需求可以按不同方法进行分类，比如按消费品的用途可分为食品、衣着、居住、交通和通信等；也可以按消费品所属的行业可分为农业、纺织业、房地产业等等。同样投资也可细分为各行业投资。

我们将消费和投资按用途或产品行业分类，则（2）式中的消费和投资向量可变成消费和投资矩阵，如下：

$$C = \begin{bmatrix} c_{1,1} & \cdots & c_{1,n} \\ \cdots & c_{i,j} & \cdots \\ c_{m,1} & \cdots c_{m,n} \end{bmatrix} ; K = \begin{bmatrix} k_{1,1} & \cdots & k_{1,m} \\ \cdots & k_{i,j} & \cdots \\ k_{m,1} & \cdots k_{m,m} \end{bmatrix}$$

上式中 C、K 分别表示消费和投资矩阵，其中 c_{ij} 表示第 j 类消费中的第 i 部门的产品；k_{ij} 表示第 j 部门投资中包含的第 i 部门的产品；m 为部门个数；n 为消费类别数。

根据投入产出模型，最终需求与增加值之间有如下关系：

$$V^c = \left[(I - A)^{-1} C \right]' \alpha \tag{3}$$

$$V^k = \left[(I - A)^{-1} K \right]' \alpha \tag{4}$$

$$V^e = \left[(I - A)^{-1} E \right]' \alpha \tag{5}$$

上式中 V^c 表示消费需求形成的 n＊m 阶增加值矩阵；V^k 为投资需求形成的 m＊m 阶增加值矩阵；V^e 为出口形成的 1＊m 阶增加值向量；α 为各部门增加值系数对角矩阵，其中的对角线上各元素计算公式如下：

$$\alpha_j = \frac{v_j}{x_j} \quad (j = 1, 2, \cdots, m)$$

按照上述分析思路，我们将投资进行分解。某一部门的投资应与增加值密切相关。根据边际资本产出率（通常用来考察投资效益的指标）模型，某部门的投资与该部门的增加值增量成正比。某一部门增加值增量的变动在一定程度上反映了对该部门未来需求的预期，也就是说某一部门增加值增长较快，厂商的投资欲望就上升，该部门的投资增长也就较快。

部门增加值增量可分为消费、出口和投资形成的部分，即有：

$$\Delta V = \begin{bmatrix} \Delta V^c \\ \Delta V^k \\ \Delta V^e \end{bmatrix} = \begin{bmatrix} V_t^c - V_{t-1}^c \\ V_t^k - V_{t-1}^k \\ V_t^e - V_{t-1}^e \end{bmatrix} \tag{6}$$

上式中 ΔV 表示部门增加值变动矩阵，它包括三大部分，即消费需求带动的部分 ΔV^c，投资需求带动的部分 ΔV^k，出口带动的部分 ΔV^e。各部分的值等于本期增加值（V_t）减去上期增加值（V_{t-1}）。矩阵 ΔV 中各部分所占比重矩阵如下：

$$\lambda = \begin{bmatrix} \lambda^c \\ \lambda^k \\ \lambda^e \end{bmatrix} \tag{7}$$

其中,

$$\lambda_{ij}^c = \frac{\Delta V_{ij}^c}{\displaystyle\sum_{i=1}^n \Delta V_{ij}^c + \sum_{i=1}^m \Delta V_{ij}^k + \Delta V_j^e} \quad (i=1,2,\cdots,n;j=1,2,\cdots,m);$$

$$\lambda_{ij}^k = \frac{\Delta V_{ij}^k}{\displaystyle\sum_{i=1}^n \Delta V_{ij}^c + \sum_{i=1}^m \Delta V_{ij}^k + \Delta V_j^e} \quad (i=1,2,\cdots,m;j=1,2,\cdots,m);$$

$$\lambda_{ij}^e = \frac{\Delta V_{ij}^e}{\displaystyle\sum_{i=1}^n \Delta V_{ij}^c + \sum_{i=1}^m \Delta V_{ij}^k + \Delta V_j^e} \quad (j=1,2,\cdots,m);$$

我们将部门投资按各部分增加值增量的份额进行分配,其含义是部门增加值增量中,若某一部分拉动的份额大,它所带动的投资也大。这样,消费需求所牵动的投资计算公式为:

$$k_{ij}^c = \lambda_{ij}^c \sum_{i=1}^m v_{ji}^k \quad (i=1,2,\cdots,n;j=1,2,\cdots,m) \tag{8}$$

同样,出口所带动的投资计算公式为:

$$k_{ij}^e = \lambda_j^e \sum_{i=1}^m v_{ji}^k \quad (i=1,2,\cdots,n;j=1,2,\cdots,m) \tag{9}$$

某部门投资带动其他部门投资形成的增加值计算公式为:

$$k_{ij}^k = \lambda_{ij}^k \sum_{i=1}^m v_{ji}^k \quad (i=1,2,\cdots,m;j=1,2,\cdots,m) \tag{10}$$

(8)式、(9)式和(10)式写成矩阵形式分别为:

$$K^c = \lambda^c (V^k W) \tag{11}$$

$$K^e = \lambda^e (V^k W) \tag{12}$$

$$K^k = \lambda^k (V^k W) \tag{13}$$

式中 W 为单位元素皆为 1 的列向量,K^c 为 $n*1$ 阶矩阵,K^k 为 $m*1$ 阶矩阵。K^k 为投资需求所间接带动的投资列向量,表示一部门的投资间接带动的投资形成的增加值。这部分投资依然是由最终需求(消费、出口和投资)间接拉动的,还需进一步按上述方法分解,这一过程是一个无限循环过程。因此,消费牵动的全部投资所形成的增加值计算公式如下:

$$V^{ck} = K^c + \lambda^c K^k + \lambda^c \lambda^k K^k + \lambda^c (\lambda^k)^2 K^k + \lambda^c (\lambda^k)^3 K^k + \cdots \qquad (14)$$

V^{ck} 为 n * 1 阶矩阵。将(11)式和(13)式代入(14)式有:

$$
\begin{aligned}
V^{ck} &= \lambda^c (V^k W) + \lambda^c \lambda^k (V^k W) + \lambda^c (\lambda^k)^2 (V^k W) + \lambda^c (\lambda^k)^3 (V^k W) + \cdots \\
&= \lambda^c [I + \lambda^k + (\lambda^k)^2 + (\lambda^k)^3 + (\lambda^k)^4 + \cdots] (V^k W)
\end{aligned}
$$

根据级数求和计算公式,$I + \lambda^k + (\lambda^k)^2 + (\lambda^k)^3 + (\lambda^k)^4 + \cdots = (I - \lambda^k) I - 1$,上式的求和结果是:

$$V^{ck} = \lambda^c (I - \lambda^k)^{-1} (V^k W) \qquad (15)$$

类似地,出口牵动的投资形成的增加值计算公式为:

$$V^{ek} = \lambda^e (I - \lambda^k)^{-1} (V^k W) \qquad (16)$$

V^{ek} 为出口牵动的投资形成的增加值量。将上述 V^c 的列和与 V^{ck} 相加即为消费需求直接形成和牵动投资形成的增加值向量。计算公式如下:

$$V^c W + V^{ck} = [(I - A)^{-1} C]' \alpha W + \lambda^c (I - \lambda^k)^{-1} (V^k W) \qquad (17)$$

($V^c W + V^{ck}$)为消费需求直接形成和牵动投资形成的增加值列向量,其中元素表示各消费类别直接形成和间接牵动投资形成的增加值总和。

同样,出口直接形成和其牵动的全部投资形成的增加值计算公式如下:

$$(V^e W + V^{ek}) = [(I - A)^{-1} E]' \alpha W + \lambda^e (I - \lambda^k)^{-1} (V^k W) \qquad (18)$$

($V^c W + V^{ck}$)中的各元素加总与($V^e W + V^{ek}$)之和,即为全部增加值或 GDP,有:

$$GDP = W' (V^c W + V^{ck}) + (V^e W + V^{ek})$$

$$GDP = W' [(I - A)^{-1} C]' \alpha W + \lambda^c (I - \lambda^k)^{-1} (V^e W + V^{ek}) \qquad (20)$$

三、进口品的分解

一般概念下的国内需求包括消费和投资,消费又包括国内消费品、进口消费品和国内消费品生产带动的中间进口品,投资包括国内投资品、进口投资品和国内投资品生产带动的中间进口品,即有:

内部需求 = 国内消费品 + 进口消费品 + 国内投资品 + 进口投资品

$$D^n = W' C W + W' F^c W + W' K W + W' F^k W$$

上式中 F^c、F^k 为进口消费品矩阵和进口投资品矩阵;D^n 为内部需求总量。

类似地,进口投资品也需要分解,即分解为消费牵动的进口投资品和出口牵动的投资进口品,按照上述同样的分解方法,有:

消费牵动的进口投资品:$F^{ck} = \lambda^c (I - \lambda^k)^{-1} (W' F^k)'$

出口牵动的进口投资品:$F^{ek} = \lambda^e (I - \lambda^k)^{-1} (W' F^k)'$

我们知道,在消费品、投资品和出口品的生产中,还需要中间进口品的投入。各部分计算公式如下:

消费带动的中间进口品: $F^{cx} = \left[(I - A)^{-1} C \right]' \beta W$

投资带动的中间进口品: $F^{kx} = \left[(I - A)^{-1} K \right]' \beta W$

出口带动的中间进口品: $F^{ex} = \left[(I - A)^{-1} E \right]' \beta W$

上式中 β 为部门中间进口品系数对角阵,计算公式为:

$$\beta_j \frac{f_j^x}{x_j} \ (j = 1, 2, \cdots, m)$$

投资品生产带动的中间进口品(F^{kx})也需要分解,分解方法与上述相同,即有:

消费牵动投资带动的中间进口品: $F^{ckx} = \lambda^c (I - \lambda^k)^{-1} F^{kx}$

出口牵动投资带动的中间进口品: $F^{ekx} = \lambda^e (I - \lambda^k)^{-1} F^{kx}$

四、评价指标

综合上述各变量的计算和分解,各变量之间的关系如下:

内部需求可用下式表示:

内部需求=消费需求+投资需求=消费增加值+消费进口品+消费中间进口品+投资增加值+投资进口品+投资中间品

$$D^n = W' V^c W + W' F^c W + W' V^k W + W' F^k W + W' F^{kx}$$

外部需求=净出口=出口-进口

$$D^o = V^e W + F^{ex} - (W' F^c W + W' F^k W + W' F^{cx} + W' F^{ck} + F^{ek})$$

将投资需求部分 $- (W' V^k W + W' F^k W + W' F^{kx})$ 分解后有:

内部需求=消费需求+消费牵动的投资+出口牵动的投资

$$D^n = W' V^e W + W' F^c + W' F^{cx} + W' V^{ck} + W' F^{ck} + W' F^{ckx} + V^{ek} + F^{ek} + F^{ekx}$$

本评价模型定义的综合消费需求和综合外部需求可表示为:

综合消费需求=消费需求+消费牵动的投资

$$D^{zn} = V^c + F^c + F^{cx} + V^{ck} + F^{ck} + F^{ekx} \tag{21}$$

D^{zn} 为 n 阶列向量,其中的各元素表示各类综合消费需求量。

综合外部需求=净出口+出口牵动的投资

$$D^{zo} = V^e W + F^{ex} + (W' F^c W + W' F^k W + W' F^{cx} + W' F^{ck} + F^{ek}) + V^{ek} + F^{ek} + F^{ekx}$$

内部需求与综合消费需求之间存在如下关系:

内部需求=综合消费需求+出口牵动的投资

所以本课题定义的综合消费需求是内部需求的一部分。

上述各种需求与 GDP 之间存在如下关系:

GDP = 内部需求+外部需求 = 综合消费需求+综合外部需求

GDP = 消费需求+消费牵动的投资+出口牵动的投资+外部需求

$$GDP = W'D^{zn} + V^e W + F^{ek} - (W'F^c W + W'F^{ck} + F^{ex} + F^{ek} + W'F^{ck} + W'F^{ckx} + F^{ekx})$$

将(21)式代入上式并整理得:

$$GDP = V^c W + V^{ck} W + V^{ek} + V^e$$

以增加值来区分的内部需求和外部需求,即:

内部需求为: $V^c W + W'V^k W = V^c W + V^{ck} W + V^{ek}$

外部需求为: V^e

各类需求对国民经济影响的评价指标如下:

内部需求占 GDP 的比重: $\gamma = \dfrac{D^n}{GDP}$;

外部需求占 GDP 的比重: $1 - \gamma$;

各类综合消费需求占内需的比重: $\eta_i^c = \dfrac{d_i^{zn}}{D^n}$;

各类综合消费需求占 GDP 的比重: $\gamma_i^c = \dfrac{d_i^{zn}}{GDP}$;

综合外部需求占 GDP 的比重: $\gamma^o = \dfrac{D^{zo}}{GDP}$ 。

后　记

　　《消费引领　供给创新——"十三五"经济持续稳定增长的动力》是《中国宏观经济丛书》(2014—2015)的第一本,是国家发展改革委宏观经济研究院课题组集体智慧的结晶。总负责人陈东琪研究员负责全书的总体思路和逻辑框架设计。总报告课题组组长为马晓河,副组长为王昌林和吴晓华,主要成员有高国力、刘旭、罗蓉、吴亚平、付保宗、杨长湧和肖潇等。分报告一组长为郭春丽,主要成员为曾铮、刘雪燕和易信等。分报告二组长为毕吉耀,主要成员有张哲人、李大伟和陈长缨等。分报告三组长为张长春,主要成员有杨萍、岳国强等。分报告四负责人为黄汉权,组长为余东明,主要成员有姜长云、姜江、洪群联和盛朝迅等。分报告五组长为史育龙,主要成员有汪阳红、贾若祥、党丽娟、张庆杰、张燕和邓兰燕等。分报告六组长为史育龙,主要成员有申兵、欧阳慧、刘保奎、李爱民和王丽等。分报告七组长为臧跃茹,主要成员有张铭慎、刘泉红等。分报告八组长为银温泉,主要成员有孙长学、张璐琴、孙凤仪、张林山和李晓琳等。分报告九组长为杨宜勇,主要成员有顾严、万海远和魏义方等。分报告十负责人为黄汉权,组长为姜长云,主要成员有余东明、姜江、盛朝迅和洪群联等。分报告十一组长为臧跃茹和刘泉红,主要成员有郭丽岩等。分报告十二组长为郭春丽,主要成员有王元和李世刚等。分报告十三组长为韩文科,主要成员有白泉、张有生和任东明等。分报告十四组长为汪鸣,主要成员有樊一江、谢雨蓉、贺兴东、毛科俊、陈晓博、马德隆、刘昭然和蒋中铭等。